U0456258

最 新 修 订 版

邵晓峰 著

团结出版社

图书在版编目（CIP）数据

徐悲鸿图传 / 邵晓峰著 . -- 北京 : 团结出版社，
2021.12

ISBN 978-7-5126-9060-8

Ⅰ . ①徐… Ⅱ . ①邵… Ⅲ . ①徐悲鸿（1895-1953）
—传记—图集 Ⅳ . ① K825.72-64

中国版本图书馆 CIP 数据核字 (2021) 第 185726 号

出　　版：团结出版社
　　　　　（北京市东城区东皇城根南街 84 号　邮编：100006）
电　　话：（010）65228880　65244790（出版社）
　　　　　（010）65238766　85113874　65133603（发行部）
　　　　　（010）65133603（邮购）
网　　址：http://www.tjpress.com
E-mail：zb65244790@vip.163.com
　　　　　tjcbsfxb@163.com（发行部邮购）
经　　销：全国新华书店
印　　装：三河市东方印刷有限公司

开　　本：170mm×240mm　　　16 开
印　　张：22.5
字　　数：239 千字
版　　次：2021 年 12 月　第 1 版
印　　次：2021 年 12 月　第 1 次印刷

书　　号：978-7-5126-9060-8
定　　价：88.00 元
　　　　（版权所属，盗版必究）

吴为山 《迥立向苍苍——徐悲鸿》 高 177 厘米，长 53 厘米，宽 53 厘米，青铜，2006 年

吴为山 / 全国政协常委、中国美术馆馆长、法兰西艺术院通讯院士

序 言

徐庆平

　　邵晓峰先生是一位严谨、笃实、刻苦、认真的优秀学者，也是徐悲鸿研究领域一位重要的美术史家。10 年来，他一直担任江苏省徐悲鸿研究会的主要领导工作。特别是 2018 年以来，他在《徐悲鸿全集（著述）》的主编工作中，带领一个研究生团队，查阅了 20 世纪大量的历史资料、报刊，从中找到了许多尚未广为人知的文章、诗作，对于进一步深入研究徐悲鸿美学思想、弘扬他的艺术精神具有重要意义。这部《徐悲鸿图传》将严谨的学术性与很强的可读性结合在一起，生动而新颖。260 幅图像涵盖了画家一生各个时期和他艺术与教育成就的各个方面，让读者在读图时从认识画家到熟悉画家，在进行审美欣赏的同时，了解了画家生活的时代、环境，体会了中国艺术从积贫积弱走向现代振起、复兴的历程，品味了艰难坎坷而又丰富美好的人生。

　　1929 年，先君悲鸿公在为《悲鸿画集》所作序言中感叹道："夫窗明几净，伸纸吮毫，美景良辰，静对赋色，非人生快意事耶？不佞弄柔翰廿年，既已积画成捆，盈千累万，独未尝有此乐也。吾之磅礴啸傲，悲愤幽怨，欢喜赞叹，讽刺谩骂，皆拨秽沈，辟书城，抽秃毫，磨碗底，借茶杯菜碟，调和群彩，资为画具。""或据墙隅，就门侧，坐地板，鞠躬折腰，而观察之，得宜于绘于描也。"

　　在先君作画的图片中，有一幅使我过目难忘。1950 年，新中国在北京召开全军英模大会。当时他担任中央美术学院院长和全国美术工作者协会主席。他带领中央美术学院广大师生，把战斗英雄们请到学校，为他们画像。为了能在肖像中突出他们的勇毅刚强，他特别选用了仰视的画面构图。为此他没有坐在椅子上或板凳上，而是直接坐在了贴近地面的一节石阶上。他佝着身，仰着头，面容消瘦却目光炯炯，并排向前伸出的双腿弯成120°，用力地抵住地面。他聚精会神，集中全力地观察和捕捉眼前海军战士的内心精神，以期"传神阿堵"。他是那样专注，那样的忘我，那样的虔诚。这种对艺术的挚爱和对英雄的崇敬令人感动。我见过多幅西方古代大师，如委拉斯凯兹、凡·代克等描绘自己为国王、皇帝画像的情景，但绝对不曾见过如此激情的投入和发自心底的尊崇。

正是这种激情和真诚让艺术作品粲然生辉，发出光彩，让画中的人物形象宛然屹立，传至万代千秋。让我们在观看画作之时被神圣与伟大的情感拨动心弦。

画家的这种崇敬与真诚打动了在场的一位艺术爱好者——这位被画的海军战士的司令员张爱萍将军。他抓拍了这张照片，并珍藏了35年。1985年，经毛主席、周总理指示，徐悲鸿纪念馆恢复重建。作为国防部部长的张爱萍将军在派武警保卫新馆安全的同时，向纪念馆捐赠了这幅珍贵的照片。

案头披览这本图传，回顾艺术瑰宝的创作艰辛，我有时会在审美愉悦的同时，感到隐隐的心痛，也更加深刻地明白什么是真正伟大的艺术。的确，每幅杰作的后面都有一段让平凡生活成为伟大艺术的故事。

感谢所有保护、收藏、研究、热爱徐悲鸿艺术的朋友！

徐庆平

徐悲鸿纪念馆馆长

中国人民大学徐悲鸿艺术研究院院长

徐悲鸿之子

2021年2月19日

目 录

1895—1919

图 1-1（左）
徐悲鸿出生地——江苏省宜兴县屺亭桥镇。

图 1-2（右）
屺亭桥。

　　图 1-1 所呈现的为解放初期江苏省宜兴县屺亭桥镇之景。屺亭桥镇现在为屺亭镇，位于江苏省南部的宜兴市。宜兴毗邻烟波浩渺的太湖，交通便利，物产丰厚，在古代这里就是鱼米之乡，并具有较为繁茂的商业。照片中展现的这条河叫作塘河，一座高大的单孔石拱桥（图 1-2）连接了它的两岸，此桥叫屺亭桥，屺亭桥镇的地名也因此桥而来。

　　宽阔的塘河以南山为屏，是屺亭桥镇的母亲河，哺育了岸边的居民，两岸民居鳞次栉比，解放初期的镇上住着五六十户人家。遥想当年，清澈的河水和频繁穿梭的船只如同跳跃着的音符，为这个小镇带来收获与希望。

　　屺亭桥镇属于典型的江南水乡，不但水清鱼肥、土地肥沃、风景秀丽、民风淳朴，而且具有较为深厚的文化底蕴，培育了许多人才，堪称人杰地灵，被称为"教授之乡""书画之乡""紫砂之乡"。中国现代美术的一代宗师徐悲鸿（1895—1953）就成长于此。

　　1895 年 6 月 18 日（光绪二十一年五月二十六日），他生于宜兴县屺亭镇徐家老宅，其父徐达章给这位长子起名为徐寿康。值得关注的是，这一年的 12 月 19 日（光绪二十一年十一月四日），著名画家任伯年逝世，享年 56 岁。徐悲鸿之父徐达章十分推崇任伯年的绘画艺术，徐悲鸿少时即知有位杰出的画家叫任伯年。徐达章有次入城，归来画《斩树钟馗》，画中树作小鬼形，盘根错节，这是因为他在城中见到任伯年佳作而乘兴仿画。在父亲影响下，任伯年成为徐悲鸿崇敬的画家，并自认是其"后身"。徐悲鸿酷爱任伯年的绘画，注重收藏他的作品。在人物画创作实践上，徐悲鸿也受到任伯年的重大影响，如其《钟馗》《渔夫》《黄震之像》等作品莫不如此。

1926年3月，徐悲鸿经黄震之介绍认识了画家吴仲熊（任伯年之女任霞的继孙），吴得知徐酷爱伯年画作后，欣然将十余幅六尺整张的任伯年大幅作品赠予徐悲鸿，令徐欣喜不已。这些画是吴仲熊的继祖母任霞从娘家带来的"陪嫁"，它们连吴仲熊的舅公任堇（任伯年之子，能诗，精鉴别，字写章草，间作花卉）都未见过。这些数量颇丰的任画原作给徐悲鸿的研究与创作提供了丰富的资料。这些画现藏于北京徐悲鸿纪念馆。

徐悲鸿成名之后，只要见到任伯年的佳作，就拿自己的画交换。最初，徐画三四张才换任画一张，后来逐渐减少，到20世纪40年代，一张徐画就能换一张任画。1926年，在巴黎留学的徐悲鸿曾持任伯年的画拜访恩师达仰。达仰对任伯年的画也十分赞赏，并用法文写下了极高的评价。1927年，徐悲鸿还根据任伯年之子任堇所赠伯年的摄影照片创作了油画《任伯年像》，以纪念这一旷世艺术家。1950年冬，徐悲鸿精心撰写《任伯年评传》，给予主人公以崇高评价："中国三百年来之艺术家，除任伯年与吴友如外大抵都是苏空头（苏州人比喻外强中干、内心空虚人的绰号）。""伯年于画人像、人物、山水、花鸟，工写、粗写，莫不高妙，造诣可与并论。伯年为一代明星而非学究，是抒情诗人而未为史诗，此则为生活职业所限。方之古天才，近于太白而不近杜甫。"

今天看来，任伯年的绘画不但是中国人物画优秀传统的集成与发展，而且成为中国现代人物画复兴之路直接与间接的重要源头。譬如，以徐悲鸿、蒋兆和、周思聪等画家为传承体系的"京派人物画"，以杨之光等画家为传承体系的"岭南画派人物画"，以程十发、戴敦邦等画家为传承体系的现代"海派人物画"，以周昌谷、方增先等画家为传承体系的"浙派人物画"均或多或少地受到任伯年的影响。

图1-3表现了古松下的三位人物，手持羽扇坐在树根扶手椅上的中年人，身着长裳，一派读书人打扮。其前面端坐着一位少年，相貌英俊，目不斜视。少年前面的长案上摆放着文房用品以及一册用于诵读的书籍。画面的右侧绘有一位侍女，她一手托腮，面含微笑，侧身而立。这是流传下来的徐悲鸿的父亲徐达章代表作《松阴课子图》，该画动人而传神地记录了光绪三十一年（1905年）中秋，36岁的徐达章亲自教徐悲鸿读书的情景。由此可见，渔樵耕读、诗书传家的门风使得少年徐悲鸿的生活多姿多彩。画面左边有徐达章（自号法我斋主人）题诗：

> 荏苒青春卅七年，平安两字谢苍天。
> 无才济世怀惭甚，书画徒将砚作田。
> 平生澹泊是天真，木石同居养性情。
> 切愿康儿勤学问，读书务本励躬行。
> 求人莫若求诸己，自画松阴课子图。
> 落落襟怀难写处，光风霁月学糊涂。
> 白云留住出山心，水秀峰青卧此身。
> 琴剑自娱还自砺，寸心千古永怀真。

这些诗句反映了徐达章不求名利、乐于耕读传家的清高心境，虽感慨自己"无才济世"，但对十岁的悲鸿（康儿）寄予厚望，希望他能勤于学问、好好读书。那时的徐悲鸿没有辜负父望，不仅书读得好，还显露诗才，并能帮父亲在画上着色，帮乡亲书写春联。

徐达章（1869—1914），字砚耕，号法我斋主人、成之，自幼酷爱绘画，可是他家境贫苦，只能凭借天生的悟性刻苦自学和临摹画谱，逐渐成为当地颇有名气的画师。徐达章在学画时有个好习惯，即喜欢写生。他在乡间田野劳作之余经常对着实物现场写生，从鸡、犬、牛、羊，到父母、姐妹（徐达章无兄

图 1-3
徐达章绘《松阴课子图》，中国画，纵 81 厘米，横 51.5 厘米，1906 年，徐悲鸿纪念馆藏。

弟）、邻人，甚至乞丐都成为他的写生对象。他看待写生对象严谨精微，提笔绘画时会心会神。所画的写意花鸟受到徐文长、任伯年等前辈画家的影响，所画的山水则属于较为写实的一类，笔法遒劲，清新淡雅。据说，宜兴的私人藏家至今仍收藏着达章公画的《荆溪十景图》，图中描绘了宜兴的张公洞、善卷洞等名胜。徐达章还长于吟诗作词，书法篆刻，具有文人画家的气质，因而他的画受到当地市场的欢迎，当时宜兴的一些大户人家会买他的作品，但徐达章对那些欺横蛮霸的权贵却不趋炎附势。

徐达章久居乡间，虽无功名，但诗书画三绝冠于一方，宜兴县志里存有当时的宜兴县令器重徐达章才学的记载。但是他以淡泊宁静的态度来看待荣华富贵，有一次他听说那位县令以访贤为名要来登门拜访，就立即躲到一座寺庙里去了，由此事看其性情，颇具陶渊明之风。

徐达章在徐悲鸿 6 岁时教他读书，故徐悲鸿几年之后就能熟读《诗》《书》《礼》《易》《论语》等。在徐悲鸿 9 岁左右时，有一次与父亲徐达章坐船到溧阳，即兴赋诗一首："春水绿弥漫，春山秀色含。一帆风信好，舟过万重峦。"此诗简明上口、朴实醇厚，颇具唐诗风味，可见这时徐悲鸿的诗才已不同凡响。

图1-4（左）
徐悲鸿绘《徐达章像》，油画，1928年，徐悲鸿纪念馆藏。
图1-5（右）
徐悲鸿绘《时迁偷鸡》，白描戏剧画，1912年。

父亲见徐悲鸿有绘画天分，就每天午饭后教他临摹清代末年最为著名的插图画家吴友如的石印人物画，并且学习绘画调色、设色之法。徐悲鸿后来曾说："吴友如是我的启蒙老师。"徐悲鸿10岁时，已能帮父亲在画面次要部分填彩赋色，还能为乡里人写春联。

1928年，徐悲鸿曾为父亲徐达章画过一幅油画肖像（图1-4）。画中的徐达章头戴黑色瓜皮帽，身穿土黄色长衫，眉宇不俗、气质豁达。由于至今没有发现徐达章的照片，徐悲鸿很可能是凭着少时的记忆默写出来的。

现存徐达章的印章有数件，印文为"半耕半读半渔樵""读书声里是吾家""儿女心肠，英雄肝胆""闲来写幅丹青卖，不用人间造孽钱"等，他将自己高洁的志向和抱负表现在印章里。父亲徐达章的画艺、人品与修养对于徐悲鸿产生了深远的影响，徐悲鸿成名后曾写下长篇《徐悲鸿自述》，在这篇文章中，他用敬重的口吻称赞父亲："生有异秉，穆然而敬，温然而和，观察精微，会心造物。"

当时的徐家种有六亩多的水稻，以及八分地的西瓜。加上卖画、教书，比其他人家的收入要多，但是为什么还是穷困呢？因为徐家孩子多，徐悲鸿兄弟三个、姐妹三个，这是八口之家。因此徐达章父子虽然勤奋作画与耕作，但是家境仍较为清贫。1908年，宜兴遭受水灾，为了维持一家人的生计，年仅13岁的徐悲鸿不得不随父辗转于临近各县村庄，靠写字卖画来维持一家人的生活。

后来徐悲鸿的父亲身染重病，作为家中长子，徐悲鸿开始挑起了生活的重担。

1934年，当徐悲鸿走出国门在德国、苏联等国举办近代中国画展时，观众发现，有一幅中国画总是醒目地挂在前面，那就是其父徐达章所画的《松阴课子图》。这对于徐悲鸿而言，意在表达对自己这位不凡的父亲的敬意。

图1-5为1912年徐悲鸿所画的《时迁偷鸡》。这一年12月的一天，徐悲鸿在《时事新报》上偶然看到一则绘画比赛的征稿启事，这对于这个绘画天才少年来说，可是一个展示自己才能的好机会，他很快便给报社寄去了自己得意的作品《时迁偷鸡》。时迁是《水浒传》里的人物，绰号鼓上蚤，为人仗义滑稽、精明能干，上墙蹿梁的身手更是十分敏捷。徐悲鸿的这幅作品生动地记录了这位梁上君子双手抓住横杆的精彩瞬间，他双腿猛蹬，动作夸张，形象有趣，构图简洁，富有新意。

《时事新报》在当时是由商务印书馆主办，其主持人叫张元济，是清朝末年的秀才，后来成为了中国出版业的奠基人之一。张元济在寄来的众多投稿作品中，发现了徐悲鸿的《时迁偷鸡》，很是欣赏，给徐悲鸿评了二等奖，并刊登于《时事新报》1912年12月31日（星期二）第1815号。这个奖项对于徐悲鸿来说是意义非凡的，它像深夜海岸边的灯塔，照亮了其向往的艺术航程，增强了他的信心。不久徐悲鸿便来到上海领奖，这是他第一次迈出家乡宜兴的土地来到了繁华的大都会上海。《时事新报》给徐悲鸿带来的上海之行，激起了他学习西画的强烈兴趣。

图1-6为徐悲鸿17岁时的照片，在形象上这是一位眉目清秀的少年，但是仍未脱离稚气。据徐悲鸿在《徐悲鸿自述》中说，当时的他游走于上海数月，想要学习西画，但是一直未得门径。因而这次上海之行在他看来只能算作是一次短暂旅行，不久他便回到宜兴，在和桥彭城中学当图画课教员。

1912年，由于父亲徐达章病重，徐悲鸿作为徐家长子，家庭生活的负担落在他单薄的肩上，在生计的压力下他不得不加倍工作。他一连接受了三所学校的聘书：第一所是宜兴女子师范学校，第二所是始齐女子学校，第三所是彭城中学。

图 1-7 为 1914 年徐悲鸿 19 岁时的照片。其中的徐悲鸿相貌英俊，头发中分，后来的他一直保持这一发型。他身子斜靠在藤椅上，右肘托腮，目视前方，右手指间夹着一支铅笔。既好像在憧憬未来，又好像在期盼着能早日实现自己的艺术梦想。这幅照片的视觉效果颇具艺术"范儿"，即使放在今天仍是时尚的，很可能摄于 1914 年徐悲鸿在上海学画期间。

辛亥革命之后，青年人对西方新文化、新思想的探索欲望十分强烈。与此同时，许多新式学堂和教育机构也开始粉墨登场。1913 年，乌始光和刘海粟在上海成立了上海图画美术院（后改名为上海美术专科学校），他们在《申报》上刊登了两次招生广告：第一次刊登于 1913 年 1 月 28 日，第二次为 1913年 2 月 16 日。广告上说："专授各种西法图画及西法摄像、照相、铜板等美术，并附属英文课。讲义充足，范本精良，无论已习未习，均可报名。"徐悲鸿看到了上海图画美术院的第二次招生广告，便决心到这所新办的美术学校学习西画。但是徐悲鸿这次上海求学并非如他所憧憬的那样，由于上海图画美术院办学伊始，资金不足，因此异常简陋，教学马虎。徐悲鸿所报的又是该院的选科，教学效果更不理想，师资力量非常薄弱，甚至在课堂上老师竟拿徐悲鸿的习作作为范本。所以徐悲鸿入学仅两月便逃离了这所学校。在多年以后，当徐悲鸿回忆起这段经历时十分愤慨，并在《申报》上发文谴责这所"上海图画美术院"。他在报上说："该院既无解剖、透视、美术史等要科，并半身石膏模型一具都无，惟赖北京路旧书中插图为范，盖一纯粹之野鸡学校也。……既而，鄙画亦成该院函授稿本。数月他去，乃学于震旦，始习素描。"

1914 年冬，徐悲鸿的父亲徐达章去世，当时的徐家家徒四壁。徐悲鸿在其著作《徐悲鸿自述》中写道："先君去世，家无

图 1-6（上）
1912 年，徐悲鸿 17 岁时的照片。
图 1-7（下）
1914 年，徐悲鸿 19 岁时的照片。

担石，弟姊众多，负债累累。……"徐悲鸿无法凑出为父亲入殓的丧葬费，于是只得写信向一位做药材生意的长辈借了20银圆。图1-8为徐悲鸿所书写的葬父借贷书，内容为：

德成先生尊鉴：

前辱蒙矜育惠临寒舍，措于一切，悲鸿率弟没齿不忘，泣叩彼苍胡加余胡毒。母将垂老，而弟幼者在襁褓中，呜呼！先严何脱然舍之而遽去耶？今窀穸已卜，临穴有期，故奉函驰闻。且欲世伯代筹二十番，使勿却此，则悲鸿铭镂骨，愿化身犬马而图报耳。墓处近南，故祖墓侧，堪舆云尚无妨碍，已定四月十八日巳时下葬矣，谨以奉闻。敬请

大安

　　　　父
老祖　万福金安
　　　　母

寄母大人大安　并颂

阖府均佳

　　　　　　　　　悲鸿率弟寿安等谨上

此借贷书措辞悲痛、词真意切，读后令人唏嘘不已。

1916年3月，上海哈同花园向全国的画家征集仓颉画像，好友黄警顽在得知此消息后告诉了徐悲鸿。徐悲鸿凭借着过硬的绘画技艺与创意，使得他所画的仓颉像被哈同花园总管姬觉弥和仓圣明智大学（设在哈同花园内的一所义务学堂内）的教授青睐而力拔头筹。姬觉弥很欣赏徐悲鸿的才能，不仅给他提供了一笔丰厚的奖金，还邀请他到此作画，同时聘请

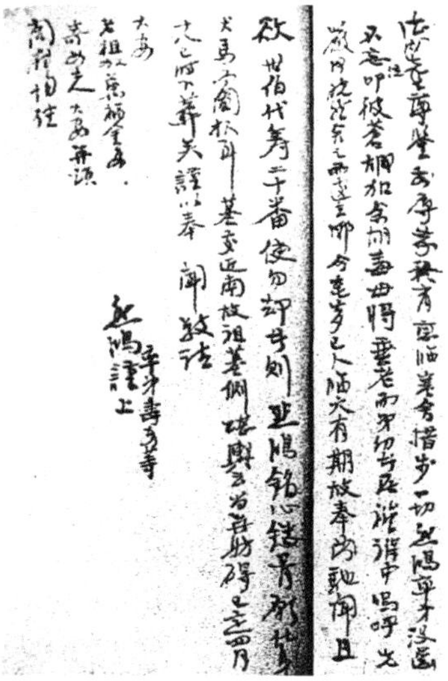

图 1-8
1914 年冬，徐悲鸿葬父借贷书。

图 1-9
徐悲鸿绘《仓颉像》，中国画，1916 年。

他担任哈同花园的美术老师。是年暑假，徐悲鸿住进了哈同花园。他给哈同花园的主人犹太人哈同及其夫人罗迦陵以及总管姬觉弥分别画像。图 1-9 为徐悲鸿所绘《仓颉像》，该画像于 1916 年 8 月在《广仓学会杂志》第 1 期刊出。同年 10 月 25 日，仓颉救世赈灾汴晋湘鲁大会广告刊行，此幅《仓颉像》被刊登于刊头。徐悲鸿原计划绘制 8 幅仓颉像，最终在离园时完成了 5 幅。

图 1-10 是 1917 年康有为题赠徐悲鸿的书法《写生入神》。"写生入神"这四个大字位于横幅中央，左边是康有为署款："悲鸿仁弟，于画天才也，写此送其行。"右边是徐悲鸿所写的感言。透过这幅作品我们可以感受到康有为具有北碑风骨的书法的雄强，其大字落笔肯定，力透纸背；其小字署款拙厚大度，入木三分。这幅为徐悲鸿东渡日本送行的作品不但表达了康有为对徐悲鸿艺术的由衷评价，而且蕴含着这位著名的政治家、书法家对于这位青年才俊的殷切寄托。由此幅书法作品会自然地联系到康有为和徐悲鸿之间的交往，因为在徐悲鸿成为艺术大师的道路中，康有为的提携与帮助起到了十分关键的作用。

徐悲鸿是在哈同花园总管姬觉弥的引荐之下认识了他一生中最为重要的恩师——康有为。此时的康先生年过花甲，已不再收徒，但他看到徐悲鸿的作品后，老人甚为欣喜，应允收徐悲鸿为最后一个入室弟子。

在拜师之后，康有为邀请徐悲鸿住到自己家中。在恩师家中，徐悲鸿饱览了大量历代书法绘画名作原迹，并且得到了南海先生的亲身教导，在这里他的

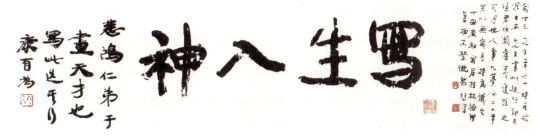

图 1-10
康有为书《写生入神》，书法，纵 29.5 厘米，横 103 厘米，1917 年。

艺术造诣得到了长足进展。

康有为对于传统中国画抱有改良的思想，是"美术革命"先驱人物之一。因此他提议徐悲鸿应到西方去求得西画优秀之法。但由于此时的欧洲正在经历第一次世界大战，故去欧之路不畅。康有为认为，徐悲鸿的学画之旅不能耽误，于是又安排徐悲鸿先去日本学习。在和康先生为徒的日子里，徐悲鸿还认识了他心仪的爱情伴侣——蒋碧微（1899—1978，原名蒋棠珍，碧微系徐悲鸿为她所改）。1917 年 5 月 13 日，蒋碧微离家出走，第二天毅然跟随徐悲鸿前往日本长崎。

图 1-11 为 1926 年 5 月徐悲鸿自新加坡回上海之后为康有为所画的油画像。画中的康有为虽然是花甲之年，但是风采依旧，不失一代政治家所具有的从容不迫的精神与气度。

图 1-12 是徐悲鸿给梅兰芳画的一幅肖像，展示了梅兰芳在京剧《天女散花》中所扮演天女的风采，同时也见证了徐悲鸿与北平京剧界一些著名人士的友谊。

1917 年 12 月，徐悲鸿坐海轮自上海到天津再至北京之后，住于好友华林在北平东城方巾巷的四合院。安顿好之后，徐悲鸿拿着恩师康有为的介绍信以及自己的绘画作品去拜访康有为的大弟子、名士罗瘿公。罗瘿公看了徐悲鸿的画，颇为欣赏，不仅写信将他推荐给了当时的教育总长傅增湘，还带他进入京

图 1-11
徐悲鸿绘《康有为像》，油画，纵 47 厘米，横 56 厘米，1926 年。

图 1-12

徐悲鸿绘《天女散花》（梅兰芳演天女），中国画，1918 年，梅兰芳纪念馆藏。

城文化圈，与众多文化名人经常在一起谈画听戏，徐悲鸿对罗瘿公很是感激。

一天，罗瘿公带徐悲鸿去听程砚秋唱《桑园寄子》。演毕，大家到后台问候砚秋。徐悲鸿将一把折扇送给砚秋。砚秋展开，只见扇上绘有一幅精致的古装美人图，观者都说美人颇像砚秋，砚秋十分高兴，连声向徐悲鸿道谢，于是两人结下情谊。1918年底，徐悲鸿还为程砚秋精心绘了两幅画，一幅是程砚秋《武家坡》剧照像（此像后来遗失，但1926年出现在琉璃厂，程砚秋友人出高价将画购回，送给了程砚秋，砚秋大喜）；另一幅就是这幅《天女散花》（梅兰芳演天女），它作为程砚秋拜梅兰芳为师的拜师礼。

1918年春，由罗瘿公编剧、梅兰芳主演的《天女散花》在北京首演，这是在京剧舞台上有史以来第一次出现色彩缤纷的绸舞表演。梅兰芳经多次实践，将舞动的绸带减为两根。人物造型则借鉴敦煌石窟的雕塑和绘画，配上二黄、西皮和昆曲的唱腔，梅兰芳边舞边唱，悠扬迷人，婀娜多姿，出神入化。徐悲鸿看罢这出《天女散花》后，非常欣赏，觉得此剧宛如一幅动人的画卷，美轮美奂。他以数幅剧照作为参考，花了约六天时间精心完成了这幅《天女散花》。在徐悲鸿这幅早期的中西画法结合的画作中，从蒸腾的云海中缓缓升起的天女双手合十，俏丽多姿，脸部刻画借鉴了西洋写真法，其眉眼神态呼之欲出。天女的服饰飘逸多彩，似乎随舞而动。画家徐悲鸿以自己精湛的画艺将绸舞的灵动瞬间在纸上定格。徐悲鸿在画上题诗曰："花落纷纷下，人凡宁不迷。庄严菩萨相，妙丽貌神姿……"还题曰："戊午暮春为畹华（梅兰芳原名）写其风流曼妙、天女散花之影。江南徐悲鸿。"作为《天女散花》编剧的罗瘿公在徐悲鸿题诗左边也题诗一首："后人欲知梅郎面，无术灵方更驻颜。不有徐生传妙笔，安知天女在人间。"梅兰芳很喜欢这幅画，甚至从画上发现了人所未见之处。1945年春，上海"梅兰芳、叶玉虎画展"开幕之后，有人觉得梅兰芳所画的《纨扇仕女图》的人物气质与神态很是近于作者自己，便问梅兰芳是否将自己画进去了，他笑着说："有些画家不知不觉把自己的某种神情画了出来，但并非有意为之。譬如，1918年徐悲鸿先生替我画的《天女散花》是拿我的照片作蓝本的，部位准确，面貌逼真，但一双眼睛，就像他自己。"由此可知，梅兰芳不但知己，还深知徐悲鸿。

梅兰芳将《天女散花》一直珍藏在身边，直到新中国成立之后，才把它装裱起来，挂在北京护国寺一号家中的南客厅。"文革"动乱之中，这幅画被人从梅家老宅劫走。所幸"文革"结束之后，它躲过灭顶之灾，在某个仓库的角落被发现，如今藏于北京梅兰芳纪念馆。

1917 年下半年，徐悲鸿在日本游学半年后回到了上海，便立即和妻子蒋碧微前去拜望恩师康有为，在交谈时徐悲鸿表达了想去欧洲留学的念头。康先生说现在欧洲战事正酣，若立即赴欧，则难以实现。不如先去北京，想办法争取一个官费留学的名额，等时局缓和后再去。徐悲鸿听后，感到自己又找到了一个人生的方向，遂拜谢恩师。在去京前，康有为给徐悲鸿写了两封重要的介绍信。

1917 年 1 月，蔡元培到北京大学任校长，倡导"思想自由，兼容并包"，并组织了一些艺术团体。

康有为给徐悲鸿写的第一封介绍信正是给北京大学校长蔡元培的。到了北京后，徐悲鸿拿着这封介绍信来找蔡元培，想在北京大学谋一职位。蔡元培见到徐悲鸿并看了他的画后，被其才华所打动，心中定下用人计划。

1918 年 2 月 21 日，北京大学成立了画法研究会，蔡元培亲自任会长。一时报名者有 75 人。从蔡元培发表的《北京大学画法研究会旨趣书》可知，此会成立目的是由于大学设科偏重学理，至于具体技术及实际练习机会则由研究会指导，如此才符合美育本意。是年 3 月 8 日，徐悲鸿被聘为画法研究会导师，为研究会会员指导中国人物画和西方水彩画，工资每月 50 元。徐悲鸿在画法研究会任职两个学期，春季始业从 1918 年 4 月至 6 月，指导 5 位会员。秋季始业从 1918 年 10 月至 12 月，跟徐悲鸿习中国人物画者有 4 位会员，学习西方水彩画者有 22 位会员。此外平均每周演讲或评画一次。图 1-13 为 1918 年徐悲鸿任画法研究会导师时的集体照，可见其学员构成较为丰富。从学员的具体构成来看，并非限于北京大学，而是辐射整个北京地区。

图 1-13
1918 年，徐悲鸿（后排左五）任北京大学画法研究会导师时的集体照。

当时任画法研究会导师的校内教员有李毅士、钱稻孙、贝季美、冯汉叔，校外画家则有陈师曾、贺履之、汤定之、徐悲鸿。其中以徐悲鸿最为年轻，著名画家陈师曾比徐悲鸿年长 19 岁，他是诗人陈散原之子，历史学家陈寅恪之长兄。陈师曾早年赴日留学，归国之后曾任江西省教育厅厅长，后至北京任职于教育部。他画有《北京风俗画》三十四篇以表现劳苦大众的贫寒生活。陈师曾与徐悲鸿谈诗论画，十分投缘，陈师曾认为中国绘画若不革新就没有出路，因此鼓励徐悲鸿到法国去，日后一起来革新中国绘画。

就这样，在蔡元培帮助下，徐悲鸿不但在北京有了一份稳定的工作，而且能潜心研究画理。1918 年 5 月 14 日，徐悲鸿为北京大学画法研究会会员演讲《中国画改良方法》，提出了著名的"古法之佳者守之，垂绝者继之，不佳者改之，未足者增之，西方画之可采者融之"的构想。虽然在如何"守""继""改""增""融"方面他倾向于现实主义而长期为人非议，但客观而论也只有现实主义绘画才能称得上中外绘画史中最为重要的篇章。而且，当时中国画坛最为需要的也是现实主义绘画，何况在现实主义这一广阔领域中，徐悲鸿的审美视角是相当开放的，在这一点上，恐怕在古今中外的艺术家中少有人能与之相比。徐悲鸿的这一观念虽说受惠于康有为、蔡元培诸先生，但是他经过自己的归纳与总结以一种完整的方式提出，乃杰出论断。在笔者看来，这种说法揭示了当时中国艺术发展最应遵循的规律，在当时，鲜有美术理论家、美学家、画家和学者能把这一问题阐述得如此清晰、简洁、明了。

康有为给徐悲鸿写的第二封介绍信是给罗瘿公的。罗瘿公是北京名士，政教两界相通，在他的帮助下，徐悲鸿认识了当时的教育总长傅增湘。傅增湘对徐悲鸿十分赏识，后来正是在傅增湘的帮助之下，徐悲鸿得以官费生资格赴法留学。

1918 年 11 月 11 日，第一次世界大战结束。是年 12 月中旬，徐悲鸿被教育部批准为以公费生资格赴法国留学，成为中国近代第一位美术公费留学生。

12 月 17 日，蔡元培校长在《北大二十一周年纪念会演词》中曾说："此一年之中，各方面多少均有进步。画法研究会与书法研究社成立不满一年，今竟有成绩在此陈列，供诸位之观览矣。"又谓："此次纪念会尚有一特异之点，即是夏学长（元瑮）与本校教员杜伯斯古、李石曾、张君劢、冯千里、徐振飞、徐悲鸿诸先生，不日将赴欧美研究战后情形。将来回国贡献于本校者必更多。今日特为之饯别是也。"

自徐悲鸿将赴法国留学的消息公布后，学校有关组织与个人不断为徐悲鸿饯行。1919 年元旦，北京大学画法研究会于理科第一教室举行欢送徐导师赴法国留学大会，是日到会者有导师陈师曾、冯汉叔、李毅士、贺履之及新聘导师盖大士，来宾有王心葵、纽伦、刘调篯、沈尹默等。会员到者 50 余人，两名校外会员黎锦晖、王学枚亦到。

上午 10 时开始，干事陈邦济、狄福鼎，陈师曾、新聘导师盖大士（由刘调篯翻译）、钱稻孙、李毅士（致英文谢词）皆有发言，恭祝徐悲鸿留学有成。

徐悲鸿致答词云："鄙人于画会少所建树，愧不能尽其绵薄，承诸会员欢送，甚不敢当。今且远行，请勉与诸君一言其得失。凡美术之发达，必赖其倡造机关。今大学之画会，一美术倡造之机关也。学者更能于所学上竭一生精力以研究，即并驾欧美名家，亦非难事。发达又其余矣。"

在诸人赠言中，以陈师曾的最具感染力，他说："东西洋画理本同，阅中

国画古本，其与外画相同者颇多。西洋画如郎世宁旧派，与中国画亦极相近。西洋古画一方，一方画成者，与中国之手卷极相似，希望悲鸿先生此去沟通中外，成一世界著名画家。""沟通中外，成一世界著名画家"，这句话最与徐悲鸿留学法国的艺术追求相关。而且，陈师曾还为徐悲鸿的远行带来了独特的礼物，他说："今日别无所赠，谨手治小印一方，乞哂纳。"这枚印所刻的内容为"江南徐悲鸿"（图1-14），它后来成为徐悲鸿的常用印之一，白文，章法别致，"徐"置于中间，"江南""悲鸿"置于两侧。古朴拙厚，刀味十足，苍茫利落，呈现出典型的陈师曾印风。

图 1-14
陈师曾为徐悲鸿刻"江南徐悲鸿"。

陈师曾作为印学名家，曾治印赠予好友李叔同。在送别徐悲鸿的三天后，即1919年1月4日，陈师曾刻"会稽周氏"之印赠给好友鲁迅。可见，对于至交，陈师曾常以自己擅长的治印作品，作为友谊见证。

徐悲鸿自称对于印学具有"沉湎之嗜"，因此陈师曾刻印赠予悲鸿作为送别礼物，可谓投其所好。徐悲鸿后来得到著名印家给自己刊刻的两百余枚印章，并几度将其中的精品钤拓成印谱赠予友人。1939年9月，百扇斋主黄曼士为徐悲鸿在南洋的卖画、抗战筹款提供了巨大帮助，与悲鸿结下了深厚友谊。黄曼士将徐悲鸿随身携带的部分自用印章钤拓为两份，成为《百扇斋主手拓悲鸿用印》。2003年，人民美术出版社出版了纪经中编著的《百扇斋主手拓悲鸿用印》。该印谱封面上为徐悲鸿所书"百扇斋主手拓悲鸿用印"，徐悲鸿于手书的序言中明确提及自己对于印学具有"无厌之求，沉缅之嗜"。其后每页钤一印，均有徐悲鸿手书简注，内容涉及印人籍贯、姓名、释文及所用印石品种等，共 82 页。笔者十分关注这一印谱的编排顺序，因为编排在开头的第 1 方即陈师曾所刻"江南徐悲鸿"，第 2 方到第 10 方为齐白石所刻的"徐悲鸿""吞吐大荒""江南布衣"等 9 枚印。至于徐悲鸿之父徐达章所刻"放怀古今"，明代文彭所刻的"松柏四时春""半榻琴书"，以及徐悲鸿推崇的印家杨仲子、器重的印家陈子奋所刻的印均被排在了后面。由此可见徐悲鸿对于陈师曾所赠印章的喜爱程度。

《百扇斋主手拓悲鸿用印》中还收录了徐悲鸿之父徐达章的两件篆刻作品"放怀今古""飞花入砚池"，徐悲鸿在《徐悲鸿自述》之中认为徐达章治印"超然自立于诸家之外"，可见具有自家面目。现存徐达章印章有"半耕半读渔樵""读书声里是吾家""儿女心肠""英雄肝胆""闲来写幅丹青卖、不用人间造孽钱"等。徐悲鸿正是在这样的家学熏陶之下自幼染上了嗜印之好，并对金石情有独钟。徐悲鸿与寿石工、齐白石、杨仲子、乔大壮、陈师曾、简经纶、吕凤子、何秋江、彭汉怀、方介堪、蒋维崧、张寿丞、孔文叔、傅抱石、汤安、宋君方等治印名家结为好友。徐悲鸿也曾自己刻制印章，目前能确认的有"江南贫侠""精爽""道心惟微""无枫亭""黄扶""大慈大悲"等。

当时在画法研究会导师中徐悲鸿最年轻，由送徐悲鸿远行的致辞与礼物可见，在北京大学画法研究会的同事中，以徐悲鸿与陈师曾的交情为深厚，可知这对忘年交的惺惺相惜。实际上，早在 1918 年 10 月，陈师曾已辞去北京大学画法研究会导师之职，这也许是因为在教学观念上与蔡元培发生了分歧。但是在两个月之后，他依然参加了比他小 19 岁的年轻同事徐悲鸿的送行活动，由此可见他与徐悲鸿的情谊。1930 年，徐悲鸿在《徐悲鸿自述》中说："以蔡子民（蔡元培）先生之邀，为北京大学画法研究会导师，识陈师曾，时师曾正进步时也。"

徐悲鸿留学 8 年归国后，与其仍有来往的还有李毅士。1928 年 5 月至1930 年 12 月，李毅士于南京国立中央大学教育学院教授西洋画。1928 年，徐悲鸿也从上海来到南京任于国立中央大学教育学院，二人又同事两年。1928年 10 月 6 日，徐悲鸿还与李毅士、吕凤子等艺术家，感于首都南京艺术空气之沉寂，发起组织中央美术会，并在南京中学校长张相的赞助下，利用该校教室举办画展。1929 年 1 月，徐悲鸿与李毅士同任全国美术作品展览总务委员。1929 年 4 月，围绕"全国美展"在《美展》刊物上展开了徐悲鸿、徐志摩的争论（史称"二徐之争"），李毅士撰文《我不惑》加入论战，支持徐悲鸿观点，并提出"艺术创作要与社会结合，反映时代精神、社会责任"的观点。

1919 年 3 月，徐悲鸿启程赴法留学。《申报》发文报道："徐氏为中国公派留学美术第一人。"

第二章 留学生涯

1919—1927

图 2-1 为徐悲鸿 1919 年在法国留学时的照片。其中的徐悲鸿身着中式长袍、精神饱满、相貌英俊，其背景能看出是画室。徐悲鸿在法国留学时十分勤奋，经常在画室里聚精会神地观察对象，如饥似渴地练习与研究西洋绘画技法。

徐悲鸿赴欧的行程一开始并不顺利，由于第一次世界大战刚结束，想去欧洲的人太多，若正常买票，日期则被排到了一年以后。可徐悲鸿到欧洲求学心切，哪能等到一年以后！1919 年 3 月 17 日，徐悲鸿带着蒋碧微从上海出发，坐货轮先到日本，又从日本转道英国伦敦，再从伦敦去往法国巴黎。

好不容易来到法国后，徐悲鸿内心的艺术激情怦然爆发，他实在是太兴奋了！因此来到法国的第一天，他便早早地来到了向往已久的卢浮宫，在这个世界著名的博物馆中，他看到了古希腊时期的杰出雕塑《断臂维纳斯》，文艺复兴时期巨匠达·芬奇的代表作《蒙娜丽莎》，拉斐尔的《圣母像》等许多杰作。徐悲鸿对西方艺术的向往自小便萌生了，可就这么看，哪能满足呢？下午徐悲鸿便带着干粮、水和画箱来到这些名画前临摹。此后的日子里，他总是第一个入馆，最后一个离馆。

在经过了短暂的兴奋之后，徐悲鸿很快意识到了自己的不足。在国内他没有经过系统的造型训练，所以绘画的表现技巧并不到位，不能得心应手。1919 年 5 月，徐悲鸿便来到了巴黎朱丽安学院，从基础素描开始学起。朱丽安学院是一所私立学校，设备精良，资料齐全。中国画和西画在造型技术上具有很大的差别。刚开始学习素描的徐悲鸿在适应这种转变的过程中，也是痛苦而艰难的，有时他为了画准一具石膏像而通宵达旦。徐悲鸿刻苦研习，仅两个月，他便逐渐领悟到了素描的门道。不久之后，徐悲鸿决心报考巴黎国立高等美术学院。

1920 年 9 月 24 日，中国驻法国总领事赵颂南发函（图 2-2）给巴黎国立高等美术学院，函曰："院长先生：我很荣幸地向您推荐中国学生徐悲鸿，现住在巴黎少姆哈路（音译）九号，他刚向我表达了在您学校注册的愿望。另外，我证明他出生在中国江苏省宜兴。非常感谢您为这个学生提供的方便。我请求

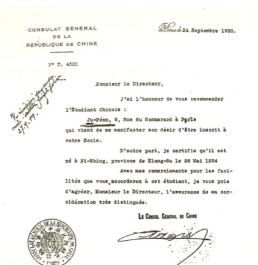

图2-1（左）
1919年，徐悲鸿在法国留学时的照片。

图2-2（右）
1920年9月24日，中国驻法国总领事赵颂南致巴黎国际高等美术学院有关徐悲鸿的情况函。

您接受我非常崇高的致意。"这份文件是当时中国驻法国大使馆给徐悲鸿提供的证明，以国家的名义证实徐悲鸿这位中国留学生的身份。

赵颂南是清末太学生，于1894—1897年留学法国，1902年出使意大利，历任中国驻意公使馆翻译、一等秘书、代理公使以及法国总领事等职。其父赵元益是当时著名的医学家、翻译家、藏书家。其夫人出身名门，是中国近代化学启蒙者和造船工业先驱徐雪村（寿）的孙女，山东机器局总办徐仲虎（建寅）之女。1879年，其父徐仲虎出使德、英、法等国进行技术考察。1901年，徐仲虎在汉阳钢药厂进行无烟火药实验中因突发爆炸而殉职，是中国近代牺牲在科研岗位上的第一位科学家。

赵颂南对徐悲鸿的帮助甚大，1924年，徐悲鸿的官费完全中断，因此徐悲鸿夫妇在法国的生活很是窘迫，维系日常生活十分困难。徐悲鸿给书店出版的小说画插图，蒋碧微给罗浮百货公司做绣工，但是报酬都很微薄。有一次借钱也没有借到，两人饿了一天。徐悲鸿只得求助于时任中国驻法国总领事的赵

颂南，所幸赵颂南施以重要援手，才渡过难关。为表示感谢，徐悲鸿以古典主义油画之法为赵颂南夫人画了一幅肖像《赵夫人像》（图2-3），画中的赵夫人戴着一串珍珠项链、神态安详、气质端庄，这是徐悲鸿早年油画的满意之作之一。1930年4月，徐悲鸿在《良友》杂志第46期发表《徐悲鸿自述》，以坎坷的求艺经历鼓舞有志青年。他在其中记下了创作此画的前因后果："一日蒙（赵颂南）致书，并附五百元支票一纸，雪中送炭，大旱霖雨，不是过也。因以感激之私，于是年七月为赵夫人写像。……我学博杂，至是渐无成见，既好安格尔之贵，又喜左恩之健，而已所作，欲因地制宜，遂无一致之体。我于《赵夫人像》，乃始能作画前决定一画之旨趣。有从容暇逸之乐。"后来，赵颂南还将徐悲鸿介绍给了自己的好友黄孟圭，之后黄氏对徐悲鸿的帮助更大。

徐悲鸿第三次来欧洲，两人相见时，赵颂南先生还赠予他明人画一幅，画一士人持镜照妖，一小孩随其后，画笔精卓，署名为正斋居士，但徐悲鸿不知是何人。

由于赵颂南一直定居于法国，《赵夫人像》一直藏于巴黎赵公馆内。1968年，赵颂南之孙赵儒在美国结婚后前往法国探望祖父。99岁的赵颂南将《赵夫人像》送给他们作为纪念（1970年，赵颂南以101岁高龄谢世）。于是此作就随着赵儒夫妇迁居美国费城，挂于赵家客厅。赵儒曾和来美国的徐悲鸿弟子杨先让说："祖父经常向我提起20年代初在法国的中国留学生中，有两个相貌出众的小同乡，一是徐悲鸿，一是周恩来。徐悲鸿困难时他帮助过。"赵颂南是江苏宝山（今属上海市）人，徐悲鸿是江苏宜兴人，周恩来是江苏淮安人，这三位江苏人在巴黎的际遇与交游，

图2-3（上）
徐悲鸿绘《赵夫人像》，油画，纵70厘米，横50厘米，1924年，美国私人藏。
图2-4（下）
徐悲鸿绘《达仰像》，素描，20世纪20年代，徐悲鸿纪念馆藏。

书写了现代中国的有识之士在海外的非凡历史。

　　图 2-4 为徐悲鸿给他的法国恩师达仰（Jean Dagnan，1852—1929）先生所作的素描肖像。徐悲鸿在作画时特意选择了一个全侧面的角度，画中的达仰眼眶深凹，眼神深邃，表情恬淡自然。整幅画面对于虚实轻重的处理很是巧妙，头部进行重点刻画，肩胸表现得言简意赅，看似简括，但是对于结构的处理却没有丝毫的含糊。

　　巴黎国立高等美术学院是当时法国最好的专业美术学院，学院设有绘画、雕塑、建筑等学科，还设置了专门的博物馆来收藏名家画作。徐悲鸿选择报考该校还有另外一个重要的原因就是这里不收学费。

　　巴黎国立高等美术学院虽然条件是最优越的，但是入学深造的门槛也是十分苛刻的。入学考试有三次：一试为画人体素描，二试为画石膏像素描，三试为美术理论基础。徐悲鸿在入学考试中一次比一次考得好，从一试的一百多名，到二试的六十多名，再到通过最后的理论考试，成为中国留学生中唯一一个通过的考生。

　　在进入该校后，所有学生都需要先把素描学习到位，这些课程包括静物素描、石膏人物和人体素描。待到素描功底扎实后，学生方能进入各个名家的画室进行深入学习。在该校，每个画室都是以其主持人的名字来命名的。徐悲鸿选择了校长——著名画家弗拉孟格（Francois Flameng， 1856—1923）的画室，自此他才在真正意义上开始了西画学习之路。徐悲鸿受教于弗拉孟格之后，接受了正规的西方绘画教育。弗拉孟格擅长历史题材的人物画，其画作不尚细节的刻画而注重色彩的和谐搭配与互衬，对徐悲鸿日后油画风格的形成有着巨大的影响。徐悲鸿每天乐此不疲地进行西洋画的基本功训练，上午在巴黎国立高等美术学院学习，下午去叙里昂研究所画模特儿，有时还抽空去观摩各种展览会。

　　1919 年岁末，徐悲鸿参加了法国雕塑家的聚会，会上法国雕塑家唐泼忒夫妇把徐悲鸿引荐给了时年 67 岁的法国大画家——达仰。达仰是当时法国学院派绘画的主要人物，他的画以历史人物画和宗教画为主，成就极高，当时许多新修的建筑都以悬挂达仰的画作为荣。

达仰是徐悲鸿崇拜的偶像，当这个机会降临在他面前时，他兴奋至极，不顾一切当场就向达仰提了学画的请求。可对于这个唐突的请求，达仰似乎还没摸着头脑，因此并没有直接应允徐悲鸿的请求。见到达仰，徐悲鸿哪肯轻易放过？在蒋碧微的回忆录——《我与徐悲鸿》中，关于求学于达仰，有这样的描述："他不计一切地登门拜访，拿出自己的画作请他指教，果然获得达仰先生的青睐，收他为入门弟子，以后每个星期天便到他的画室去面聆教益。"

达仰是绘画大师柯罗的弟子，在徐悲鸿第一次来到达仰家里时，便告诫徐

图 2-5
徐悲鸿素描《女人体》，素描，纵 35 厘米，横 47 厘米，1921 年，徐悲鸿纪念馆藏。

悲鸿："学艺术要有自信和诚实，绘画不是一件轻而易举的事，不要盲目随波逐流，不能满足于现有的成就。"达仰的教学方法和别的老师有很大的区别，他要求学生先对着实物写生，而后再把写生过的东西默画一遍，把两次画的作品进行对比，改进不足之处，以加深自己对事物的感受。

徐悲鸿每星期日携画到达仰画室求教，对他来说，达仰的教导对其艺术道路的发展起到了关键作用。在这里，徐悲鸿真真切切地拿到了打开西画之门的钥匙。后来他曾感慨地回忆说："除了我父亲之外，指导我最多的人就是达仰了。"

1921 年，徐悲鸿画就素描《女人体》（图 2-5），其形象生动，笔触轻松，画中人物体态闲适，光影自然，关键的轮廓略用线条勾勒，反映了徐悲鸿严格研习西画后，素描造型愈加娴熟，已经有了自我理解，形成了自己的风格。

可贵的是，虽然这是一幅小幅素描，但是徐悲鸿在题跋与印章的运用上，使之具有中国画的章法。在此作右上部，徐悲鸿题有大段文字，其中有"西历一千九百廿一年四月廿六日，法国国家美术会先法国艺人会五日开展览会，余赴观。时已吾华暮春，忽大雪，余无外衣，会中寒甚，不禁受而归，意浴可却寒。遽浴未竟，腹大痛，遂成不治之胃病。嗟乎！使吾资用略足作一外衣者，当不致是。今已四年，病作如故，作则大痛。人览吾画，焉知吾之为此，每至痛不支也……"当时，徐悲鸿穷困而无钱买一件足以御寒的外衣，因而受寒落下病根。题跋中所谓的"不治之胃病"实为现代医学的"肠痉挛症"，这与他当时无钱去医院看病而无法确诊有关。尽管"每至痛不支也"，他依然勤奋作画，并在画面左下部钤"自强不息"之印，感人肺腑。

图 2-6 为 1924 年徐悲鸿创作的一幅油画作品——《奴隶与狮》。这一年是徐悲鸿来到法国的第五年，他 30 岁。在苦练了 5 年后，此时的徐悲鸿在艺术上已经取得了丰硕成果。在这一时期，他创作了一些具有代表性的作品，《奴隶与狮》是其中之一。20 世纪初的法国处于艺术大变革时期，很多现代画派纷纷登上舞台，不少留学的中国学生选择了新潮画风，徐悲鸿却没有追随潮流，

图 2-6
徐悲鸿绘《奴隶与狮》，油画，1924 年，私人藏。

图2-7（上）
1924年1月24日，徐悲鸿致蔡元培的书信信封。

图2-8（下）
1924年1月24日，徐悲鸿致蔡元培的书信内文。

而是选择了学院派作为主攻方向。学院派绘画在题材选择上的特点是以历史和宗教故事为主。徐悲鸿的这幅《奴隶与狮》便是他向学院派学习的成果结晶，凸显了他的艺术锋芒，该画的素描草图藏于徐悲鸿纪念馆。

奴隶与狮的历史故事来自《伊索寓言》，故事主要内容为：有一位奴隶长期饱受主人的压迫，一天他实在忍受不了，便逃到了山洞中。不巧的是，当他刚刚进入洞口就碰见了一只雄狮。奴隶当时害怕极了，但这只狮子并没有扑向他，而是痛苦地呻吟，原来它的脚掌扎进了一根大刺。这时奴隶明白了狮子的困境，便帮狮子把刺拔了出来，还帮它包好了伤口，此后奴隶就和狮子一起住在了山洞里。可好景不长，奴隶和狮子后来均被人抓住，关进了斗兽场中。人们打算把狮子饿几天，然后看着狮子把奴隶吃掉。但是当凶猛的雄狮冲到奴隶面前时，它辨认出了他的恩人，不仅没有吃掉奴隶，反而表现得异常温顺。在场的观众看了后都感到十分诧异。后来这个故事也叫"感恩的雄狮"或者"奴隶与狮"。

在徐悲鸿这幅十分写实的画中，故事被定格在了奴隶与狮子相遇的惊悚的一刹那。画家成功地运用了鲜明的两个对比：黑乎乎的山洞与洞口明亮的阳光，奴隶的惊恐万状与狮子的凶猛有力。如此，画面气氛被渲染得十分恐怖，满是悬念。这就摆脱了一般故事性绘画平铺直叙的乏味，一下子抓住了观众的内心，激起人们的共鸣。当然，徐悲鸿的终极目的则是试图将那种知恩感恩的情感上升为一种超越世俗的博爱情怀，以有补于当时的社会。

图 2-7 为徐悲鸿于巴黎写给蔡元培的书信信封，从邮戳可见此信寄发于 1924 年 1 月 24 日。手札（图 2-8）仅一页纸，其内容如下：

孑民先生赐鉴：

日昨匆匆言别，至李君前日颂到先生言行录及时报馆各册，均忘拜谢，良歉！姜君且嘱代达谢忱者，亦为鸿中饱，可叹又何如也。德国近代美术家如 Mengol, Klinger，鸿最折服。Van'Dyek 之画杰作，均藏奥京。

先生此行，幸多罗致，以飨国人。盖皆他处所不可见，今并影本亦不可得者也。鸿所言之孟君名心如，彼与德使馆甚谂，恳先生抵柏林后以住址赐之，俾往谒也。

敬颂

旅祉

徐悲鸿拜上

廿四日

这时的徐悲鸿已来欧洲求学 5 年，学业优异。1923 年 5 月，徐悲鸿曾以 30 件作品参加法国画家春季沙龙，深受好评。为节约费用，1921 年 7 月—1923 年春，徐悲鸿曾在德国学习绘画，因此对该国美术状况较为了解。他在德国马克贬值时，购买了大量世界名画的印刷品，按目录画圈，特别好的就画 4 个圈，也就是买 4 张。他从国外购得的图片有 4 万张之多，据说后来都赠给中央美术学院图书馆收藏，它们对研究学习西方美术是极好的资料。

在这封信中，徐悲鸿的主要目的是告诉将去德国的蔡元培一些德国近代美术家的情况，希望蔡元培多收集他们的美术作品，以飨国人。令徐悲鸿没有想到的是，不久之后他的留学官费就中断了，自此徐悲鸿进入了经济上的困顿时期。

蔡元培对于徐悲鸿的帮助很大。1917 年 12 月，徐悲鸿来到北京，结识了时任北京大学校长的蔡元培。1918 年 2 月 21 日，蔡元培组织成立北京大学画法研究会，报名会员 70 余人，聘任的导师有陈师曾、胡佩衡、徐悲鸿等 8 人。从蔡元培发表的《北京大学画法研究会旨趣书》可知，此会成立目的是由于大学设科偏重学理，至于具体技术及实践练习机会，则由研究会指导，如此符合美育初衷。

画法研究会聘请的导师如陈师曾、胡佩衡等人均为当时的画坛名家。徐悲鸿担任导师时刚满 23 岁，是画法研究会中最为年轻的导师。在该会，徐悲鸿主教人物画和水彩画。在这一年，徐悲鸿在北大演讲了《美与艺》《中国画改良之方法》，提出了自己的艺术主张，初步奠定了他以后的艺术道路。1918 年秋，徐悲鸿画《三马图》赠给蔡元培。

当时傅增湘担任教育总长，为争取公费留法学画，徐悲鸿带着自己的作品拜访傅增湘。傅增湘看了徐的作品后，大加欣赏，表示可以帮忙。可是事与愿违，第一批留法公费名单公布，并没有徐悲鸿的名字。徐悲鸿认为自己受了愚弄，于是写了一封信严责傅增湘。不久，第二批公费留法名单公布，徐悲鸿榜上有名。徐悲鸿本以为第一次名额被挤占，误解了傅增湘。不曾想第二批有自己的名字，又想起自己曾经冒犯傅增湘，深觉歉意，觉得无颜再见傅增湘。蔡元培知道这一情况之后，主动给傅增湘写了一封信，帮助徐悲鸿斡旋。蔡元培在得到傅增湘的答复之后让徐悲鸿去见傅增湘。徐悲鸿拜见并感谢傅增湘时，觉得无地自容，但是傅增湘与平时一样，并不介意，表示自己只是不失信而已。这些在徐悲鸿的《徐悲鸿自述》中有过记录："（1918 年）十一月，欧战停。消息传来，欢腾大地。而段内阁不倒，傅长教育屹然，无法转圜。幸蔡先生为致函傅先生，先生答曰：'可。'余往谢，既相见，觉局促无以自容，而傅先生恂恂然如常态不介意，惟表示不失信而已。余飘零十载，转走千里，求学之难，难至如此。吾于黄震之、傅沅叔（增湘）两先生，皆终身感戴其德不忘者也。"

图 2-9
徐悲鸿绘《琴课》，素描，纵 36.5 厘米，横 48 厘米，1924 年，徐悲鸿纪念馆藏。

    1918 年 12 月中旬，徐悲鸿被教育部批准以公费生资格赴法国留学，成为中国学美术的第一位公费留学生。1918 年 12 月 17 日，蔡元培在《北大二十一周年纪念会演词》中说："此一年之中，各方面多少均有进步。画法研究会与书法研究社成立不满一年，今竟有成绩在此陈列，供诸位之观览矣。"又说："此次纪念会尚有一特异之点，即是夏学长（元瑮）与本校教员杜伯斯古、李石曾、张君劢、冯千里、徐振飞、徐悲鸿诸先生，不日将赴欧美研究战后情形。将来回国贡献于本校者必更多。今日特为之饯别是也。"

    诚然，徐悲鸿之所以能够出国留学主要是得益于傅增湘的帮助，但蔡元培写信给傅增湘为徐悲鸿说合，并在《北大二十一周年纪念会演词》中表扬画法研究会，以及鼓励即将出国留学的徐悲鸿，能够看得出蔡元培对于徐悲鸿这位青年艺术家的青睐与提携。

图 2-9 为 1924 年徐悲鸿所绘素描作品《琴课》，画中的主人公是他的妻子蒋碧微，她曾在巴黎学习小提琴。《琴课》中的蒋碧微梳着短发，身穿窄袖上衣。她面对琴谱，左手端琴，右手拉弦，完全沉浸在悠扬的琴声中。其身后的徐悲鸿抓住了这动人的一幕，用画笔记录下了精彩瞬间。

年轻的蒋碧微曾为徐悲鸿付出甚多。19 岁的她因不满于父母的包办婚事，冲破了重重束缚，毅然地跟随徐悲鸿私奔到日本，和他结下了传奇姻缘。蒋家为了瞒住世人和亲家——查家，只得谎称女儿得了重病去世，为此还特意办了场假丧事，方才平息了这场风波。蒋碧微在徐悲鸿留欧学画期间，为他倾其所有，放弃了在国内的优越生活来照顾一心将画画视为自己生命的徐悲鸿，即使在寒冷的冬天，也舍不得给自己添置新的衣物。徐悲鸿在欧洲求学的过程充满了辛酸苦辣，夫妇俩常常被经济问题所困扰。在练习人物素描时，徐悲鸿没钱请模特，这时自己的妻子蒋碧微就成为他的义务模特。异国他乡的生活虽然艰辛，但是当时的徐悲鸿、蒋碧微能够患难与共、彼此恩爱（图 2-10）。

除此之外，徐悲鸿还经常对着镜子来画自己。我们现在所看到的许多蒋碧微肖像和他的自画像多成画于这段时期。譬如，徐悲鸿素描《自画像》（图 2-11）绘于 1925 年，为赭石炭条精纸本。写有作者款识："乙丑二月，徐悲鸿自写。"印章为"徐悲鸿（朱文圆印）"。由此幅自画像来看，这时的徐悲鸿头发向上梳起，结有法国艺术家爱戴的领结，充满了成熟与自信，已具有了一代艺术家的气质。在法国留学 4 年之后，徐悲鸿的绘画水平已达到可与欧洲同时期艺术家媲美的地步，其油画作品《老妇》于 1925 年入选法国国家美术展览会（沙龙）。

图 2-12 为 1925 年徐悲鸿与黄孟圭的合影。黄孟圭（1889—1963），福建南安洪梅镇仁宅村人。他家道显赫，出身于商业世家，闽南望族名门之后，其

图 2-10 （上左）
20 世纪 20 年代，徐悲鸿与蒋碧微在巴黎。

图 2-11 （上右）
徐悲鸿绘《自画像》，素描，1925 年，徐悲鸿纪念馆藏。

图 2-12 （下）
1925 年，徐悲鸿与黄曼士。

图 2-13
黄曼士在新加坡的住所——江夏堂。

叔父是清光绪六年的武状元黄培松。早年曾受业于林琴南，学吟诗作对。上海中南银行老板黄奕柱每月寄 20 英镑供其留学。黄孟圭交际甚广，爱好收藏。在一次晚宴上，经中国驻法国总领事赵颂南推介，徐悲鸿认识了黄孟圭。黄孟圭在看到徐悲鸿的画作后赞叹不已，并十分欣赏他的为人。由于这一时期徐悲鸿夫妇生活十分困顿，黄孟圭遂将自己的生活费分给徐悲鸿一些，以解其燃眉之急。后来，陈嘉庚捐助厦门大学，电报黄孟圭回国担任该校校长。为了帮助徐悲鸿真正渡过难关，黄孟圭写信给二弟黄曼士，请他帮助徐悲鸿，黄曼士当时于新加坡担任南洋兄弟烟草公司新加坡公司总经理。黄曼士回信大哥黄孟圭，愿意介绍徐悲鸿来新加坡给南洋华侨领袖们画像。

徐悲鸿与蒋碧微商量后决定，由徐悲鸿只身前往新加坡，蒋碧微留在法国，等筹到经费后再一同回国。黄孟圭还特地写了一封信让徐悲鸿带给二弟黄曼士，让其善待徐悲鸿。

当徐悲鸿从法国来到新加坡之后，黄曼士以盛大的宴会招待他。不想徐悲鸿在宴会上竟然大哭起来，黄曼士问其原因，徐悲鸿告知担心远在法国的蒋碧微付不起房租，也许连买面包的钱都没有。黄曼士立即到附近邮局给蒋碧微电汇去 800 法郎。徐悲鸿甚为感动，当晚与黄曼士畅饮，大醉，至次日傍晚方醒。从此之后，徐悲鸿一直称黄孟圭、黄曼士为大哥、二哥。

黄曼士安排徐悲鸿住进自己在新加坡的住所——江夏堂（图 2-13）的二楼客房，二楼小客厅则是徐悲鸿的专门画室。以后，徐悲鸿每到新加坡即住在江夏堂。1922 年，黄曼士的叔父、武状元黄培松解甲后隐居厦门，倡建江夏祠，后又移居福州，1925 年卒于福州。海内外很多黄姓人士常会到江夏堂拜祭。黄曼士来到新加坡，也建起江夏堂。后来，徐悲鸿几次来新加坡，均住在江夏堂，为黄曼士画了百余幅画作，其中以马居多，所以他的这个住处也被戏称为"万马奔腾江夏堂"。

在新加坡期间，徐悲鸿给陈嘉庚及其家人画像，并得到了 2500 块大洋的报酬。除此之外，还给大商人黄天恩夫妇等当地名人画像。黄曼士向富裕的商人绅士推荐徐悲鸿说："你们有钱有地位，可百年之后将默默无闻。唯有生前请名家画像，后人代为研究，同时考据人物，才能与名画流芳千古。"这段时间，在黄曼士的大力帮助下，再加上徐悲鸿不辞辛苦地为富商们画像，他得到了不菲收入，使得徐悲鸿夫妇的生活得到了很大改善。在新加坡，徐悲鸿和黄曼士结下了深厚情谊，终生不渝。徐悲鸿多次得到黄孟圭、黄曼士兄弟的帮助而称他们为"生平第一知己"。徐悲鸿一生之中与姓黄的缘分深厚，此二人是他在上海困顿期结识的黄震之、黄警顽之后的另外两位黄姓友人，均结下终身情谊。

1928 年，时任福建省教育厅厅长的黄孟圭邀请徐悲鸿到福州参加福建省首届美术大展，并为在"五三"惨案中牺牲的福州人蔡公时创作油画《蔡公时被难图》，于是徐悲鸿全家来到福州。此画耗时两个月才完成，当年一经展出，即轰动一时。该画作原本悬挂于福州西湖紫薇厅，轰动一时，但在抗日战争中遗失，如今只留下创作这幅油画的素描草图。

是年 8 月下旬，黄孟圭同意由福建省教育厅以官费派徐悲鸿的得意弟子——国立中央大学学生吕斯百、王临乙赴法国留学。此事后来引起福建省内部分人士的不满，使得黄孟圭在全国教育会上饱受诘责而导致被罢官。

1934 年冬，黄曼士夫妇来南京拜访徐悲鸿，已是国立中央大学教授、声名

图 2-14（上）
1934 年冬，徐悲鸿（左一）、蒋碧微（左三）陪同黄曼士夫妇（右三、右四）同游南京玄武湖。

图 2-15（下）
20 世纪 40 年代，徐悲鸿（左一）与黄孟圭（中）、黄曼士（右一）合影。徐悲鸿一生多次得到黄孟圭、黄曼士的帮助，因此称他们为"生平第一知己"。

赫赫的徐悲鸿热情招待他们，并与夫人蒋碧微带着儿子伯阳、女儿静斐，陪同黄曼士夫妇一起游玩南京玄武湖。图 2-14 是当时的合影，两家人其乐融融的情谊可见一斑。

图 2-15 为 20 世纪 40 年代徐悲鸿在新加坡举办画展期间与黄孟圭、黄曼士的合影。图 2-16 为 1939 年徐悲鸿在新加坡为黄曼士所绘的素描像。图 2-17 为 1941 年 9 月 11 日下午，徐悲鸿在新加坡敬庐为黄孟圭所绘的素描像。

太平洋战争爆发后，黄孟圭逃往印尼，后来被日军宪兵抓捕，备受酷刑，直到 1945 年日本投降之后才被释放，后去澳洲治病。1949 年 5 月，徐悲鸿弟子陈晓南由美国来到新加坡，黄曼士将抗战期间徐悲鸿留在新加坡的几十箱艺术品交给他带回北京。

徐悲鸿一直没有忘记有大恩于他的黄孟圭，所以尽其所能给予回报。1948 年，当新加坡银行家陈延谦之子陈笃山请徐悲鸿为其父亲重画《寒江独钓图》时，徐悲鸿请他将画酬寄给黄曼士，以接济当时困在澳洲养病的黄孟圭。

1925 年，为了筹措在法国完成学业的经费，徐悲鸿离开法国远赴新加坡，为多名富商巨贾作画，收入颇为丰厚。1926 年 1 月，徐悲鸿从新加坡回到上海会友。2 月 18 日，田汉、黎锦晖在上海大东旅舍发起盛大的文艺界聚会"梅花会"，主要目的是欢迎蔡元培，上海文艺界 150 多位名流到场。在这次大会上，徐悲鸿展出了自己的油画 40 多幅，轰动一时。图 2-18 这幅照片摄于这一时期，其中的徐悲鸿踌躇满志，艺术名家的气质已成。不久，徐悲鸿重返巴黎，以完成学业。

《箫声》为徐悲鸿在法国的成名油画作品。1924 年，徐悲鸿创作出素描《箫声》（图 2-19 右图），款识为："甲子深秋写碧微镜中，徐悲鸿。"1926 年，徐悲鸿再以油画创作《箫声》（图 2-19 左图）。徐悲鸿自感这一年是其创作最为丰硕的年度，其中不乏得意之作，如油画《箫声》《睡》等。1927 年，在徐悲鸿即将结束留学岁月返回中国前夕，他有 9 幅作品入选此年法国的全国美术展览会，《箫声》是其中的一幅。此作系徐悲鸿在巴黎第八区六楼画

图 2-16（上左）
徐悲鸿绘《黄曼士像》，素描，1939 年。

图 2-17（上右）
1941 年 9 月 11 日，徐悲鸿在敬庐为黄孟圭
所绘素描像。

图 2-18（下）
1926 年春，徐悲鸿在上海。

图 2-19
右图为徐悲鸿绘《箫声》，纵 48.5 厘米，横 31.7 厘米，炭笔、白粉笔纸本，
1924 年。左图为徐悲鸿绘《箫声》，油画，纵 80 厘米，横 39 厘米，1926 年。

室完成的，其中的吹箫女子以蒋碧微为原型。此作颇具朦胧的诗意美，具有中
国的意境。画中的年轻女子头发蓬松，神情专注地执箫而吹。画面中景为一棵
沧桑的老树，枝杈疏疏落落，远景的树林若隐若现，有飞鸟掠过其间。

　　法国著名诗人（后来成为法兰西学院院士）保尔·瓦莱里在《箫声》素描
稿上面以法文题写了几行诗。其意为，这位东方画家是一位能够把握瞬间的魔
术师，在这幅画中，读者仿佛看见美好的景致从竹箫中间流淌出来。

　　徐悲鸿曾自信地对学生说，很多人画油画，技术不过关，作品与世界级大
师的油画摆在一起，经不住比较。而《箫声》可以与伦勃朗的画摆在一起，还
能站得住。

图 2-20

徐悲鸿绘《渔夫》，中国画，纵 91 厘米，横 57 厘米，
1926 年，徐悲鸿纪念馆藏。

　　这幅作品的成名还得益于徐悲鸿在上海震旦公学读法文的老同学盛成。盛成以小说《我的母亲》一书轰动法国，获得法国"总统奖"。盛成给在法国文坛及世界文坛具有不可替代地位的瓦莱里写了一封信，特别介绍徐悲鸿。还写了一封信给瓦莱里的志愿秘书、大银行家莫诺。徐悲鸿到巴黎后去拜访了他们。瓦莱里在徐悲鸿的油画《箫声》上题了两句诗，于是这幅画一举轰动巴黎，并被莫诺高价买去，使得徐悲鸿画名远播法国。

　　图 2-20 为徐悲鸿 1926 年所绘作品《渔夫》。画中以较为传统的笔法简练地描绘了一位老人和一个小孩的鱼趣之乐，笔笔入木三分，没有丝毫的犹豫，所画人物比例准确，表情生动。

画中的老人年过古稀，他那驼着的背和赤裸的腿是其一辈子渔樵于江渚的真情写照。仔细观察我们还可以看到老人的腰间有一个绣花烟袋，这可能来自于他那巧手的媳妇，表现了老者的爱美之心。老者对面的小孙子手里拎着一条肥鲤，似乎在向老者展示他的捕鱼技巧，虽然年幼，但是其技术却不含糊。

描绘小孩的线条较为圆润，这与描绘老者的线条的劲健形成了对比。老人家正准备双手接过肥鲤，小孩抬头看着爷爷，其乐融融，观者似乎能感受到有一阵愉悦的湖上清风迎面吹来。

1926年2月，徐悲鸿由新加坡回到上海，他的挚友田汉迎接并为其举行了一场欢迎宴会。在宴会上，徐悲鸿向大家介绍了西画严谨的写实造型取向，不但能经得起反复地推敲，而且能有效地传达社会生活。他还认为一味注重习古，不注重对生活的观察与写生，中国画就很难得到长久的进展，因此用现实主义来改良中国画已经刻不容缓。在场的朋友听了徐悲鸿的阐述后，似醍醐灌顶，纷纷表示赞成其推陈出新改良中国画的举措。在宴会之余，徐悲鸿画了这幅《渔夫》。

徐悲鸿回国后所画的这幅作品表达了他想要改良中国画的探索，画中的两位人物摆脱了以往画坛一味复古的腐朽画风，造型准确，新鲜生动，但又充满了中国传统绘画的意蕴。

1927—1939

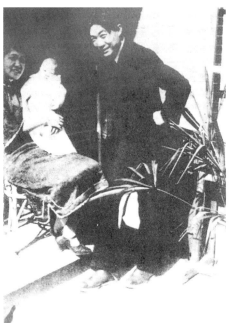

图 3-1（左）
郎静山摄《画家徐悲鸿夫妇合影》，《图画时报》1927 年第 402 期。
图 3-2（右）
1928 年 12 月，徐悲鸿、蒋碧微与徐伯阳。

1927 年 9 月初，徐悲鸿留学欧洲 8 年，学成归国。是年 10 月 1 日，怀有身孕的蒋碧微也从法国来到上海。著名摄影家郎静山为二人拍摄了《画家徐悲鸿夫妇合影》（图 3-1），并发表于《图画时报》1927 年第 402 期，由此可见夫妇之间的情感以及在当时中国文化界的影响力。同年 12 月 26 日，徐悲鸿夫妇的长子徐伯阳出生于上海霞飞坊 99 号，他们一家三口迎来了崭新的生活，图 3-2 是 1928 年徐悲鸿、蒋碧微与尚在襁褓之中的徐伯阳。徐悲鸿的艺术事业也得到了长足发展。

徐悲鸿回到上海后，好友田汉就邀请他来到即将成立的南国艺术学院担任美术科主任。早在 1926 年，在田汉倡议下，一批爱国青年成立了一个名为南国电影剧社的文艺团体，演出一些带有进步思想的小型剧目，田汉还常把他们排演的小戏带到南京、杭州等地演出，产生了广泛影响。1927 年，南国电影剧社改名为南国社，主要从事电影、文学、音乐、美术与戏剧等文艺活动。1928 年，南国社筹备成立南国艺术学院，这年 1 月 30 日，田汉发表了《南国艺术学院创立宣言》并担任校长。

图 3-3

1928 年，徐悲鸿（左三）与南国艺术学院部分师生合影。

图 3-3 为 1928 年徐悲鸿与南国艺术学院部分师生的合影。田汉在和徐悲鸿推心置腹的交流中，共同决定把南国艺术学院办成中国第一个现实主义艺术教育的阵地。

在这所学校中，有一位很特别的学生，他是从上海艺大转学过来追随徐悲鸿的吴作人。徐悲鸿看到吴作人的素描之后，当场表扬他的造型准确。还让吴作人当作模特，为他画了一张素描头像，作为给学生们的现场示范，并进一步讲解人物的结构和透视。课后，徐悲鸿把自己的住址告诉吴作人，欢迎他随时来家中做客。

然而，南国艺术学院是一所私办义务学校，由于不收学费，所以老师们在这里也是义务上课而不拿工资的。徐悲鸿对于该校的工作十分投入，经常很晚回家，因此南国似乎成为他的第二个家。蒋碧微对徐悲鸿在南国艺术学院担任义务老师非常不解，经常在家责怪徐悲鸿。徐悲鸿在南国不到两个月，蒋碧微趁着他到南京国立中央大学上课时来到南国艺术学院美术系，把他所有的画具全部搬回了家里，坚决不让他在这里继续工作了。为了不让夫妻矛盾白热化，徐悲鸿不得不离开了心爱的南国，来到国立中央大学工作并定居在南京。

图 3-4

1929 年，部分南国社成员在南京合影于国立中央大学，右二为徐悲鸿。

图 3-4 为 1929 年南国社在南京第一次公演之后，部分南国社成员在南京国立中央大学校园内合影，左起为谢寿康、俞珊、田汉、吴作人、蒋兆和、吕霞光、徐悲鸿、刘艺斯。这张照片是著名徐悲鸿研究专家王震先生在民国时期的《南国月刊》上翻拍的。《南国月刊》是 1927 年田汉与徐悲鸿一起创办的南国社刊物，刊登有很多当时的照片和资料。

图 3-5 为 1928 年徐悲鸿在南国艺术学院起稿巨型油画《田横五百士》时的照片。图像中的徐悲鸿左手叉腰，右手扶桌，穿着一件深色工作服，打着他喜爱的法国艺术家常戴的大领结，腰系皮带，十分精神。他的背后就是其名作《田横五百士》，此画的前面陈设了描绘一幅年轻女子的小幅油画，这是徐悲鸿留学法国期间就读的巴黎国立高等美术学院院长贝纳尔送给徐悲鸿的，他一直珍藏在身边。此画与《田横五百士》一起出现在这幅珍贵的照片中，也象征着一种艺术的传承与发展。徐悲鸿的眼神和表情中还透露出些微的愤慨和激动，这也许与其创作的内容相关。

《田横五百士》（图 3-6）表现的是一个古代的英雄分别场景，右部的一位红衣人正向左边的人群拱手辞行。其身后，有一人为其牵马。其前面，有老弱病残的数十人，他们似乎十分依依不舍，有人愤怒，有人难过，有人掩面而

图 3-5
1928 年，徐悲鸿在南国艺术学院与其油画《田横五百士》。

图 3-6
徐悲鸿绘《田横五百士》，油画，纵 198 厘米，横 355 厘米，1928—1930 年，徐悲鸿纪念馆藏。

泣，有人挥手致别，其中还有一位拄着拐杖的老人想要上前拉住红衣人，但是红衣人的表情是非常毅然的。这位红衣人是田横，《田横五百士》所展现的正是田横告别自己部下时的场景。

那么，徐悲鸿笔下的田横是何许人也？《田横五百士》是司马迁《史记·田儋列传》中记载的一个故事。田横是战国时期的齐国人，他和他的兄弟田儋、田荣所属的田家是当地望族，很得民心。在陈胜、吴广起义之后，田横和他的弟兄不屈服于刘邦、项羽，因此田家率领的齐国军队遭到了双重夹击，仗打得十分艰难。在刘邦统一全国以后，田横怕刘邦继续追剿，就带着五百多个部属逃到了海州的一个小岛（今属山东即墨县）上。但是刘邦心里清楚，田横在齐人中的威信很高，追随他去的那五百多勇士个个身怀绝技，若不把这些人解决，定会后患无穷。刘邦想出了一个计策就是招安田横，并发出了诏文，说："田横来我大汉，可以分王分侯，如不来则指日以大兵诛之。"田横为了自己的弟兄免遭屠杀，便带着两名随从去往西汉都城长安。可是快到长安时，田横对他的随从说："刘邦是当今天子，而我则是亡命之徒，现在被刘邦招安，岂不是贻笑于天下！现在离都城不远了，我把头颅留下，你们带去给刘邦一看，他也就不会追剿大家了。"话音刚落，田横便拔剑自刎了。两位随从按照田横的遗嘱把其头颅带给了刘邦，刘邦见到后，叹息这位将才的殒灭。而后，这两位随从也谢绝了刘邦的封爵而自刎了。不久，这三人不幸的消息传到了小岛上，五百弟兄也不愿苟且安生，于是相继跳海。这是一个十分悲壮的历史故事，后来这个海岛也因此叫作田横岛。

徐悲鸿为何要选择这个故事作为创作的主题呢？

在 1928 年前后，日本军国主义觊觎中国东北，并妄图侵占全中国，有不少卖国求荣的人成了日本的爪牙走狗。看到汉奸大行其道，徐悲鸿心里特别痛恨，于是萌生了创造一幅大型油画来警醒世人的想法，《田横五百士》就这样应运而生了。这幅画徐悲鸿创作于南国艺术学院，除了上课外，他几乎把所有的精力都放到了这幅作品上。《田横五百士》的创作使用了许多模特，譬如，田横的形象是参照徐悲鸿好友田汉的形象来画的。中间有一位妇女抱着小女孩蹲在地上的情景，是以蒋碧微和女儿徐静斐为模特来画的，而她们旁边的黄衣人则是以徐悲鸿自己为原型画上去的。当时的创作条件十分艰苦，其中的好多模特还是南国艺术学院的学生，吴作人也客串充当过模特。这幅画的放大稿是在吴作人、王临乙的共同协助之下完成的，一共画了约两年时间，直到1930年才在南京正式完成。

这幅巨作展示了徐悲鸿高超的油画技术，画中的笔法非常娴熟，所刻画的人物性格鲜明，栩栩如生。除了能看到徐悲鸿从欧洲学来的油画技巧之外，透过画面我们还能感受到徐悲鸿不屈不挠的民族气节。

《田横五百士》画成之后（图 3-7），参加了许多大型画展，还被徐悲鸿制作成照片送给朋友以及艺术同道进行再次推广，图 3-8 为 1939 年徐悲鸿在新加坡送给符志遂的《田横五百士》照片。符志遂是新加坡著名医生，徐悲鸿客居新加坡时，与符志遂成为好友。徐悲鸿还在这幅照片上题有："《田横五百士》，符志遂惠教。民国十七年在上海起手，翌年迁宁写成。徐悲鸿志。"在当时，此画照片也为这幅名画的不断传播与深入人心发挥了重要作用。

图 3-7（上）

1930 年，徐悲鸿与其油画《田横五百士》。

图 3-8（中）

1939 年，徐悲鸿送给符志遂的《田横五百士》照片。

图 3-9（下）

新中国成立前的南京古城墙。

图 3-9 是六朝古都南京的骄傲——世界上现存最长的城市中的古城墙。始建于明代的南京城墙，历经了六个多世纪的风风雨雨，倔强地记载和诉说着这座城市的沧桑历史。徐悲鸿在南京前后生活了约十年。这里有他的家庭、学生，也有他的事业，更有黯然的神伤。可以说南京这座城市承载了徐悲鸿太多的情感与责任。

1928 年，国民政府实现了中国在形式上的统一，南京成为当时中国的政治中心。各军政机构急需建房，纷纷打报告请示拆除南京城墙，理由是城墙本身已失去军事意义（即使在这一点上也是目光短浅的，因为 1937 年底的首都保卫战，国民党军队正是依托坚固的城墙给攻城日军以不小的杀伤），城墙砖厚重结实，无疑是上好的建筑材料，就地取材用来建房，可以大大节省成本。中央陆军军官学校率先行动，准备拆除离学校最近的明城墙。兼任该校校长的蒋介石考虑到社会影响，指示学校给政府呈送报告，履行手续，从这一点来看，说明政府已同意拆墙。然而，如果先例一开，南京城墙将在短时间内遭遇毁灭性破坏。

此时的徐悲鸿 33 岁，任国立中央大学教育学院艺术专修科主持、教授，兼南京古物保管委员会委员。得知南京明城墙危在旦夕，他心急如焚。别人尚在观望议论之际，徐悲鸿已挺身而出，上书北平政治分会，详陈城墙保护之价值，坚决反对拆除明城墙，并将电文见诸报端而引发强烈的社会反响。国民政府因此召开紧急会议，蒋介石表示军政机构的各项工程俱已开工，且有相关手续，不能停止拆除明城墙。这是一场极不对等的交锋，然而面对众多的好言相劝，徐悲鸿没有退让，他以一股倔强的意志在《申报》1929 年 1 月 16 日增刊第 5 版、第 6 版发表了文章《徐悲鸿对南京拆墙的感想》，以西湖雷峰塔倒掉为例，痛陈拆除城墙是"续貂之举"，并接受中外记者采访。大声疾呼的徐悲鸿得到社会各界越来越多的支持，影响不断扩大，迫使蒋介石及国民政府在这件事上不得不顺乎民意，遂于 1929 年 3 月下令停止拆除南京明城墙。

抚今追昔，当我们尚能看到南京明城墙并回忆这段往事，不胜感慨！希望不要再重复伤害并妥善保护已经六百岁高龄的南京明城墙。诚如此，南京之幸，中国之幸也！

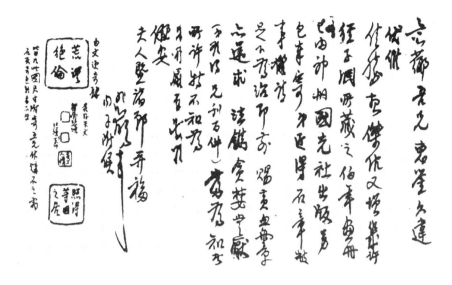

图 3-10

徐悲鸿致陈子奋的信札，天津市艺术博物馆藏。

徐悲鸿不但喜爱书画，而且酷好篆刻。天津市艺术博物馆收藏了多达 24 封徐悲鸿致陈子奋的信札，反映了徐悲鸿的印学等艺术思想，其中有一封关于请其治印五方的信札（图 3-10），内容为：

意芗吾兄惠鉴：

久违。伏维佳胜。想杰作又增几许？经子渊所藏伯年画册，已由神州国光社出版，另包奉寄。弟近得石章数事，拟请足下为治印，前赐黄血两章，亦还求法镌。贪婪无厌（弟欲得兄刊百件），当为知者所许。特不知为兄所厌否？

此颂

俪安

夫人暨诸郎并福

徐悲鸿顿首

内子附候

在这份信中，徐悲鸿不但提出了"欲得兄刊百件"这样所谓"贪婪无厌"的期望，而且画出了请陈子奋刊刻五方印章（"荒谬绝伦""暂属徐悲鸿""徐悲鸿生命""秀才人情""照得等闲之居")的简稿。其中对于"荒谬绝伦"的要求是"白文须奇肆",对于"暂属徐悲鸿"的要求是"最好朱文"。总体的要求是"皆如此图尺寸,附寄五元作购石之需。石取奇色,新者不妨"。能让徐悲鸿如此赏识的陈子奋是何许人?究竟与徐悲鸿有何种交情呢?

陈子奋(1898—1976),字意芗,福建长乐人,擅白描,得陈老莲、任伯年用笔之妙。尤善篆刻,幼承家学,宗邓石如,所作能融甲骨、钟鼎、玺印于一体。

1928年暑假,徐悲鸿应好友、福建教育厅厅长黄孟圭邀请到福州为在"五三"惨案中牺牲的福州人蔡公时创作油画《蔡公时被难图》,并参观福建省第一届美术展览,他对其中陈子奋的作品颇为欣赏。次日,徐悲鸿携家人乘黄包车登门拜访住在福州水玉巷一号的陈子奋。隔天,徐悲鸿又只身来访,并为陈子奋画了一幅素描肖像,二人一起吃晚饭,陈子奋连夜为徐悲鸿治印数方。

在1928年9月12日离开福州前,徐悲鸿为陈子奋作《九方皋图》,并题跋:"戊辰夏尽,薄游福州,乃识陈先生意芗,年未三十已以书画篆刻名其家。为予治'游于艺''长颅颔而何伤''天下为公'诸章。雄奇遒劲,腕刀横绝,盱衡于世,罕得其匹也。画宗老莲、伯年,渐欲入宋人之室,旷怀远志,品洁学醇,实平生畏友。吾国果文艺复兴,讵不以意芗者期之哉?兹将远别,怅然不释,聊奉此图,愿勿相忘。徐悲鸿画竟并志。"

徐悲鸿带着十余方寿山石章归南京之后,请好友谢公展一同鉴赏,并写信给陈子奋叙述谢公展的观感并鼓励他说:"忆此行足纪者,为获一良友,及所刻印十余方。昨示谢君公展,相与叹赏者久之。高艺动人,此世知音者度不少也。足下当益奋发努力于不朽之业。"

自1928年结识后,徐悲鸿经常去信讨论治印,并在一封书札中对陈子奋评道:"当代印人,精巧者若寿石工,奇岸若齐白石,典丽则乔大壮,文秀若钱瘦铁、丁佛言,汤临泽等亦时有精作,而雄浑无过于兄者。"他还认为陈子奋的篆刻"乍观不奇,细味之,殊有妙处"。

图 3-11
徐悲鸿题签的《陈子奋先生治印》内页之一，福建美术出版社，1985年版。

1931年秋，陈子奋建成颐萱楼孝亲，徐悲鸿用六尺宣纸以隶书赠诗夸赞陈子奋："闽中自古多才士，吾行福州识子奋。金石书画妙入神，秉性孝悌追古人。自惟廿载风尘老，换却当年颜色好。安得避地从君游，歌咏登临乐此楼。意艻贤兄筑楼奉亲今之高士书此申贺。辛未之秋。徐悲鸿。"

陈子奋不忘知遇之恩，为徐悲鸿刻印多达80多方。譬如，有朱文"天下为公""克明俊德""困而知之""徐悲鸿""游于艺"等，白文印"徐悲鸿之印""徐悲鸿欢喜赞叹欣赏之章""有诗为证""荒谬绝伦"等。据统计，在徐悲鸿给陈子奋的24封信中，言及请陈子奋刻印的就有十几封，还托请陈子奋采购田黄、艾绿等寿山石佳品。徐悲鸿曾特别邮寄《齐侯罍》拓片铭文赠给陈子奋，希望他能百尺竿头，再进一步。1985年，福建美术出版社出版了由徐悲鸿题签的《陈子奋先生治印》一书（图3-11），较为全面地呈现了陈子奋一生的治印艺术，也见证了徐悲鸿的慧眼以及他与陈子奋二十余年的情谊。

在福州工作之余，徐悲鸿还携家游览当地名胜。图3-12为1928年徐悲鸿一家与弟子王临乙在福建鼓山游览的照片，蒋碧微、徐伯阳、徐悲鸿、保姆坐

图 3-12

1928 年夏，徐悲鸿一家与王临乙在福建鼓山。左起：王临乙、蒋碧微、徐伯阳、徐悲鸿、保姆。

于幽古的山道上休息，王临乙在左侧道旁侍立。鼓山位于福建省福州市东部，据闽江北岸。据传山上有巨石如鼓，每当风雨大作，便簌荡有声，故名。此山峰岩秀拔、峡谷幽雅、树木葱郁。在众多峰峦岩洞中，尤以为屺峰、白云峰、喝水岩、白云洞、达摩洞为胜，还有鳝溪、磨溪、鼓山溪等峡谷名溪。

图 3-13 是国立中央大学教育学院首届艺术专修科全体师生合影，摄于 1929 年 1 月 10 日，当时正值第四中山大学、江苏大学刚过渡到国立中央大学时期。照片上有 58 人，包括 42 名首届艺术专修科学生与 16 名教职员工。徐悲鸿站在户外楼梯的第二排中央（图 3-14），其右手边的戴眼镜者为吕凤子，时任国立中央大学教育学院艺术专修科国画组主任、教授。

1928—1929 年，是徐悲鸿的多事之秋。

1928 年 3 月，徐悲鸿应江苏大学（1928 年 5 月更名为国立中央大学，校长为张乃燕）之聘，兼任该校教育学院艺术专修科美术教授（每月有一半时间在国立中央大学任教，每月薪金法币 300 元）。是年初夏，徐悲鸿辞去上海的

图 3-13（上）

1929 年 1 月 10 日，国立中央大学教育学院艺术专修科全体合影。

图 3-14（下）

上图局部，徐悲鸿在后排中间。

南国艺术学院教职，来到南京全职任教于国立中央大学。

1928 年 10 月，徐悲鸿接到由北平大学校长李石曾发来的北平大学艺术学院院长聘书。是年 11 月 15 日，徐悲鸿就任北平大学艺术学院院长，进行艺术教育革新，聘齐白石任该院教授，但遭受保守势力阻挠，困难重重。12 月初，北平大学因学校经费和体制问题，发生学潮。1929 年 1 月上旬，徐悲鸿被聘为全国美术展览会总务委员。此幅合影应该就是拍摄于他在南京的这一时间段。

1929 年 1 月 23 日，北平大学学生为校长人选和要求恢复"北京大学"校名等事再次发生学潮。是月底，徐悲鸿辞职返回南京。1929 年 2 月，任国立中央大学教育学院艺术专修科西画组主任、教授。

此幅珍贵的合影拍摄于国立中央大学体育馆（今东南大学四牌楼校区体育馆）前，该馆是 20 世纪 20 年代中国大学著名体育馆之一，落成于 1923 年，面积 2317 平方米，其主楼耗资 6 万银圆，游泳池及配套设备 4 万银圆，堪称当时国内高校之最。体育馆建成后，不仅是全校师生体育健身之所，亦为集会、讲学之处，如英国哲学家罗素、美国教育家杜威、印度诗人泰戈尔等均在此作过讲演。该馆东北方向约 30 米处是国立中央大学工艺实习场，其西北方向约 50 米处是著名的"六朝松"（其图像今为东南大学标志）和为纪念两江师范学堂监督（即今校长）李瑞清（号梅庵）而建的梅庵（今东南大学四牌楼校区艺术学院所在地）。

图 3-15 是 1930 年刊登于《良友》第 48 期的滑田友的《木雕人像》。雕塑家滑田友在艺术上的成功，不但源自对艺术的热爱和执着，而且源自徐悲鸿的伯乐眼光与大力扶持。1901 年，滑田友生于江苏淮阴的一个木匠家庭，1919 年考入江苏省立第六师范学校美术科，毕业后成为高邮一小的美术教师。1930 年，他以自己的儿子为模特创作了《木雕人像》，在同事的鼓励下拍成照片慕名寄给徐悲鸿。徐悲鸿复信说："迄今为止，中国现在恐怕还没有人能刻出这样的雕像，你不必进国立中央大学，我愿与你为友，将你送到法国去学习雕塑，希望春假到南京来相见。"于是滑田友如约来到南京，徐悲鸿看到这件木雕原

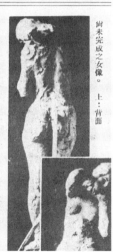

图 3-15
1930年，滑田友《木雕人像》
刊登于《良友》第48期。

作后非常高兴，把它推荐给当时的畅销画报《良友》以及《新闻报》发表。《良友》还在刊发照片的右侧刊文曰："滑田友作。滑君工绘画雕刻，孜孜不已，为一勤苦之艺术家，惜僻居淮阴，人鲜知者。此作为徐悲鸿君投赠本刊，生气奕奕，洵能手也。"此图文令尚居于乡间的滑田友一举成名。

1932年，徐悲鸿请滑田友为陈散原塑像，并联合30多位教授具名铸铜，作为献给陈散原的寿礼（这件雕塑现藏于中国美术馆），陈散原很是满意。1933年，滑田友随徐悲鸿赴法国留学，先后在巴黎国立高等美术学校、儒里昂研究院学习、研究和创作。他几乎跑遍了巴黎的博物馆、美术馆，深入地研究欧洲伟大的雕塑传统，热情地学习研究西方自古希腊以来的雕塑作品。他追随布夏（Henri Bouchard，1875—1960）、德斯比奥（Charles-Albert Despiau，1874—1946）学习雕塑。滑田友还将自己的作品和布德尔（Emile Antoine Bourdelle，1861—1929）的作品进行比较，学习其独特的表现方式。譬如，他在布德尔雕塑名作《拉弓射箭的赫拉克列斯》中，看到的不再是像学院派雕塑那样主要是表现人体完美的造型和比例，而是通过塑造强烈而稳定的几何形式和坚实粗犷的形体，表现自我情绪，突出人的精神与内在的力量。又如，像《轰炸》这类的创作则放弃了学院派雕塑过分依赖现实模特的做法，而是更加主动地从中国传统雕塑艺术宝库中汲取造型语言，和"六法"中"气韵生动"的关系，注重个人艺术形式的表达。在巴黎，滑田友还认识了音乐家冼星海，在经济十分困难的情况下，二人成为好友，同舟共济。1938 年，滑田友在法国创造了《轰炸》的样稿，1946 年完成作品。此作塑造了一位带着孩子逃难母亲的形象，她惊恐回首，看着空中又来轰炸的日军飞机，右手搂着怀中婴儿，左手拉着孩子快步逃离。这件控诉战争罪恶的雕塑，以小见大，浑然肃穆，既体现了西方古典主义雕塑在扎实造型与理想结构的呈现，又吸收了中国传统雕塑中的线性美与整体美，是表现战争题材主题性创作的中国现代经典作品。留学期间，滑田友的《沉思》坐姿雕塑和《深思》站姿雕塑，相继获得巴黎艺术家沙龙美展铜奖和金奖，雕塑《出浴》获巴黎春季沙龙银奖，雕塑《母爱》被巴黎市政府收藏，圆雕《轰炸》被法国现代艺术美术馆收藏。1948 年，滑田友应徐悲鸿之邀回国任教于北平艺术专科学校。1949 年以后任中央美术学院教授、雕塑系主任。1952 年至 1958 年，任人民英雄纪念碑美工组副组长，并创作了人民英雄纪念碑浮雕"五四运动"。

图 3-16 为 1930 年徐悲鸿所绘《黄震之像》。画中绘有一位面目慈祥的老人，身着蓝紫色长衫倚坐在劲松下的大石上，凝望远方。远处画有丛竹与菊花。从其落款中的"黄震之先生六十岁影"，可知这幅画的主人公是在徐悲鸿落难时曾对他提供帮助的黄震之。

徐悲鸿早年在上海时，一次在给审美画馆送画的时候正巧碰到了周末闭馆，在他正准备打道回去时遇见一位老者。这位老者见年轻的徐悲鸿身上只穿着单薄的衣服，怀里夹着两卷画，便走上前去和他聊了几句。在打开了徐悲鸿手里的画时，老人十分惊讶于他的绘画技艺，同情他的穷苦遭遇，便邀请他去自己那里，为他提供食宿。这位老人的举动对徐悲鸿来说可谓雪中送炭，他就是黄震之。

黄震之是上海的一位商人，当时他租下了一家赌场的休息室提供给徐悲鸿住，在赌场没人时徐悲鸿便能在那里作画习字，对于徐悲鸿来说即便是这样的条件也很难得！在赌场寄居其间，黄先生对徐悲鸿特别照顾，他常常吩咐店里的伙计去给徐悲鸿买夜宵，尽量不让饱受风餐露宿的徐悲鸿再挨饿受冻。

后来黄先生赌败，几乎破产，就无法再帮助徐悲鸿了。但是徐悲鸿没有忘记他。1927 年，在徐悲鸿结束了 8 年留学生涯后，由新加坡抵达上海，即住在黄震之家为其画像。1930 年黄震之 60 岁大寿时，徐悲鸿又特意创作了《黄震之像》为其祝寿。并在画上题诗云："饥溺天下若由己，先生岂不慈！衡量人心若持鉴，先生岂不智！少年裘马老颓唐，施恩莫忆仇早忘！赢得身安心康泰，矍铄精神日益强。我奉先生居后辈，谈笑竟日无倦竟，为人忠谋古所稀！又视人生等游戏，纷纷来民欲何为？先生之风足追企，敬貌先生慈祥容，叹息此时天下事！"徐悲鸿把黄震之画在长青的苍松古树下，神态悠然安详。其旁画有丛生的翠竹、傲霜的菊花。这是徐悲鸿感戴黄震之扶助的精心构思，使人格外感受到人世间的温暖。

图 3-16
徐悲鸿绘《黄震之像》，中国画，纵 132 厘米，横 66 厘米，1930 年，徐悲鸿纪念馆藏。

徐悲鸿在上海结识的另一位好友是黄警顽，他是书店职员，徐悲鸿经常来他的书店站读，虽然从不买书，但是黄警顽不但不歧视，而且爱惜他是具有上进心的人才。黄警顽喜爱武术，学的是潭腿。为了设法帮助徐悲鸿，他编写了一套《潭腿图说》（图 3-17）的挂图方案。每天下班之后，黄警顽摆架子，徐悲鸿以简洁的线描方式来画，如此画了一百多幅。由黄推荐到中华书局，于 1917 年 5 月出版，得了 30 元稿酬，这是徐悲鸿第一次靠绘画挣到的大额收入。

徐悲鸿饱尝过人间的苦难，深知应该如何去处理患难生活和安乐事业的关系。因为他是饮水思源、注重情感之人，一直感激和怀念帮助过他的仁者，而且毕生扶贫济穷，帮助学生，爱护有才之人。譬如，为了感戴黄震之、黄警顽等黄氏好友，徐悲鸿考取上海震旦大学预科，曾一度改名为"黄

图 3-17

徐悲鸿绘《潭腿图说》，中华书局，1917 年 5 月出版。

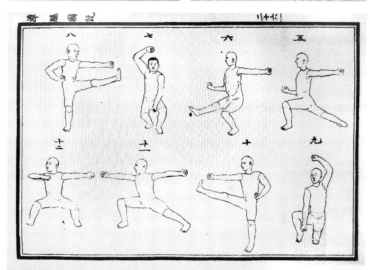

扶"，即不忘记他们对自己的扶助。后来的黄孟圭、黄曼之兄弟也对徐悲鸿的帮助甚大。

　　1927 年 12 月，从欧洲学成归来之后的徐悲鸿曾制定过一份油画肖像的润格："胸像 500 元，半身像（到膝为止）700 元，全身像 1000 元，末行加黄姓者减半。"所谓"加黄姓者减半"，这是为了不忘黄震之、黄警顽、黄孟圭、黄曼之的扶助，而泽及姓黄的人。

　　而且，徐悲鸿在创作《田横五百士》这幅名作的过程中，也把自己画了进去，并穿着一身黄色的服装，以表示自己永远不忘帮助过自己的黄氏好友。当

图 3-18（左）
《爱的结晶，画家徐悲鸿君、夫人蒋碧微女士及爱子伯阳》，《中华图画杂志》1930.7.1NO.1。
图 3-19（右）
1930 年春，徐悲鸿、蒋碧微与徐伯阳在南京。

黄警顽生活上发生困难时，徐悲鸿立即把他接到当时的北平艺术专科学校任职，并亲自为他安排好起居，逢年过节总是亲自用汽车接他到家中去共度良宵，畅叙往事。

　　图 3-18 为《中华图画杂志》1930.7.1NO.1 所刊《爱的结晶，画家徐悲鸿君、夫人蒋碧微女士及爱子伯阳》。在经历了长期留学的艰苦生活之后，徐悲鸿踏上回国之路。1927 年 12 月蒋碧微生下了徐伯阳，这给徐悲鸿带来了莫大欢乐。在蒋碧微的印象中，天天忙碌的徐悲鸿愿意为儿子挤出时间。在这幅图像之中，徐悲鸿、蒋碧微合抱着爱子徐伯阳，两人脸上洋溢着幸福的笑容。这一家三口还时常来到户外草地上，共享天伦之乐（图 3-19）。徐悲鸿是留过洋的国立中央大学教授，夫人蒋碧微则是面容秀丽、见过世面的知识女性，如今他们有了爱的结晶——爱子伯阳。这在当时，如此的一家三口，实在令人羡慕。那时的徐悲鸿英姿勃发，仪表堂堂，踌躇满志，已是天下闻名的画家。

　　图 3-20 是 1930 年 7 月初徐悲鸿为诗人陈散原所绘的油画像。陈散原，即

陈三立（1853—1937），字伯严，江西修水人，陈宝箴之子。近代著名诗人，为晚清民初影响最大的诗歌流派"同光体"的主要首领之一，著有《散原精舍诗集》《散原精舍文集》。他经历了家国巨变，诗歌中带有沉郁之气，在晚清民国影响深远。

1886年，陈散原中进士，后任吏部主事。1895年秋，其父陈宝箴出任湖南巡抚，他积极辅佐父亲开办新政，提倡新学，支持变法，赢得了广泛的社会声誉。戊戌变法失败后，陈散原与其父一同被革职，后兴办实业，创立江西铁路公司等。1929年至1933年他寓居庐山，后迁居北京。陈散原常以诗文抒发积郁心头的愤激之气，在京城久负盛名。1937年"七七"事变后，他拒绝日本人的游说拉拢，平津陷落后他忧愤急发，常于梦中呼喊"杀日寇"。从这年9月14日起，他拒药绝食5日而死，表现了中国文人的高尚气节。

徐悲鸿与陈散原一家素有交情。1918年，徐悲鸿任画法研究会导师，与陈师曾成为同事。陈师曾比徐悲鸿年长19岁，是陈散原长子。他早年留学于日本，为表现劳苦大众的贫寒生活，画有《北京风俗画》34篇。陈师曾与徐悲鸿较为投缘，认为中国绘画若不革新就没有出路，因此鼓励徐悲鸿到法国去学习。可惜1923年陈师曾英年早逝，年仅47岁，梁启超叹为"中国文化界的地震"。

图 3-20
徐悲鸿绘《陈散原像》，油画，
纵 59.5 厘米，横 70 厘米，1930 年，
徐悲鸿纪念馆藏。

1921 年夏，徐悲鸿从法国来到德国柏林，向大画家康普（Kampf）学习。在德国的这一期间，他结识了陈师曾的三弟陈寅恪（当时在柏林大学学习）。是年 8 月中旬，徐悲鸿参加了由谢寿康等留学官费生发起的"天狗会"，其他成员还有张道藩、邵洵美、孙佩苍、郭子杰、常玉、孙佩苍以及陈师曾的五弟陈登恪（就读于法国巴黎大学）等。这个别开生面的组织的成员还被起了一些有趣的封号，如谢寿康是"驻德公使"，孙佩苍是"军师"，蒋碧微则被戏称为"压寨夫人"。"天狗会"成员经常聚会，成为中国留学生之间联络感情的一种方式。陈登恪与其兄陈寅恪还常来徐悲鸿家谈诗论画，相处融洽。徐悲鸿夫妇曾与陈登恪等人同游柏林附近的方济湖，后来又先后从柏林返回巴黎。

图 3-21
徐悲鸿绘《陈散原像》，素描，1928 年，徐悲鸿纪念馆藏。

陈衡恪的长子陈封可曾留学日本和德国，归国后长期担任德语教员和翻译，亦能画，与徐悲鸿、齐白石、黄宾虹等著名画家颇有交往。

1919 年徐悲鸿赴法留学，1927 年回国不久，专程看望陈散原老人。1928 年，徐悲鸿为陈散原画过素描肖像（图 3–21）。

陈散原先后在南京、上海、杭州定居，1929 年来到避暑胜地庐山，隐居于松门别墅，终日与松涛和飞瀑为伴。1930 年夏，时任国立中央大学教育学院艺术专修科主持、教授的徐悲鸿利用暑假来游庐山，住在陈散原寓所"松门别墅"，历时一月有余。陈散原与徐悲鸿相谈甚欢，常携手同游庐山胜景。陈散原作诗《徐悲鸿画师来游牯岭，相与登鹞鹰嘴，下瞰洲渚作莲花形，叹为奇景，戏赠一诗》赠徐悲鸿，曰："秘泄瀛寰亦一奇，龙钟

为显古须眉。来师造化寻穷窭，散落天花写与谁？"陈散原时年七十有八，长徐悲鸿四十二岁，但依然陪他同登鹞鹰嘴，足见与徐悲鸿的亲近。徐悲鸿居"松门别墅"期间，作了油画《陈散原像》相赠。画面上的陈散原面庞清癯，双目炯炯有神，倾注了徐悲鸿对这位诗人的深刻理解与敬仰之情，画出了诗人的气度，似乎也寄托着徐悲鸿对诗人之子陈师曾的怀念。

1931 年，陈散原再次邀徐悲鸿上山。这次徐悲鸿夫妇住在松门别墅也是一个多月。徐悲鸿与陈散原一家相处甚欢，他为陈家老少每人画了一张画相赠。陈散原还与徐悲鸿、蒋碧微夫妇，陈隆恪、喻徽夫妇和女儿陈小从，在庐山五老峰上留影纪念，此幅照片刊于《中外杂志》第 8 卷第 2 期。

1932 年，是陈散原的 80 寿辰。徐悲鸿为庆祝陈散原大寿创作了《柏寿》（图 3-22），《柏寿》谐音"百寿"，此作章法饱满，笔法恣肆。传统国画作柏树，一般用小点密点成叶。徐悲鸿则能脱出窠臼，不受束缚，以浓重奔放的大笔挥洒，表现古柏苍劲的态势，并与树下窠石呼应，显出其画风的特色。壬申年是 1932 年，徐悲鸿时年 37 岁，画中款识（特别是签名）与其 20 世纪 40 年代定型后的风格不同。值得注意的是，徐悲鸿把上款的"散"字写成大篆（籀文），显得与众不同。悲鸿喜临北碑，对金文亦颇爱好，爱读《散氏盘铭》，此字体正是西周晚期青铜重器《散氏盘》铭文中的"散"字，以此表达对陈散原老人的敬仰。

另外，徐悲鸿还建议请雕塑家为陈散原创作一尊头像作为纪念。于是他亲自致信经他一手提携而成长为雕塑家的滑田友，请他为陈散原先生做像。滑田友将此事又告诉了著名雕塑家江小鹣，江小鹣说："他是我年伯，我也应当去做。"

图 3-22（上）
徐悲鸿《柏寿》，中国画，
纵 110 厘米、横 54 厘米，1932 年。

图 3-23（下）
滑田友《陈散原像》，雕塑，铸铜，
高 50 厘米，长 33 厘米，宽 25 厘米，
1932 年，中国美术馆藏。

图 3-24

20 世纪 30 年代，徐悲鸿与李济深、郑健庐等人合影。左起：丁养气、程雪门、杜其章、李济深、徐悲鸿、陈真如、郑健庐、黎工伙、徐咏青。

于是两人各做了一个，做成后，陈散原对滑田友做的较为满意。于是徐悲鸿又联合 30 多位教授具名铸铜塑像，作为献给陈散原的寿礼。滑田友所塑的这尊《陈散原像》（图 3-23）现藏于中国美术馆。

1929 年，陈隆恪之女陈小从随祖父陈散原在庐山定居 4 年。那时陈小从虚龄 7 岁，4 年里，她与祖父朝夕相处，决定了其此后一生的走向。1951 年，经徐悲鸿介绍，陈小从入中央美术学院学习，后来在中学任美术老师。

徐悲鸿和陈散原的忘年之交，以及和其家族几代人的情愫是 20 世纪中国艺坛弥足珍贵的一页！

图 3-24 是 20 世纪 30 年代徐悲鸿与李济深、郑健庐等人的合影。政治家李济深和出版家郑健庐均是徐悲鸿的挚交。李济深（1885—1959）出生于广西苍梧县冠盖乡（今大坡乡）。北伐战争期间，曾任国民革命军总司令部参谋长、广东省政府主席、国民革命军第八路军总指挥等要职。1937 年之后任国民政府战地党政委员会副主任委员、国民政府军事委员会桂林办公厅主任、国民政府军事参议院院长等职。1948 年发起成立中国国民党革命委员会，任第一任主席。在新民主主义革命时期，中国国民党革命委员会同中国共产党风雨同舟、共同战斗，为推翻帝国主义、封建主义、官僚资本主义的反动统治，建立中华人民共和国，作出了重要贡献。中华人民共和国成立后，李济深历任中央人民

政府副主席、全国人民代表大会常务委员会副委员长、中国人民政治协商会议全国委员会副主席。

早在 1936 年之前，李济深、徐悲鸿就以诗画相交，徐悲鸿还为李济深画过一幅油画肖像。在抗战年代，他们的交往更见深情厚谊。"九一八"事变之后，徐悲鸿满怀抗日热情，对国民党政府的"不抵抗政策"深恶痛绝。在受到国难、家难的双重夹击而愤懑苦闷之际，他被广西轰轰烈烈的抗战局面所吸引。1935 年 11 月 2 日，应李宗仁、白崇禧、黄旭初之邀，徐悲鸿赴广西省府南宁考察，不但备受尊重，而且被广西军民挚热的抗日爱国气氛深深感染。他感佩于广西自给、自卫、自治与寓兵于团、寓将于学、寓征于募的"三自三寓"政策行之有效，且上下一心，坚苦卓绝，认为"诚为复兴中国之策源地"。当看到南宁广西省立第一高中的校训"明耻教战"，不禁肃然起敬，热血上涌，心为一振。1936 年 5 月 21 日，徐悲鸿毅然将自己的重要作品和大部分藏品分装几十口大木箱起运，由上海经香港转广州，再由学生刘汝醴、徐飞从水路运往广西，徐悲鸿则于 6 月 2 日先期抵达南宁。他与李宗仁、李济深等军政界、艺术界和其他进步人士进行广泛的交往，被聘为广西省政府顾问。从此，他积极投身广西抗日爱国运动，并为振兴当地的艺术教育事业殚精竭虑，业绩卓著。1936 年 10 月，广西省会从南宁迁移桂林，徐悲鸿也移居那里。时任国民政府军事委员会桂林办公厅主任的李济深大力支持当地的抗日救亡活动和文化事业，为徐悲鸿等艺术家提供了许多帮助。1938 年 10 月，李济深还与徐悲鸿、张大千同游漓江，当晚留宿阳朔。张大千特作《阳朔山水图卷》中堂一幅并题诗一首赠予李济深。30 年后，张大千还为此画过一幅《漓江山色》并题曰："此写三十年前漓江旧游，时同舟者容南李任潮（即李济深）、宜兴徐悲鸿。"

随着时局不断恶化，徐悲鸿担心自己的大量作品与藏品在战争中流失，想把它们藏起来，却找不到合适地方，甚为着急。李济深为徐悲鸿物色到桂林七星岩岩洞，帮他把画全部放在洞里，还安排卫兵在门口站岗。1944 年秋，长沙失守，衡阳将陷，桂林危急。身处重庆的徐悲鸿急汇一万元嘱弟子张安治速将七星岩岩洞藏画运往重庆。但信件几经往返之后，衡阳已失守，桂林人心惶惶，火车票难购，更谈不到运送行李。张安治只好挑选了老师的七箱书画运到平乐县，其余箱子仍放在七星岩。徐悲鸿又赶忙给当时在黔桂铁路工作的弟子黄养辉发急电，催促他速到桂林搬运那些藏品。但那时当局已发出最后一次强迫疏散令，桂林火车站等待抢运的重要物资堆积如山。火车拥挤不堪，车顶上坐满难民。黄养辉手中缺少运费，他只能持老师的信去见李济深，李公慨然拨公款两万元并提供帮助，黄养辉才将老师的这批重达两吨半的24只书画箱运至贵阳存放。正是在李济深的关心和保护下，徐悲鸿当年的那批作品才得以保留下来。

图 3-25
20 世纪 30 年代，与李济深、郑健庐等人合影中的徐悲鸿。

在南京时，李济深听说徐悲鸿爱吃枇杷，于是每逢枇杷熟时，就会派人送些给徐悲鸿。徐悲鸿怀念这段友情，曾特地画了四幅水墨枇杷送给李济深。其中的一幅上有徐悲鸿1939年写于新加坡的题记："每因佳果识时节，当日深交怀李公。此乃五年前因不食枇杷，五年之想念李公赐食白沙枇杷之诗也。于今又五年矣，仍未得食也。用寄新城老友，俾知久居上海者应得福知福也。二十八年，又食枇杷时候，徐悲鸿客星洲。"

图 3-25 是上图局部，合影中的徐悲鸿居中而坐，身穿西服，带着法式黑色大领结，相貌英雅、神采奕奕，此时已是盛名播于天下的大艺术家。

在出版界的好友中，徐悲鸿与中华书局编辑所所长舒新城、香港中华书局经理郑健庐结下了十分深厚的友谊。

徐悲鸿先后在中华书局出版《徐悲鸿画集》《徐悲鸿描集》《徐悲鸿近作》等作品集，并将齐白石、左恩（初伦）

等人的画作及《八十七神仙卷》等收藏品推荐到中华书局出版。他与舒新城经常通信，多达二百余封，起于 1931 年，止于 1952 年，现在这些信函完整地保存在中华书局档案中，这些信札基本上与徐悲鸿在 20 世纪三四十年代的艺术生涯相始终，其内容十分丰富。

20 世纪 20 年代末至 30 年代初，徐悲鸿在中华书局出版《徐悲鸿描集》等画作，与舒新城有了较多通信。譬如，1931 年 11 月 13 日（文中日期皆为中华书局收信日期）致舒新城："集名《徐悲鸿画集》（所以别描集、绘集），将有自题签作封面，共二十幅。兹又托曾先生带上四幅，请立饬人摄出带下，余六幅在影印中，不日寄奉。册直式，序文待寄，用石印。不必珂罗版，太贵也。"此后的一年多里，徐悲鸿与舒新城反复磋商画集的印刷、排版与销售，甚至细到目录的排序、画幅的横直，徐悲鸿均亲自加以指导。徐悲鸿对作品的印制要求极高，如对用纸的要求就曾专门致信舒新城说："描集纸质亦劣，不识连史纸有更好者否。向例样张均极好，须饬工友细心工作，倘有破纸，或色太淡之页应剔去（常常发现，实属可恶）。"1932 年 10 月 8 日，徐悲鸿致舒新城书信，言及因制版不佳，愿以初版税抵偿重印画集。

名人签名售书以及限量版售书是今天司空见惯的图书营销策略，其实早在 74 年前，徐悲鸿就已与舒新城进行过签名售书与限量售书的策划与尝试。例如，1931 年 3 月 2 日，徐悲鸿在书信中与舒新城讨论《徐悲鸿绘集》平装、精装的营销策略问题，他说："制珂罗版，其价当然在两元以外，其宣纸精印者，尚须编号，自一至二十并须由作者署名盖章，以示名贵。此类把戏欧洲习见之（如《散原诗集》大可如此做，因彼声望足以号召也），其价至少四元。由贵局开风气，不亦可乎！"（图 3-26）

1937 年 5 月，徐悲鸿为了购得《八十七神仙卷》，即与舒新城联系，请他寄来三百元港洋。如愿得到此画卷之后，便谋划将此画出版，1939 年 9 月 20 日致舒新城："弟之《八十七神仙卷》此时尚在港汇丰银行内……定价至少港币四元或国币十元。宣纸精印，以夏布为布套。另印'仙乐队全部'横幅单片附入，俾可装框。"从信中可见徐悲鸿对视若生命的《八十七神仙卷》要求甚

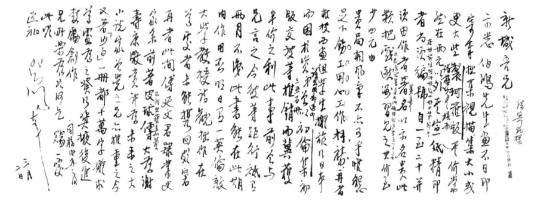

图 3-26

1931 年 3 月 2 日，徐悲鸿致舒新城信。

高，需以宣纸精印，以夏布为布套，并附赠精彩片段的横幅单片，便于装框。

徐悲鸿除了刊印自己的画集、优秀藏品之外，还致力于引进、传播西方艺术。譬如，他编写《西洋美术史》，并介绍西方著名艺术家的作品到中国来。1930 年 11 月 17 日，曾催促舒新城印制《初伦（左恩）画集》及《普吕动画集》。

徐悲鸿交游广泛，古道热肠，多次向舒新城推荐出版高剑父、张大千、陈之佛、齐白石、杨度、孙多慈等人的作品。1931 年前后，徐悲鸿致舒新城的信中，有十余封是为齐白石画集之事而写的。譬如，1931 年 8 月 31 日，向舒新城推荐齐白石。1931 年 9 月 29 日，催促舒新城印制《齐白石画集》。1931 年 10 月 30 日，向舒新城盛赞齐白石："白石翁为中国今日唯一之画家。湖南人，其画见重东西洋各国，深愿先生为力，令其集早日出版。" 1931 年 11 月 28 日，再次催促舒新城："白石翁者，彼今年七十二矣，务恳兄赶催制就，弟事已亟，且愿让之。" 徐悲鸿前后反复叮嘱舒新城，不亚于对待自己的作品，并亲自为之写序，称："白石翁老矣，其道几矣，由正而变，茫无涯。何以知之？因其艺至广大，尽精微也。" 1932 年 7 月，徐悲鸿亲自书写作序的《齐白石画册》得以出版。由此可见，齐白石的成功，徐悲鸿和中华书局功不可没。

除了在出版书籍画册上帮助徐悲鸿，舒新城还是徐悲鸿艺术事业的得力助手。譬如，唐太宗李世民书《晋祠碑》是书法史上的著名碑刻，当时存于山西太原晋祠。徐悲鸿无法去观赏，便想到了中华书局遍及全国的分局网点或许能帮上忙。1937 年 4 月 10 日，他写信给舒新城，请中华书局太原分局派人为他

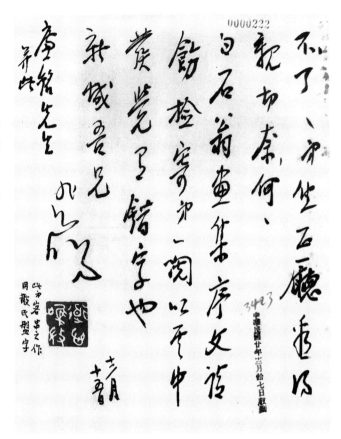

图 3-27 （左）
徐悲鸿治印"道心惟微"。

图 3-28 （右）
徐悲鸿书法《致舒新城书信》，1931 年
12 月 15 日，中华书局藏。

拓碑，且强调："须觅良工精拓，用好纸，不要省钱。"舒新城均使徐悲鸿满意。徐悲鸿在国外时期，需要书籍以及特制画笔等，舒新城也帮忙邮寄。徐悲鸿每当紧张之时，也常求助于舒新城为他垫付或汇款。甚至还于 1932 年托舒代存款一千元，备其子女入学之用。由于徐悲鸿每到中华书局各分局，其负责人对他的接待十分热情，花费也铺张，并乘机向其索画，甚至作画之纸亦由公账报销。因此，1936 年 11 月 21 日，舒新城写信告诉中华书局各分局，以后不必对徐过于招待，不必为其垫付款项。

作为徐悲鸿的挚友，舒新城颇能理解他的苦衷，因为舒新城自己也遭遇婚变，所幸并没引出太大麻烦。对于徐悲鸿与孙多慈的情感纠葛，他认为徐悲鸿过于多愁善感，因此在给徐悲鸿的回信中写道："台城有路直须走，莫待路断枉伤情。"

徐悲鸿嗜印，多请名家为其治印。但是徐悲鸿也能治印，目前文献中关于徐悲鸿治印的事迹仅见于他与舒新城的通信之中。徐悲鸿曾自刻"道心惟微"一印（图 3-27），该印铃于 1931 年 12 月 15 日徐悲鸿致舒新城的信札（图 3-28）上，并特意在一旁写上"此弟客串之作，用散氏盘字"。今天看来，此印中的四字在《散氏盘》铭文中均有，徐悲鸿几乎将铭文的原态直接刻入印章中，获得古拙质朴、天趣盎然的风味，可见徐悲鸿对于古拙派金石、篆刻的痴迷。

1940 年 4 月，远在印度大吉岭的徐悲鸿写信给舒新城，请他派人送钱给岳母（蒋碧微之母，徐悲鸿告诉舒新城她为人最好，甚至比自己的亲生母亲更关心自己）。后来又写了几次信，有两次是叮嘱舒新城核查自己寄给岳母的钱有无收到，有一次是请舒新城取出徐悲鸿的版税收入，派人送给岳母。由这些足见徐舒二人的关系。

另外，徐悲鸿也为舒新城做了许多事情。譬如，为舒新城的《美的西湖》《美术照相习作集》等摄影集作序。1931 年 6 月，徐悲鸿还请托著名篆刻家、音乐家杨仲子为舒新城刻了一方"新城捉得"印。

图 3-29 为 1931 年 5 月，徐悲鸿与国立中央大学教育学院艺术专修科绘画班毕业参观团在天津时的合影。左起：2.蒋碧微、3.徐悲鸿、5.潘玉良、6.郑阿梅、8.蒋仁、9.张树英、10.黄二南、11.窦重光、12.高国梁、13.李维权、14.颜钟梁、15.朱雅墅、16.陆其清、17.张安治、18.张金生。值得注意的是，这幅合影的背景是位于天津的北洋画报社。《北洋画报》创刊于 1926 年，问世不久即成为天津乃至整个华北地区的热销画报，当时在中国传媒界被称为"北方巨擘"，其内容包括时事、社会活动、人物、戏剧、电影、风景名胜及书画等，以照片为主，兼有文字，其宗旨在于"传播时事、提倡艺术、灌输知识"。副刊专载长篇小说、笔记、名画、漫画等。当时的社会重大事件、重要人物，如溥仪出走津门、陆小曼与徐志摩成婚、鲁迅在北平师范大学演讲等，都能在《北洋画报》中找到图文线索。此次天津之行系徐悲鸿、潘玉良带领国立中央大学教育学院艺术专修科毕业班同学参观天津美术馆展出的第八次美术展览，并访问当地的收藏家与艺术家等。

图 3-29

1931 年 5 月，徐悲鸿与国立中央大学教育学院艺术科绘画班毕业参观团在天津。左起：2. 蒋碧微、
3. 徐悲鸿、5. 潘玉良、6. 郑阿梅、8. 蒋仁、9. 张树英、10. 舌画家黄二南、11. 窦重光、12. 高国梁、
13. 李维权、14. 颜钟梁、15. 朱雅墅、16. 陆其清、17. 张安治、18. 张金生。

图 3-30

20 世纪 30 年代，徐悲鸿与
张善孖所养的小老虎合影。

图 3-31
1931 年，徐悲鸿与傅抱石在南昌。

图 3-30 为 20 世纪 30 年代徐悲鸿在苏州网师园张善孖家中和其所养的老虎的合影。一只肉嘟嘟的小虎仔趴在案上，身穿白色西服、打着大领结的徐悲鸿站在虎仔旁边，似乎有些害怕，但又好像对这眼前的这只虎仔充满了好奇之心。

张善孖（1882—1940），四川人，以画虎著称，是画家张大千的二哥，张大千则是徐悲鸿的好友。张善孖曾居住在苏州网师园中，在这里作画吟诗，广交艺友，许多像徐悲鸿这样的社会名流常常在这里聚会。

张善孖擅长画虎，于是他便在网师园中养了一只小老虎，以便于写生观察。当然喂养老虎绝非易事，起初全家人都很反对，张善孖只得苦心去给他们一一做工作，家人最终熬不过，只得同意养虎。养虎期间，张善孖每天都给老虎喂很多肉食，除此之外，最重要的就是要调教了。老虎可是一种天生野性十足的动物，稍有不慎，便会伤人。为此，他和弟弟张大千每天都亲自调教这只老虎，这样我们才能在照片上看到这只小老虎安静乖巧地趴在案子上供人合影。

图 3-31 的这幅照片是 1931 年徐悲鸿到南昌时与当地画家会面时拍摄的，右边抱着胳膊的白衣青年是傅抱石（1904—1965），这是徐悲鸿、傅抱石初次见面的合影。徐悲鸿和傅抱石同是 20 世纪中国画坛具有巨大影响力的画家，他们之间的交往是 20 世纪中国美术史上具有光彩的一笔。

1931 年夏天，徐悲鸿带领国立中央大学教育学院艺术专修科的学生上庐山写生，途经南昌，住在江西大旅社，不少美术爱好者前来拜访，时年 26 岁的傅抱石也是其中的一位。经友人廖兴仁、廖季登叔侄介绍，傅抱石拜见了徐悲鸿。徐悲鸿仔细观看了傅抱石带来的印章和画，称赞有加，并提出次日去傅家拜访。第二天徐悲鸿如约来到傅家，仔细观看了傅抱石的画作，询问了其生活和学习的情况。出身贫寒的傅抱石苦学成才，使徐悲鸿深为感动。徐悲鸿找到时任江西省政府主席的熊式辉，提出由江西省政府出资给傅抱石留学法国，并赠给熊式辉一张自己的画。熊式辉勉强同意出一笔钱，但这笔钱不够傅抱石去法国留学的费用，于是傅抱石放弃法国而选择去日本留学。两年后，傅抱石留学回国，徐悲鸿又聘他去国立中央大学任教。于是傅抱石留在了南京的国立中央大学。有了立足之地、没有后顾之忧的傅抱石潜心于美术史与山水画的研究。中年创"抱石皴"，笔墨放逸，气势豪健，擅作泉瀑雨雾之景。人物画多作仕女、高士，形象高古。徐悲鸿为傅抱石的重庆壬午画展专门写过评论，并在 1942 年 10 月 11 日的《中央日报》《扫荡报》联合版上刊发。徐悲鸿在此篇评论的结尾说：

> 抱石先生，潜心于艺，尤邃于金石之学。于绘事在轻重之际（古人气韵之气）有微解，故能豪放不羁。石涛既启示画家之独创精神，抱石更能以近代画上应用大块体积分配画面。于是三百年来谨小慎微之山水，突现其侏儒之态，而不敢再僭位于庙堂，此诚金圣叹所举不亦快哉之一也。抱石年富力强，傥更致力于人物、鸟兽、花卉，备尽造化之奇，充其极，未可量也。（张）大千、（黄）君璧之外，又现一巨星，非盛世将至之征乎？

徐悲鸿认为由于傅抱石对于古人的气韵之说具有自己独到的理解，因此作画时能够豪放不羁。傅抱石继承了石涛的创造精神，善于驾驭画面的整体性（应用大块体积分配画面），从而改变了三百年来山水画之中谨小慎微之局面。最后，徐悲鸿对傅抱石寄予了厚望，认为他是可比肩于张大千、黄君璧的又一

图 3-32
徐悲鸿《九方皋》，中国画，纵 139 厘米，横 351 厘米，1931 年，徐悲鸿纪念馆藏。

位画坛巨星。

北京徐悲鸿纪念馆藏有傅抱石《大涤草堂图》。1942 年秋天，徐悲鸿在其上题"元气淋漓，真宰上诉"，并加跋语："八大山人大涤草堂图未见于世，吾知其难必有加乎此也。徐悲鸿欢喜赞叹题，壬午之秋。"流露出徐悲鸿对于傅抱石这一杰作的由衷赞叹。另外，徐悲鸿还为傅抱石的长卷《拟顾恺之云台山记》《丽人行》题过字，为其《拟倪云林洗马图》补过马。1945 年，徐悲鸿五十大寿，傅抱石则专门画了一幅《仰高山》送给徐悲鸿祝寿。画上题了许多字，体现了傅抱石对徐悲鸿的特殊情谊。画名为"仰高山"，即高山仰止，这是将徐悲鸿当作高山，表达出傅抱石对徐悲鸿的敬仰。

由此可见，若无徐悲鸿就难有傅抱石的成就与地位，傅抱石是众多经徐悲鸿奖掖提携又通过自己努力而终有大成的艺术家代表之一，而徐悲鸿对中国美术的突出贡献必将为中国美术史所铭记！

图 3-32 为徐悲鸿创作的中国画《九方皋》。九方皋的故事载于《列子》，文中记载：春秋战国时秦国国君穆公召见著名的相马能手伯乐，说："你年岁已高，在你后辈中有谁能继承你的绝艺呢？"伯乐向穆公推荐了自己的朋友九方皋。九方皋三个月后找到了一匹千里驹。秦穆公询问马是什么样的，九方皋回答："是一匹黄色的母马。"秦穆公派人查看之后却是一匹黑色的公马。秦穆公很不高兴，于是对伯乐说："你推荐的人连马的毛色与公母都分辨不清，怎么能识别千里马呢？"伯乐却说："这是因为他见其精而忘其粗，在其内而

忘其外，见其所见，不见其所不见。因此他的相马本领高于我。"秦穆公命人试马，果然是罕见的千里马。这一故事的观点正告诫人们对于事物的认识要善于通过外表看到本质，能够"见其精而忘其粗，在其内而忘其外，见其所见，不见其所不见"。对于人才的选拔更是如此。

徐悲鸿当年在绘制《九方皋》时曾七易其稿，表现的是坡冈之上五个人与四匹马的汇聚。画中的人物造型准确而生动，九方皋的自信、牵马者的剽悍、养马者的勤恳、旁观者的疑惑、无知者的不屑，均被传达得呼之欲出。

古人画人物，很少画身体裸露的部分，表现困难是主因。《九方皋》画中的人物胳膊、腿，甚至上身多为裸露，表现难度较大。徐悲鸿迎难而上，其造型能力强，善于将对西画的理解融入中国画中，但又未改变中国画的本性，从而革新了以往所谓文人士大夫作画中容易出现的浅率平易之习。

《九方皋》的另一特色在于画中的四匹马形神兼备，神采奕奕，体现了徐悲鸿画马技艺的杰出造诣。笔下的马往往不拴缰绳，唯有画中这匹仰首嘶鸣的黑马拴以缰绳。对此，他曾解释说："马也如人，愿为知己者所用，不愿为昏庸者所制。"

徐悲鸿创作《九方皋》时，尚未住进南京傅厚岗新居。当时他还住在国立中央大学宿舍里，条件有限，连一张大画案都没有，他曾说："我是趴在地板上画的。"他家中的地板凹凸不平，这样简陋的地板如何能画出纵139厘米、横351厘米的大画呢？而且连画七稿。为此，徐悲鸿曾对其学生说："一个人要能在艰苦条件下，奋发向上，才能有所作为和成就。有好条件固然是好，但万不可等待好条件。时不我予，不要把时间消耗在消极等待上。如好的条件一直等不到怎么办？"他接着说："要用勤奋来争取，勤奋是可以创造好条件的。我画《九方皋》的另一含义就是鼓励人们要在奋进中创造自己的才能，伯乐、九方皋才能发现你。"

徐悲鸿创作这幅画是在1931年，当时日军侵华加剧，正值民族危亡而急需用人之际。他痛感中国许多人才被埋没与压制，于是创作了这幅国画《九方皋》，将千里马遇到知己的欣喜和九方皋远见卓识的风度表现得淋漓尽致。

图 3-33

徐悲鸿绘《徯我后》，油画，纵 230 厘米，横 318 厘米，1927—1929 年，北京徐悲鸿纪念馆藏。

　　徐悲鸿在画中以马喻人：有抱负者愿意成为栋梁之材，却不甘心服务于庸人；有贤才者更希望得到像九方皋那样的有识之士的发掘，找到适合自己的用武之地。徐悲鸿希望国家重视人才的迫切心情通过这幅中国画杰作尽情地表达出来。

　　此画很早就传播到海外，1934 年 5 月 7 日，由徐悲鸿策划的中国近代画展在苏联莫斯科红场历史博物院开幕，徐悲鸿与国际友人的一幅合影即以展品《九方皋》为背景的。

　　徐悲鸿在有生之年一直呼吁伯乐精神，并不断创作《九方皋》这类的作品以求这一精神的弘扬与传播。他身体力行，发现、提携、帮助、成就了许多学生、朋友以及陌生的艺术界人士，其中他所帮助的齐白石、傅抱石、陈子奋、张书旂、吴作人、王临乙、滑田友、李可染等一大批艺术家是艺坛中的耳熟能详者。

1927 年，徐悲鸿开始创作巨幅油画《傒我后》（图3-33），《傒我后》取材于《尚书·仲虺之诰》，记载的是夏桀暴虐，在其统治下的人民痛苦不堪。于是商汤带兵去讨伐暴君，受苦的老百姓殷切地期待他们来解救，纷纷说："傒我后，后来其苏。"其意是，等待我们贤明的领导人，他来了，我们就得救了。

徐悲鸿的油画《傒我后》描绘的是大地干裂，瘦弱的耕牛啃着树根，人们翘首以待，眼睛里燃烧着焦灼的期待。作品参照了一些西方学院派的绘画手法，如使喂奶的妇人处在画面较为突出的位置，达到引人入胜的效果。这里不但是为了表现母爱，而且暗示着希望即将到来，因为乳房和孩子都是希望的象征。

据说这幅画作完成之后和《田横五百士》一起曾高悬于国立中央大学礼堂，其深刻的寓意打动了许多观画者的内心。然而有的小人却向当局密报，说徐悲鸿借此影射政府，意在蛊惑人心。徐悲鸿知道后却大笑道："这正是我作画的目的！"由此可见，如果说《田横五百士》具有欧洲古典主义的贵族气质，那么《傒我后》的主题则转向了直视贫苦百姓的艰难生活，体现了批判现实主义的情怀，具有反思现实的社会价值，这在当时的中国油画创作之中是十分罕见的。

图 3-34 为 1931 年徐悲鸿为徐志摩夫人陆小曼所绘的素描像。徐志摩（1897—1931），浙江嘉兴海宁人，新月派代表诗人。1921 年赴英国留学，深受西方教育的熏陶及欧美浪漫主义的影响，奠定其浪漫主义诗风。1924 年任北京大学教授。陆小曼（1903—1965），江苏常州人，近代女画家，有较为深厚的古文功底和扎实的文字能力。还擅长戏剧，曾

图 3-34
徐悲鸿绘《徐志摩夫人陆小曼》，素描，1931 年。

与徐志摩合作创作五幕话剧《卞昆冈》，因与徐志摩的婚恋而成为著名人士。1922 年，徐志摩与原配夫人张幼仪离婚。同年，徐志摩留学后回到北京，常与朋友王赓相聚，王赓的妻子陆小曼令徐志摩十分迷恋。1925 年徐志摩与陆小曼陷入热恋，是年底陆小曼与王赓离婚。1926 年 10 月，徐志摩与陆小曼结婚。

徐志摩是徐悲鸿的好友，并因著名的"二徐论战"而载入中国现代美术史，这源自 1929 年由国民政府教育部组织在上海举办的"全国第一届美术展览"。该美术展览成立展览会总务，下设 7 人为总务委员，即徐悲鸿、王一亭、李毅士、林风眠、刘海粟、江小鹣、徐志摩。在这次展览活动之中，徐悲鸿与徐志摩就西方现代主义的真伪和是非问题展开争辩，表明各自的艺术立场，两人的这次辩论在中国现代美术史上被称为"二徐论战"。

1929 年 4 月 22 日，徐悲鸿在上海《美展》杂志三日刊第 5 期上发文《惑》，以"庸""俗""浮""劣"分别否定了马奈、雷诺阿、塞尚、马蒂斯这四位西方现代派画家。而徐志摩在同期杂志上也发文，先赞扬了徐悲鸿"你爱，你就热烈地爱，你恨，你也热烈地恨"的直率性格，同时指出徐悲鸿对现代派的谩骂过于"言重"，并认为现代派画风被中国画家所效仿"那是个必然的倾向"。

之后，徐悲鸿再致徐志摩两封书信作进一步探讨，分别载于上海《美展》杂志 1929 年 5 月 4 日三日刊第 9 期和上海《美展》杂志 1929 年 5 月增刊上。

同时，李毅士、杨清磬等人也对这一话题展开讨论，并分别撰文《我不惑》《惑后小言》载于上海《美展》杂志 1929 年 5 月 1 日三日刊第 8 期和上海《美展》杂志 1929 年 5 月增刊上。李毅士在文中说："我想徐悲鸿先生的态度，是真正艺术家的态度。换一句话说，是主观的态度。志摩先生的言论，是评论家的口气。把主观抛开了讲话，所以他们双方的话，讲不拢来。"

这场论战的结果并没有输赢，艺术的繁荣向来需要百家争鸣、百花齐放，学术上的争论也没有影响到二人的关系。1930 年前后，徐志摩发表了散文《猫》，徐悲鸿很快画了一幅《猫》图送给他，此画的题款为："志摩多所恋爱，今乃及猫。鄙人写邻家黑白猫与之，而去其爪，自夸其于友道忠也。"文

图 3-35
徐悲鸿在傅厚岗 6 号的居所"危巢"。
1932 年，徐悲鸿一家迁入南京傅厚岗
6 号（现为傅厚岗 4 号）新居。

辞之中虽暗藏玄机，但显示了他们的情感与处世态度。赠画之事也说明两人虽是艺术立场不同，但是友情至深。

1931 年，徐志摩还邀请徐悲鸿为陆小曼绘制了素描画像。画中的陆小曼时年 28 岁，她右手执笔，左手托腮，清秀聪慧，气度不凡，显示了民国时期这位才女的过人风采。

令人唏嘘的是，当年的 11 月 19 日徐志摩因飞机失事而英年早逝。徐志摩死后，陆小曼不再出去交际，致力于整理出版徐志摩的遗作，乃至用了几十年的时间，经历了苦辣酸甜。1956 年，陆小曼受到陈毅市长的关怀，被安排为上海文史馆馆员。1958 年，成为上海中国画院专业画师，曾参加新中国第一次和第二次全国画展。

1932 年，徐悲鸿一家迁入南京傅厚岗 6 号（现为傅厚岗 4 号）新居，图 3-35 为后来拍摄的照片。这座新居的主要出资人是国民党元老吴稚晖，1927 年，徐悲鸿从法国留学归来，曾专门为他作过一幅油画，画上的吴稚晖儒雅而睿智。吴稚晖生于同治四年（1865），长徐悲鸿 30 岁，他对徐悲鸿的关爱，远过于一般朋友，他们之间似乎还带有一种父子之情。为解决徐悲鸿、蒋碧微一家的住房问题，他慷慨解囊，出资三千块大洋，帮助徐悲鸿买下傅厚岗 6 号的宅地。

鉴于当时国难深重，徐悲鸿将新居取名为"危巢"，他还为此写有《危巢小记》，其中有："古人有居安思危之训，抑于灾难丧乱之际，卧薪尝胆之秋，敢忘其危，是取名之意也。"这一举措与思想表明了他的悲天悯人、忧国忧民的博大情怀。但是蒋碧微对徐悲鸿用"危巢"这样"不吉利"的名字称呼自家的新居感到不满。

实际上，徐悲鸿做事一贯具有自己的性格，起名字也同样如此。譬如，之所以改名为"徐悲鸿"（原先的名字为"寿康"）意味着虽然历尽坎坷，但是仍胸怀大志，矢志不渝；以"危巢"命名新居表示虽然生活有所安逸，但是重任在肩，应该居安思危。另外，他请陈子奋为其制印，内容为"为人性癖""荒谬绝伦"；在自己画室里长期悬挂着一副对联"独持偏见，一意孤行"，横批是"应毋庸议"，字如斗大，是集泰山经石峪拓片而成的。这些均体现了徐悲鸿措辞的自我风格。由此，我们可以看出徐悲鸿在艺术上特立独行之风采。虽然历史上有些艺术家的见解与世人迥异，也有些艺术家的历程被人称为孤旅、苦旅，但是像徐悲鸿这样大张旗鼓推出自己的偏见与孤行的则很少见。

他对当时的国民党的拉拢与引诱嗤之以鼻，不同流合污，而对于能够反映广大人民现状和呼声的作品与行为大加赞赏，积极扶持，并且以自己的画、文、诗融入了这股洪流，形成了自身高尚的情操和气节。在这种情况下，他以"独持偏见，一意孤行"这样激烈的文字鲜明地表达了自己的坚定立场和以现实主义改造中国美术的决心。

徐悲鸿的傅厚岗新居还与徐悲鸿在1933年到1934年的欧洲巡回展有着重要关联。1932年初冬，徐悲鸿和好友李石曾在一次茶会上聊天时，表达了他想将中国近代优秀画家的作品征集起来赴欧洲举办巡回展览的想法，刚从法国回来不久的李石曾听到此话后拍案叫绝，当场表示支持。徐悲鸿还提议，若要举办此展，应当征集当代顶尖高手的佳作，并出资收购，否则很难得到画家的精品之作。

募集作品首先要做的就是找到画家购买他们的作品，可是买画的钱对于徐悲鸿来说是一个天文数字，然而他毫不犹豫地决定拿出家里的所有积蓄来办此事。当蒋碧微得知徐悲鸿要拿出全家的钱时，当时就气得和徐悲鸿大吵了一架。

图 3-36
今天的傅厚岗 4 号，南京徐悲鸿纪念馆、
江苏省徐悲鸿研究会所在地。

　　买画的钱毕竟是太多了，尽管徐悲鸿押上了所有家当，可还是不够。李石曾在得知徐悲鸿的难处之后，帮徐悲鸿找到了当时的南京农工银行行长萧文熙，从银行借出了 3000 法币。就这样，募画的事情才得以顺利进行下去。

　　募集完了画作以后，另一个问题随之而来，即租展馆的费用和随去人员的旅费尚无着落。为此，徐悲鸿又十分着急。于是又再次来到南京农工银行找行长萧文熙，但是这次萧文熙却以银行资金紧张为由拒绝了他再次借钱的请求。吃了闭门羹的徐悲鸿十分沮丧，回到家中茶饭不思。当晚准备睡觉的时候，他无意间看了衣柜旁的箱子一眼，顿时喜笑颜开。看到此景的蒋碧微感到很诧异，问后方得知，原来徐悲鸿准备把他们在南京傅厚岗 6 号的新居作为抵押来贷款。听后蒋碧微立刻怒视着徐悲鸿，徐悲鸿见状赶紧以好言好语进行说服。第二天，徐悲鸿夫妇拿着房契再次找到萧行长，方才得到了 3000 法币的贷款。在募画的日子里，徐悲鸿几乎天天是早出晚归，但他丝毫没有感到疲倦，反而很是充实。在家的蒋碧微，却似乎不太理解先生的所为，总是对徐悲鸿冷言相对，但他们毕竟还是患难夫妻，这一时期的蒋碧微在背后还是默默地支持着他。

　　当年的南京傅厚岗 6 号如今已经调整为傅厚岗 4 号，并在 2002 年被改造成为南京徐悲鸿纪念馆（图 3-36），也是江苏省徐悲鸿研究会所在地，为徐悲鸿的研究事业继续发挥着重要作用。

　　从 1933 年 1 月 28 日出发，到 1934 年 8 月 17 日回到中国，徐悲鸿欧洲巡回展（见下表）的行程长达一年半，一举开创了中国现代美术策展的新征程、刷新了新纪录。

徐悲鸿欧洲巡展简表

时间	展览	地点
1933 年 6 月下旬	徐悲鸿画展（这是在布鲁塞尔举办的第二次个人画展，第一次是在 1931 年 5 月 15 日）	比利时布鲁塞尔
1933 年 11 月 16 日	徐悲鸿画展	德国柏林美术会会所
1933 年 12 月 19 日	中国美术展览会	意大利米兰皇宫
1934 年 1 月 20 日	中国美术展览会	德国柏林巴黎大广场国家美术院
1934 年 2 月 19 日	中国美术展览会	德国法兰克福国立美术馆
1934 年 5 月 7 日	中国近代绘画展览	苏联莫斯科红场历史博物院
1934 年 6 月 19 日—7 月 19 日	中国近代绘画展览	苏联列宁格勒地中隐居博物院

1933 年 1 月 28 日，徐悲鸿与夫人蒋碧微及滑田友等带着准备好的画作由上海赴巴黎，3 月 4 日抵达巴黎。在经过两个多月十分艰苦地斡旋和筹备之后，中国美术展览会于 5 月 10 日下午 3 时在巴黎国立外国当代美术博物院成功开幕（图 3-37 至图 3-41），展至 6 月 25 日。图 3-40 为徐悲鸿、安德烈·德箇鲁阿（André Dezarrois）于中国美术展览会展厅内合照，安德烈是法方策展人。该美术馆位于巴黎协和广场（Place de la Concorde à Paris）东侧，当时也被译作宣得堡姆美术馆，今译为法国巴黎国立网球场现代美术馆（Galerie nationale du Jeu de Paume）。21 世纪以来，该馆与法国影像和影像遗产中心合并，发展成为展示和推广现当代影像和多媒体作品的艺术中心，在国际影像艺术界具有很高声誉。

巴黎中国美术展览会虽然得到国立中央大学、中法大学、中国画会、苏州美专、新华艺专等学校、机构名义上的相助，但皆无一文之助，直至展览闭幕前三日才得到民国政府的一小部分补助，因此徐悲鸿在经济上的压力甚大。另外，令徐悲鸿意外的是，他带去的这些代表当代最高水平的中国画，是第一次在欧洲展示，很多外国观众都感到十分惊讶，在开展后的许多天之后，仍然有络绎不绝的媒体前来采访报道。巴黎国立外国当代美术博物院鉴于此，收购了

場廣 Concorde 臨下會覽展
Concorde, Paris, Where the
Exhibition Was Held.

图 3-37（上左）
1933 年 5 月 10 日，中国美术展览会在巴黎国立外国当代美术博物院开幕。

图 3-38（上右）
巴黎中国美术展览会户外广告牌。

图 3-39（中）
巴黎中国美术展览会展厅。

图 3-40（下）
徐悲鸿、安德烈·德箭鲁阿（André Dezarrois）于中国美术展览会展览厅内合照，安德烈（中）是法方策展人。

EXPOSITION DE LA
PEINTURE
CHINOISE

美中
術國

MUSÉE DU JEU DE PAUME — PARIS
MAI-JUIN 1933

图 3-41
1933 年 5 月 10 日，《中国美术展览会图录》封面。

图 3-42
1933 年 5 月，徐悲鸿与在法国学美术的中国留学生合影于巴黎的黄显之寓所。前
排左起：徐悲鸿、张悟真、马霁玉、郑可、唐一禾。中排左起：黄显之、秦宣夫、
刘典樵、唐亮、胡善余、曾竹绍、吕斯百、常书鸿。后排左起：谢投八、杨火、
周轻鼎、周圭、王临乙。

徐悲鸿的《古柏》、方药雨的《小鸟》、陈树人的《芭蕉》、汪亚尘的《消
夏》、张大千的《荷花》、经亨颐的《兰石》、张聿光的《翠鸟》、张书旂的
《桃花》等 12 幅参展作品。中国现代绘画在世界大博物院内辟专室陈列，此
乃第一次。这使徐悲鸿的经济压力顿减，巡回展的第一炮就如此打响了。

　　开幕日当天，法国教育部部长特蒙齐（De Monzie）、外交部部长朋古
（Boncour）、美术次长腊埃（Bollaeot）与中国公使顾维钧、顾夫人，赵颂南、
刘大悲，以及法国各界名流逾三千人来参观展览。大诗人保罗·瓦莱里（Valéry）
抱病为画展目录写序，法国著名美术家 Landowsky，Chabas，Dampt，Denis 等均
对该展览称赞有加。著名批评家卡米尔·毛克莱（Camille Mauclair）在《费加罗
报》及《民族之友》等报上三次发文赞论中国美术。Raimond Millet 在《时报》，
Borrey 在 Intranrigent，De Vismes 在《美术周刊》，法国政府美术视察员 Jean
Cassou 在《文艺周刊》，皆发表客观评价。这一展览的图录（图 3-41）售价 10
法郎，因供不应求而增印到第三版。门券定价 5 法郎，开展 45 天的参观者逾 3
万人。因观众不断建议，后又延期 15 天，遂至 6 月 25 日闭幕。因此展大获成
功，各方邀请也纷至沓来。

在巴黎期间，徐悲鸿还看望了在法国学美术的中国留学生，并在位于巴黎的黄显之寓所与他们合影留念（图3-42）。此幅合影的前排左起：徐悲鸿、张悟真、马霁玉、郑可、唐一禾。中排左起：黄显之、秦宣夫、刘典樵、唐亮、胡善余、曾竹绍、吕斯百、常书鸿。后排左起：谢投八、杨火、周轻鼎、周圭、王临乙。其中的吕斯百、王临乙是徐悲鸿在国立中央大学的得意弟子。1928年夏天，福建教育厅厅长黄孟圭邀请徐悲鸿为该厅创作油画《蔡公时被难图》，徐悲鸿不要稿酬，而通过黄孟圭的关系为弟子吕斯百、王临乙争取到了两个赴法留学的公费名额。1928年，吕斯百赴法国留学，初在里昂高等美术专科学校，1931年入巴黎高等美术学院学习。王临乙于1929年赴法国里昂美术学校学习，1931年考入巴黎高等美术学院雕塑家布夏（Henri Bouchard）工作室学习。徐悲鸿来巴黎举办画展的期间，二人均在徐悲鸿的母校——巴黎高等美术学院学习。二人没有辜负徐悲鸿的厚望，均以优异的成绩毕业。吕斯百1934年回国，任国立中央大学教育学院艺术专修科教授，后任系主任。王临乙1935年回国任北平艺术专科学校教授，抗日战争时期曾任重庆艺术专科学校教授兼雕塑系主任。1946年后，任北平艺术专科学校教授兼雕塑系主任。

另外，徐悲鸿重访了母校巴黎国立高等美术学院，并留影纪念（图3-43）。1933年10月，徐悲鸿还为其老师——巴黎国立高等美术学院校长贝纳尔作素描肖像（图3-44），画面的右下角有贝纳尔的亲笔笔名。在徐悲鸿简练的炭笔下，贝纳尔先生睿智豁达的形象

图3-43（上）
1933年，徐悲鸿重访巴黎高等美术学院。

图3-44（下）
1933年10月，徐悲鸿为其老师——巴黎国立高等学校校长倍难尔所作素描肖像。

图 3-45（左）
1933 年，徐悲鸿（前排中）、吴作人（后排中）在比利时布鲁塞尔和学者们合影。
图 3-46（右）
1933 年，徐悲鸿（后排中）与吴作人（右二）在比利时。

呼之欲出。为自己的老师、学生、朋友、家人画像，几乎已经成为徐悲鸿的习惯，即使是在异国他乡举办画展期间也不例外。

在巴黎成功打响中国美术展览会的头炮后，徐悲鸿于 1933 年 6 月将自己的个人画展开到了比利时布鲁塞尔，获得了该国公众的好评。这是徐悲鸿在比利时举办的第二次个人画展（第一次是在 1930 年，中国驻比利时使馆代办谢寿康携 41 件徐悲鸿作品到布鲁塞尔展览，此乃中国绘画第一次在外国举行个人画展。当时徐悲鸿本人并未前往）。该展得到比利时皇家学会著名学者 Van Zipe，Sander Pierron，比利时美术学校校长 Roussan、前校长 Richir 以及教授 Bortier 等专家的一致好评。图 3-45、图 3-46 为徐悲鸿与自己的得意弟子、此时正求学于比利时布鲁塞尔皇家美术学院的吴作人在比利时布鲁塞尔和学者们、学生们的合影。

1933 年秋，徐悲鸿接到了德国柏林美术家协会为其举办个人作品展览的邀请，柏林是徐悲鸿曾经学习过的地方，因此徐悲鸿很爽快地答应了这次邀请。画展于是年 11 月在德国美术会会所举办，图 3-47 为开幕式留影，其中手持稿纸站立演说者为柏林美术会会长郎海满教授（左三），其左手坐者为柏林大学中文部部长伏阔海教授（左四），左五为徐悲鸿，中间坐者为中国驻德使馆商务调查部副主任谭翊（谭延闿长子）。在办展期间，徐悲鸿夫妇受到了很多崇拜者的追随。其中有一件趣事，一位个子不高的德国老太太整天跟着徐悲鸿，在有记者采访徐悲鸿的时候她会抢着做翻译。甚至这位老太太还来到徐悲鸿的住处，向蒋碧微索要了一张徐悲鸿的照片作为留念。在展览期间徐悲鸿还常为观众现场即兴作画（图 3-48）。

后来，又因意大利议员 Bolletu 在巴黎亲见中国美术展览会盛况，回国后盛情邀请徐悲鸿

图 3-47（上）
1933 年 11 月，德国柏林美术会徐悲鸿画展开幕式。

图 3-48（下）
1933 年 12 月，德国柏林徐悲鸿画展闭幕式上，徐悲鸿为观众示范。

携作品来意展出。1933 年 12 月 19 日至 1934 年 1 月 19 日，中国近代画展在金碧辉煌的意大利米兰皇宫举行，意大利皇太子任开幕式主持人。这是在意大利举办的第一场中国美术展览，意大利许多报刊加以报道并一致赞誉，并认为自马可·波罗后，中意文化关系至此方得回声。图 3-49 是意大利米兰皇宫中国近代画展展览前夕，查农先生（M.Zanon，右一）与徐悲鸿夫妇、沈宜甲（左二）在展览上的合影。

　　1934 年 2 月 19 日，中国近代画展在德国法兰克福国立美术馆开幕，图 3-50 是这场画展的目录。德国黑森州州长菲里伯亲王、法兰克福市长和法兰克福大学校长、中国刘子楷公使等亲临为画展剪彩。对于这场画展，徐悲鸿在《在全欧宣传中国美术之经过》一文中说："吾于本年二月赴往筹备，以国立美术馆为会所，二月十九日由 Hessen 省菲里伯亲王、我国刘子楷公使、法兰克福市长、大学校长亲临开幕。"

图 3-49（左）
意大利米兰皇宫中国近代绘画展上，收藏家查农（M.Zanon，右一）与徐悲鸿夫妇、沈宜甲（左二）合影。
图 3-50（右）
1934 年 2 月，在德国法兰克福举办的中国近代绘画展目录。

　　1934 年春，苏联对外文化协会发出邀请，请徐悲鸿等去莫斯科、列宁格勒等城市举办画展，而徐悲鸿也很想去看看列宁缔造的第一个社会主义国家。在结束了德国法兰克福的展览后，徐悲鸿夫妇便乘着国际列车来到了莫斯科。当时负责接待工作的是苏联对外文化局，接风洗尘过后徐悲鸿便开始了紧张的画展筹备工作。

　　1934 年 5 月 7 日，中国近代绘画展在莫斯科红场历史博物馆正式开幕（图 3-51），场面颇为壮观，主持开幕式的是苏联对外文化局局长，并且所有的中国在苏外交官员都前来捧场。苏联对外文化协会会长阿若舍夫（Aroseff）致开幕词，提出俄国民族与中国民族向来好友，尤其是在与孙中山先生见面时，如同一家人。这次请徐悲鸿先生来举办画展，想从文化上对彼此获得深刻了解，以巩固两大民族亲切之友谊。其态度严肃而诚挚，在座人士均为之感动。图 3-52 为徐悲鸿与中苏两方主持人员在中国近代画展开幕式上合影。由左至右：苏联画家协会会长伏尔泰、徐悲鸿夫人蒋碧微、苏联对外文化协会会长阿若舍夫、吴南如夫人、中国驻苏大使馆代办吴南如、徐悲鸿。

　　这场展览举行了一个月，反响远远超出预期效果。每天的参观者络绎不绝（图 3-53），看展者无不为中国画的博大精微而感叹，许多观众认为这是自大革命以来在苏联举行的最为成功、最大规模的外国展览。徐悲鸿的《六朝人诗意》受到观众的由衷喜爱，徐悲鸿还与苏联著

图 3-51（上）
1934 年 5 月 7 日，中国近代绘画展在莫斯科红场历史博物馆开幕。徐悲鸿与中苏两方主持人员合影。左起：苏联画家协会会长伏尔泰、徐悲鸿夫人蒋碧微、苏联对外文化协会会长阿若舍夫、吴南如夫人、中国驻苏大使馆代办吴南如、徐悲鸿。

图 3-52（下左）
中国近代绘画展在莫斯科红场历史馎物院开幕时的嘉宾。

图 3-53（下右）
1934 年 5 月 7 日，中国近代画展在莫斯科红场历史馎物院举办，徐悲鸿与国际友人在画展上，背景是徐悲鸿《九方皋》。

图 3-54（上）
1934 年 6 月 19 日，中国近代绘画展在列宁格勒地中隐居博物院举办。

图 3-55（下）
1934 年 6 月，徐悲鸿（左二）夫妇在地中隐居博物院举行中国近代绘画展时与苏联著名戏剧家特莱讫诃夫、《怒吼吧中国》著者之妻女合影（此照为特氏所摄，戈公振寄自俄京），《文艺画报》，1934 年。

名艺术家交换了作品。5 月 20 日，徐悲鸿应苏联对外文化交流会之邀请，发表以《中国美术之近况》为标题的公开演讲。当地的其他美术家协会、建筑学院、美术学校也邀请徐悲鸿做了几次演讲。

　　1934 年 6 月 19 日，中国近代绘画展移至列宁格勒地中隐居博物院（今译艾尔米塔什博物馆）继续进行（图 3-54、图 3-55）。列宁格勒原来叫圣彼得堡，是帝国主义俄国时期的都城，在俄国大革命后，苏联政府把这座城市改称为列宁格勒。这次展览是中国近代绘画赴欧展的最后一站，于 7 月 19 日结束。至此，中国近代绘画赴欧展落下帷幕。通过这些展览和徐悲鸿的全力付出，为西方世界了解近现代的中国画打开了一扇明窗。

徐悲鸿到达苏联后，写信给中国驻苏联大使馆代办吴南如，请他务必帮忙与苏联对外文化协会联系，请求大文豪高尔基为这场画展写一篇序文，因为徐悲鸿认为高尔基代表了"新思想的权威"。吴南如答应相助，但他的努力却碰了个钉子，苏联对外文化协会以"高尔基是文学权威而非美术权威，从专家眼光看来并非所宜"为由婉言拒绝了。之后，徐悲鸿又请吴南如再去协商一次。可是，苏联对外文化协会又以高尔基病重为由推辞了。未能结识高尔基，成为徐悲鸿苏联之行中的一件憾事。

中国近代绘画展成功开幕之后，地中隐居博物院还选留 12 幅展品收藏。莫斯科方面，则由人民教育委员会开会决定赠送俄国 19 世纪以来及现代名家名画 13 幅给中国。依据苏联著名画家、著名作家格拉拔（Grabar）所选清单，苏联拟赠送中国的作品中有列宾的《托尔斯泰像》以及苏里科夫、谢洛夫等画家的杰作。徐悲鸿也捐赠齐白石、张大千、陈树人、王一亭人等中国现代名画家的 15 幅作品给莫斯科美术馆。令徐悲鸿时常忆及还常有苏联观众问他："贵国有多少美术馆？如此有悠远历史之文明古国，美术馆之设备定比我们无产国家好。""假若送给你们东西，挂在什么地方？"他感到非常痛苦，只得含糊敷衍！他认为："俄国美术院规模之宏大、设备之精美，绝不亚于英、法、意、德诸邦，且觉过之。而我中国可怜，民众所需之美术馆，国家从未措意，惟有岁糜巨款。"

在苏联展览期间，虽然徐悲鸿为展务忙得不可开交，但他并没有忘记在国内的学生们，没有忘记他所从事的美术事业。在莫斯科的时候，苏联政府提议给徐悲鸿赠送两座石膏人像，一座是大革命家列宁，一座是大文学家托尔斯泰。这两座石膏像形象准确，想想当时国内的石膏像极度缺乏，美术教育者无不为寻找精良的石膏像而苦恼。徐悲鸿欣然接受这个提议。据说当时的苏联有一种纪念逝世的伟人的做法，就是用石膏为他们塑一座肖像，然后再安排作坊来翻制，在市场上销售，以供后人瞻仰。徐悲鸿在参观了这些石膏像后，立即和莫斯科博物馆洽谈，把这里的许多精彩石膏像重新翻模并带回国内，供教学使用。

图 3-56（上左）
徐悲鸿在欧洲（罗马）游览一。

图 3-57（上右）
徐悲鸿在欧洲游览二。

图 3-58（中）
徐悲鸿在欧洲游览三。

图 3-59（下）
徐悲鸿在欧洲游览四。

图 3-60
徐悲鸿与意大利雕塑家湛内里教授（Prof Zanlli）合影于其工作室，雕塑家岳仑作陪。

现如今，这些徐悲鸿从苏联带回来的石膏像还收藏在北京徐悲鸿纪念馆、南京师范大学美术学院。

在法国、意大利、德国、苏联举办中国绘画展，以及在比利时、德国举办徐悲鸿个人画展的同时，徐悲鸿夫妇还游历了欧洲多国，饱览了各地风情，留下了较多的照片（图 3-56、图 3-57、图 3-58、图 3-59）。

图 3-60 为徐悲鸿与意大利雕塑家湛内里教授（Prof Zanlli）在其工作室的合影，中国雕塑家岳仑（时任中国驻罗马大使馆馆员，但有感于雕塑在国内没有发展前途，岳仑又通过关系获得驻意大利使馆学习员的身份被派往意大利使馆工作，并曾于 1932 年由罗马向国内寄出有关巴黎沙龙的材料）作陪。湛内理教授是意大利著名雕塑家，曾以 14 年时间创作、制作了意大利国王维多·伊曼纽二世 （King Victor Emanuel Ⅱ）雕像下部一周的高浮雕。徐悲鸿在其《自传之一章》（《宇宙风》第七十一期）中对此有生动描绘："先生时年六十余，壮健无比，其掌如巨灵之掌。与之握手，几非手之感觉。……其每日操劳七八小时，所用铁锤，重二十斤，宜湛内理先生有此手也。其人谈吐笃实，不似近世意大利人，作品甚多，令人咋舌，盖雕刻非画之比，艺既精妙如此，又产如此多量，安得不心折耶。"

从 1933 年 1 月到 1934 年 8 月，徐悲鸿在欧洲举办中国画展的巡展与个展，历时一年半。徐悲鸿先后在法国、比利时、德国、意大利、苏联五国举办了 8 次画展，其中在比利时、德国举办的两次是徐悲鸿的个展。徐悲鸿还在受邀在博物馆及大学成立了 4 处中国近代美术作品陈列室。因此就整体看来，可谓获得巨大成功。他作为中国文化使者，带去了中国灿烂的艺术作品，在中外文化艺术交流史上写下了绚丽篇章。对于徐悲鸿欧洲巡展的意义，1934年8月21日上海《申报》在报道之中进行过总结："名画家徐悲鸿氏于日前抵沪后，备受各文化团体热烈欢迎，几无虚夕，刻以京校事务纷繁，在沪不欲多事耽搁，故于昨晨九时，偕夫人蒋碧微女士乘快车晋京，向教部报告画会展览经过情形，临行并语国闻社记者谓：'此次画展成绩确进我国地位不少，盖综合各国参观人数约10余万人，皆绝口称赞，对我国人得一极深刻之形象，如能继续作大规模举行，足以矫正碧眼人蔑视国人之心理，我此次携回各国名画甚多，与俄政府交换之名画13幅亦已来电谓：本年底当可寄到，故余拟8月秋在京沪两地举行欧洲名画展览，使国人亦明了欧洲文化进展至如何程度，而相互沟通固有文化，借以联络感情，以增进国际之同情'云。"即使从今天的视角来看，徐悲鸿的欧洲巡展（1933—1934）规模巨大、作品精湛、场次众多、时效长远、传播广泛，堪称中国现代美术策展史上的奇迹。它不但对中国画的国际推广意义重大，而且对于徐悲鸿自身艺术的发展也影响深远，并全方位启迪了中国其他重要艺术家的策展理念与营销方式。不但对中国画逐渐走向世界而进行大规模传播具有重要的历史意义、学术价值，而且推动了徐悲鸿自身艺术的自立、自信、成熟与发展，后来中国一些重要艺术家的策展活动也从中吸收了宝贵的经验与思想。就其社会影响与实际意义而言，能够与之媲美的则是徐悲鸿后来在南洋举办的系列义卖赈筹画展（1939—1941）。

1934年8月17日晨，徐悲鸿从苏联坐船回到上海，图3-61是徐悲鸿与蒋碧微下船之后在上海码头上的合影。上海的各艺术团体以及诸好友纷纷为徐悲鸿接风洗尘。8月19日，徐悲鸿还接受了大通社记者的采访，就苏联近况进行访谈。8月20日，上海《申报》刊登了徐悲鸿《在上海六团体宴会上的讲话》，介绍此次赴欧洲举办系列画展的盛况。

8月20日，徐悲鸿夫妇到达南京。褚民谊、张道藩夫妇以及国立中央大学教育学院艺术科师生百余人在火车站欢迎。图3-62是这一热闹场合中的合影。照片中的人群簇拥着徐悲鸿夫妇，这时的徐悲鸿已成为世界著名的艺术家与策展人，正踌躇满志地迎来艺术事业的辉煌，其夫人蒋碧微也笑容满面，分享着

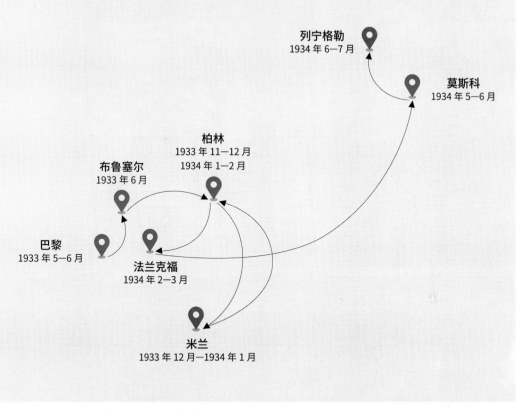

徐悲鸿在欧洲巡展路线示意图
巴黎—布鲁塞尔—柏林—米兰—柏林—法兰克福—莫斯科—列宁格勒

徐悲鸿事业成功后的喜悦。

　　8月22日，南京文艺界在国立中央大学图书馆集会欢迎徐悲鸿载誉而归。出席者有陈树人、褚民谊、张道藩、罗家伦及国立中央大学教育学院艺术科全体师生等，文艺界的代表谢寿康、许士骐等以及新闻界等共计九百多人参加。首先由宗白华致欢迎词，介绍徐悲鸿此次赴欧历尽艰难困苦，因宣扬我国文化而使欧人视线转移，使得我国国际地位增高。对于徐悲鸿此行之伟大成功，表示庆贺。徐悲鸿在致词中分享了在欧洲举办巡展的经过以及欧洲人对于中国艺术欣赏的情况。

　　在国立中央大学梅庵附近，徐悲鸿与国立中央大学教育学院艺术科西画组师生们有一幅重要合影（图 3-63）。1934 年 8 月，徐悲鸿从法国、比利时、

图 3-61（上左）
1934 年 8 月，徐悲鸿、蒋碧微从欧洲归来，摄于上海码头。

图 3-62（上右）
1934 年 8 月，徐悲鸿在欧洲举办中国美术展览回南京时与欢迎者合影。

图 3-63（下）
1934 年，徐悲鸿与国立中央大学教育学院艺术专修科西画组师生合影。前排左起为胡士钧、屈义林、吕斯百、顾了然、孙多慈（女）、陈之佛、潘玉良（女）、徐悲鸿、金友彭（女）、吴鸿翔（女），后排左起为施世珍、赵峻山、问德宁、杨赞楠、张蒨英（女）、周希杰、吴敖生、黎月华（女）、杨柳、钱寿荃（女）、夏同光。

意大利、德国、苏联举办系列画展归来，欢迎仪式结束之后，徐悲鸿与师生们在梅庵旁合影。这张照片前排左起为胡士钧、屈义林、吕斯百、顾了然、孙多慈（女）、陈之佛、潘玉良（女）、徐悲鸿、金友苂（女）、吴鸿翔（女），后排左起为施世珍、赵峻山、问德宁、杨赞楠、张蒨英（女）、周希杰、吴敖生、黎月华（女）、杨柳、钱寿荃（女）、夏同光。

民国时期，国立中央大学逐渐发展成为中国高等美术教育的重镇，但其美术学科所属的学院以及所用科名（系名），则几经变迁，具体历程如下：1928年，原江苏省立艺术专修科并入国立中央大学教育学院，建成国立中央大学教育学院艺术教育专修科，学制 3 年，设西画、中国画、工艺、音乐四组；1929年，更名为国立中央大学教育学院艺术专修科，学制增为 4 年，增设西画组；1930 年，更名为国立中央大学教育学院艺术教育科；1931 年，更名为国立中央大学教育学院艺术专修科；1933 年，更名为国立中央大学教育学院艺术科，将国画组和西画组合并为绘画组；1938 年，更名为国立中央大学师范学院艺术科，学制变为 3 年；1941 年，更名为国立中央大学师范学院艺术专修科；1942年，更名为国立中央大学教育学院艺术科；1944 年，更名为国立中央大学师范学院艺术系直至 1949 年。以上集中反映了当时的文化界对于教育学院、师范学院关系的阶段性认识与发展，以及对于"艺术专修科""艺术教育专修科""艺术教育科""艺术科""艺术专修科""艺术系""艺术学系"等概念的探索性认识与发展。

1933 年 6 月，国立中央大学校务会议决定改建梅庵供教育学院艺术科教学使用。梅庵是为了纪念两江优级师范学堂监督（即今校长）、著名教育家和书画家李瑞清而建。李瑞清（1867—1920），字仲麟，号梅庵，江西抚州人。1902 年任两江优级师范学堂监督，次年设图画手工科，开我国现代艺术教育之先河。1915 年，两江优级师范学堂更名为南京高等师范学校，继任校长江谦为纪念李瑞清，于校内"六朝松"之北以松木原木为梁架，筑茅屋三间，取名"梅庵"。1933 年 6 月，改建为砖混结构平房，采用中西合璧风格，坐北朝南，正面悬文史学家柳诒徵题写的"梅庵"匾额。

　　梅庵前面有一棵种植于六朝时期的桧柏，虽然树干中心已空，但仅依靠树皮，仍有部分绿叶顽强生长，今天东南大学的师生多习惯于称其为"六朝松"，其图像成为东南大学的标志。

　　图 3-63 中的徐悲鸿身着西装，结黑色大领结，右手挽着外套。合影中的陈之佛（1896—1962）个子不高，他身着长衫，背着手，显得敦厚怡然。徐悲鸿与陈之佛情谊深厚。1930 年，陈之佛任教于上海美专和立达学园，有一次接到国立中央大学教育学院艺术专修科主持兼西画组主任徐悲鸿的函件，邀请他去国立中央大学任教。1928 年国立中央大学更名之前，国立中央大学教育学院艺术专修科的主持为吕凤子，学校更名为国立中央大学之后由徐悲鸿主持，吕凤子任国画组主任。徐悲鸿、陈之佛两人之前虽未曾谋面，但在艺术界都互慕盛名已久。陈之佛对徐悲鸿的真情相邀，十分感动。但是陈之佛接任上海两所学校的课程不久，不能半途而废而影响学生的学业。陈之佛便与徐悲鸿商量能否先来南京上两周的课，解决教学之急需，待交接好上海两校的教学之后，再正式来国立中央大学。徐悲鸿深感陈之佛考虑问题之周到，欣然应允。就这样在一年多的时间里，陈之佛不辞辛劳，往返于沪宁线上，每次均是准时走进课堂，其教学与为人受到师生的好评。直到 1931 年暑假，陈之佛才辞去上海两校的教职，来到南京国立中央大学教育学院艺术专修科任专职教授。

　　陈之佛为了能全身心地投入教学工作，仍将家眷留在上海，只身来到南京，住进国立中央大学单身教师宿舍。虽然在生活上有诸多不便，但他能静心地阅读书籍，查阅资料，集中精力备课。因为来国立中央大学后，他不仅要担任自己最擅长的图案课程，还新开了《透视学》《色彩学》《艺用人体解剖学》等一些因师资匮乏应开而未开的课程，徐悲鸿对此深为感动。不久，在徐悲鸿与校方的安排下，陈之佛迁居进国立中央大学丹凤街教师宿舍，和徐悲鸿同住一座楼。陈之佛全家五口住楼下，徐悲鸿一家住楼上，朝夕相处。二人成为莫逆之交，徐悲鸿羡慕陈之佛美满的家庭，尊重他贤惠的妻子，多年后与陈之佛通信时必向其夫人问好。1932 年，徐悲鸿迁入傅厚岗 6 号自建的新居。陈之佛也因亲戚来投，房不够住，迁入在附近石婆婆巷租住的一套平房。1933 年 1 月至

1934 年 8 月，徐悲鸿在欧洲举办系列画展回国后受到陈之佛与国立中央大学教育教育学院艺术科师生的欢迎，同年当选为中国美术会（1933 年成立）理事，又与陈之佛在宣传股共事。1934 年 10 月 16 日，徐悲鸿写信给好友、中华书局编辑所所长舒新城，大力推荐陈之佛的著作，信中说："陈之佛先生为国内最有名之图案学家，兄所素知。……倘荷玉成实，深感纫。"由此可见，徐悲鸿对陈之佛的赏识与情谊。

图 3-63 中的潘玉良（1895—1977），头上斜戴白色的圆帽，右手在胸前夹着书本。徐悲鸿在 1928 年来南京主持国立中央大学教育学院艺术专修科期间，物色了潘玉良来校教授油画。潘玉良留学法国、意大利，深得西洋绘画奥妙，其绘画能力在当时女画家中颇为突出，但由于她出身"微贱"而为人侧目。徐悲鸿任人唯贤，力排众议，礼聘她任国立中央大学教授。

1921 年，潘玉良赴法国留学，先后进入里昂中法大学和国立美专，1923 年进入巴黎美国立高等术学院，与徐悲鸿是系友。潘玉良的作品陈列于罗马美术展览会，曾获意大利政府美术奖金。1929 年，潘玉良归国后，任上海美专及上海艺大西洋画系主任，1931 年任南京国立中央大学教育学院艺术专修科教授。1937 年旅居巴黎，曾任巴黎中国艺术会会长，多次参加法、英、德、日及瑞士等国画展。1935 年，潘玉良的第五次画展开幕，徐悲鸿特地为她撰写了《参观玉良夫人个展感言》一文，发表在 1935 年 3 月 1 日的南京《中央日报》上。他在此文中赞叹潘玉良的画作："夫穷奇履险，以探寻造物之至美，乃三百年来作画之士大夫所决不能者也。……真艺没落，吾道式微，乃欲求其人而振之，士大夫无得，而得于巾帼英雄潘玉良夫人。……玉良夫人游踪所至，在西方远穷欧洲大陆，在中国则泰岱岳，黄山九华。……其少作也，则精到之人物。平日所写，有城市之生活，于雅逸之静物，于质于量，均足远企古人，媲美西彦，不若鄙人之多好无成，对之增愧也！"由此可见，徐悲鸿对潘玉良的评价甚高。

照片中前排左数第九位是孙多慈，她头上斜戴白色圆帽，上身穿毛线衣，下身穿裙子，装扮时髦，显得大方得体。

图 3-64（上）

1934 年，国立中央大学教育学院艺术专修科西画组"六朵金花"，左起为
金友彭、孙多慈、张倩英、钱寿荃、黎月华、吴鸿翔。

图 3-65（下）

20 世纪 30 年代，徐悲鸿与国立中央大学的学生们合影。

图 3-64 是国立中央大学教育学院艺术科西画组"六朵金花"的合影，左起为金友彭、孙多慈、张蒨英、钱寿荃、黎月华、吴鸿翔。这是拍完上述大合影之后，西画系女生们的专题合影，拍摄者是徐悲鸿弟子张安治。六位女生中四人穿旗袍，孙多慈、张蒨英穿裙子，朝气蓬勃，显示了当时女大学生的独特气质。其中的张蒨英 1936 年 1 月从国立中央大学毕业，抗日战争期间旅居重庆，1943 年被中国美术学院聘为副研究员。1946 年，徐悲鸿以中英庚子赔款董事名义多次交涉，推荐这位自己得意的女弟子和其他三名男弟子——费成武、张安治、陈晓南由教育部公派英国研究美术。1949 年底，张安治、陈晓南学成归国，张蒨英与费成武则选择留在英国。1953 年，张蒨英与费成武二人结为伉俪，长期旅居英国，直至过世。

图 3-65 是徐悲鸿与国立中央大学教育学院艺术科学生们的另一幅合影，摄于 20 世纪 30 年代。照片中的徐悲鸿一袭浅色长衫，手拿礼帽，学生们则有的穿长衫，有的穿西服，有的穿旗袍，显示了那个年代中国最高等学府艺术学子们的精神与风采。

图 3-66 为 1934 年徐悲鸿在浙江西天目山写生的油画作品，画的是天目山傍晚时的秀美景色。近处的山石、劲松刻画得细致到位，用色丰富，笔触劲健。远处连绵起伏的群山在夕阳余晖的映照下色彩十分统一。山间还飘有农家冒出的袅袅炊烟，整个画面带给观者一种扑面而来的静谧安宁之意，并具有中国山水画的气韵与境界。

这幅油画的创作背景是，1934 年徐悲鸿结束了欧洲展览的事务后，回到了国立中央大学。此时他已将近二十个月没有给学生们上课了，学生见到徐悲鸿回校一个个喜出望外。在学校做了短暂的休整后，是年秋天，徐悲鸿便带着杨建侯、孙多慈等 20 多位学生几经辗转来到了浙江西天目山写生。

徐悲鸿曾说，油画上的颜料，如果你说不出来，而又不感到脏，那就是最高明的色调，《西天目山》这幅风景画就能达到如此境地。徐悲鸿的油画中善

图 3-66

徐悲鸿绘《西天目山》，油画，1934 年。

于用刮刀，《西天目山》中有许多用刀的地方，而且是刀笔兼施，其油画《青城山白果树》用的也是这一技法。油画《喜马拉雅山》的很多部分也是用刮刀画的，画中的树枝、树叶是用刮刀压出来的。相反，他的油画《抚猫人像》则几乎均用笔，不是把颜色摆上去，而是扫出来的。

图 3-67 为 1934 年徐悲鸿与孙多慈（1913—1975）、冯法祀、杨建侯、文金扬等 20 余位国立中央大学教育学院艺术科学生同游西天目山时为孙多慈所画的素描肖像。画中的孙多慈梳短发，头戴一种斜戴在头上的帽子，帽子的左边还垂下三颗圆珠，这种帽子流行于当时的女艺术家之中。她裹着围巾，双手抱于胸前，一只胳膊靠在桌角上，左手放在右臂上。就其身后的投影推测，这幅素描似乎是画于西天目山旅社的灯光之下。虽然画幅不大，但是刻画细致，虚实得当。作者在孙多慈的眉间、围巾、手指、袖口还加以了白粉的提亮，使层次显得较为丰富，也衬托出孙多慈相貌端庄、气质姣好。

需要注意的是，这幅作品虽然运用的是西洋素描的表现方法，但是徐悲鸿在其左下角加上题跋为："甲戌晚秋与慈弟同游西天目山，即写其影。悲鸿。"并盖上两枚印章，一枚为"徐"，一枚为"徐悲鸿"。这又是中国画的构图形式，由此可以看出徐悲鸿所要达到的"中西合璧"的创作境界。另外，由这幅

图 3-67

徐悲鸿绘《孙多慈像》，素描，1934 年。左下角徐悲鸿题跋为："甲戌晚秋与慈弟同游西天目山，即写其影。悲鸿。"

徐悲鸿精心绘就的素描作品，还可看出他与孙多慈非同一般的师生关系，这种关系始于四年之前。

1930 年的初秋，一位特别的学生来到了徐悲鸿的门下，她就是孙多慈。孙多慈是徐悲鸿早在欧洲留学时就结识的好友宗白华（1897—1986）的安庆老乡，这年准备报考国立中央大学中文系，却不料落榜了。宗白华在知道情况后就宽慰她，在和孙多慈的谈话中，孙多慈向宗先生表达了想去国立中央大学教育学院艺术专修科作旁听生的意愿，宗白华答应了这个小老乡的要求。

第二天上午，宗白华带着孙多慈来到了徐悲鸿的画室。这时徐悲鸿正在上课，宗白华打断了徐悲鸿，把孙小姐拉到自己前面，对徐悲鸿说道："这是我的安庆老乡，想到你这里先做旁听生，你可否先把她收下？"徐悲鸿上下打量了一番这位 18 岁出头的学生，回答道："你是美学大教授，推荐老乡学生来我这里，我哪敢不接受啊。"说罢两人哈哈大笑起来。就这样，孙多慈在艺术系做旁听生的事情就在一次欢快的交谈中确定了下来。带着敬畏、带着兴奋、带着新鲜，年轻的孙多慈开始了在国立中央大学的生活。入学后，孙多慈的学习突飞猛进，很快就走进了徐悲鸿的视野，引起了他的格外关注。徐悲鸿对她的关心也很快被传为师生绯闻，而且满城皆知，自然也被蒋碧微知道了，徐悲鸿与蒋碧微的争吵更多了，导致二人的情感裂痕越来越大。

1935 年孙多慈即将毕业，这一年春节之后，徐悲鸿去上海与舒新城细聊孙多慈的事情。徐悲鸿回到南京后，采取了两个行动：一方面，调动关系努力疏通中比"庚子赔款"管理委员会高层，希望能争取一个庚款留学名额给国立中央大学教育学院艺术科应届毕业生孙多慈；另一方面，着手整理孙多慈的画稿，准备尽快出版《孙多慈描集》，以赶在比利时庚款基金会决定留学名额之前，送到中比双方委员的手中。徐悲鸿后来在与舒新城的通信中说："弟虽已接洽，不如示以实物坚其信念也。"并再三提到出版《孙多慈描集》的重要性。

徐悲鸿所说的"接洽"，主要指他在法国一同留学的老友、天狗会（当时留学在法国的谢寿康、徐悲鸿、张道藩、邵洵美等成立的一个组织，带着几

图 3-68
1935 年孙多慈的毕业照。

分玩笑性质，可能是源自对当时国内著名的西画美术组织
"天马会"的讽刺）大哥谢寿康。1930 年，谢寿康出任中
国驻比利时公使馆代办。当年，徐悲鸿就是通过他争取到
中比"庚子赔款"留学名额，让吴作人有机会进入比利时
皇家美术学院深造。关于比利时的"庚子赔款"，1925 年
中比双方签订协议，比国退还庚款的 25%，即 125 万美元，
用作文化和慈善事业经费。这笔资金仿效美、英等国的做
法，由双方共同组织成立庚款基金会，负责落实具体协议，
包括选派赴比利时留学的中国学生。

　　在以后的一段时间里，徐悲鸿不断地尝试着将孙多慈
送到国外去，但是在蒋碧微的极力阻挠下，这个想法始终
没能如愿。经过这一波折，徐悲鸿和蒋碧微之间的情感隔
阂越发凸显出来。

　　1935 年 7 月，孙多慈从国立中央大学毕业（图 3-68）。
之后，经过诸多坎坷，徐悲鸿与孙多慈这一对有情人也没
能终成眷属。1939 年 9 月 14 日，徐悲鸿曾致信舒新城，
曰："寄上宝物一包，请以一二金得一人连出，须小心工
作，粘在一硬币上，兄存而玩之，绝对勿语人以何物，不
然即负弟之盛意（因说出便无味，且不妙，至要）。"这
包"宝物"究竟为何物，今天已经无从知晓。但徐悲鸿
在 1939 年 10 月 16 日致舒新城的信中，有仿苏轼双声诗，
曰："遗韵忆犹豫，音容隐易颜。莺莺缘已矣，抑郁又奚
言。"所谓双声诗，即诗中所有字声母相同。苏轼的原诗
为《西山戏题武昌王居士并引》："予往在武昌，西山九曲
亭上有题一句云：玄鸿横号黄槲岘。九曲亭即吴王岘山，
一山皆槲叶，其旁即元结陂湖也，荷花极盛。因为对云：
皓鹤下浴红荷湖。坐客皆笑，同请赋此诗。江干高居坚关

图 3-69
1935 年 5 月 23 日，高剑父（前排中）在南京举办个人画展，徐悲鸿（前排右一）、汪亚尘（前排左一）、陈树人（后排左一）、杨缦华、荣君立、许士麒、王祺、褚民谊等名流前往捧场。

扃，犍耕躬稼角挂经。篙竿系舸菰荽隔，箛鼓过军鸡狗惊。解襟顾景各箕踞，击剑赓歌几举觥。荆笋供脍愧搅蚝，干锅更戛甘瓜羹。"

此时的徐悲鸿与昔日的恋人孙多慈天各一方，重逢已不可能，徐悲鸿的这首诗寄托着深深的无奈与无尽的感叹。

图 3-69 是 1935 年 5 月 23 日高剑父（前排中）在南京举办个人画展时的合影，徐悲鸿（前排右一）、汪亚尘（前排左一）、陈树人（后排左一）、杨缦华、荣君立、许士麒、王祺、褚民谊等名流前往捧场。

高剑父可谓徐悲鸿艺术道路上的第一个知音、伯乐和推广者。二人的交往约在 1914 年。民国初年，高剑父、高奇峰兄弟在上海创办审美书馆。当时生活困苦的徐悲鸿画了一幅《骏马图》投稿审美书馆，后来高剑父回信大加赞赏说："虽古之韩干，无以过也。"并出版了该作品。骏马成为徐悲鸿艺术生涯中最为重要的表现题材，离不开高剑父在早期对他的巨大鼓励。1915 年至1916 年间，徐悲鸿的作品多次在审美书馆出版。后来，徐悲鸿考入上海震旦大学，生活窘迫，高氏兄弟介绍他在上海卖画，并刊登广告使其作品逐渐受人重视。譬如，《中国近代古派新派名画》邮片广告："有曼殊、剑父、宾虹、林纾、树人、奇峰、石先、仓颉、剑僧、悲鸿等各大家手笔二百余种，每张三分。"（《时人画集》第2册1916年2月再版）《时装仕女》（挂屏）广告："大小数十种，均为名画家曼陀、柏生、悲鸿诸君所绘，石板精印，艳丽绝伦，陈设厅室，诚最优美之装饰品也，每张二角至六角分。"（陈树人译述、高奇峰校对阅《新画法》1916年2月再版广告）。《时装仕女》（册页）广告："高十五寸，阔十寸，共三十余种，为曼陀、柏生、黄页、悲鸿诸君所绘，用最新五色玻璃版精印，每幅三角。"（陈树人译述、高奇峰校对阅《新画法》1916年5月再版广告）

徐悲鸿后来在自传中满怀感激地谈到高氏兄弟对他的帮助。徐悲鸿当时能在名家云集的黄浦江畔有一席之地，高剑父的"雪中送炭"功不可没，因此高剑父可谓徐悲鸿生命中的伯乐。另外，徐悲鸿也接受了岭南画派的影响，他的画终生都有一部分岭南画派的影子，他后来画的喜鹊、竹、松树受到岭南派陈树人的影响，而画鹫、雕等又受到高剑父的影响。

"高剑父绘画展"在南京举行之后，1935年6月3日，徐悲鸿特地撰文《谈高剑父先生的画》刊于《中央日报》，称："画家高剑父，博大真人哉！吾昔曾评剑父之画，有如江瑶柱（一种干贝），其味太鲜，不宜多食。今其艺归于淡，一趋朴实，昔日之谈，今已不当，则非深研于高氏艺者不能言。"

1936年，高剑父被聘为国立中央大学教育学院艺术科教授，此事的促成很大程度上取决于徐悲鸿和他的友谊，以及对其艺术的认同。1936年5月12日，徐悲鸿致函其好友、中华书局负责人舒新城，向其介绍高剑父，推荐出版《高剑父画集》，并表示不日将由高亲自将画送至舒处。1937年3月12日，徐悲鸿还在《中央日报》发表《读高剑父画谱书后》进一步推介高剑父，并赞曰："尔时剑父多写雄鹰峭壁、卧虎长松，磅礴有奇气，声闻动天下。……今剑父尚壮，而其画益臻神妙，其山水作风之奇古朴茂，游行自在，可继武北宋诸家，睥睨千古。"由此可见，徐悲鸿对于高剑父的感恩深情以及文化推崇。

图 3-70
《文艺因缘》册页中高剑父的《花卉》、徐悲鸿的《猫》。

　　1940 年，徐悲鸿与高剑父、张大千、简又文、鲍少游等雅集于香港"寅圃"，曾与高剑父、鲍少游联手作画。此外，徐悲鸿客居澳门普济禅院时，与同住在此的高剑父又有过相聚。普济禅院现仍藏有徐悲鸿作于 1937 年的《漓江春雨》图，普济禅院的禅房、厅堂大多为高氏所书匾额，由此足见徐、高二人渊源与情谊不浅。徐悲鸿曾将高剑父、高奇峰、黄君璧、陈树人、齐白石、黄宾虹、张书旂、赵少昂和自己称为"画中九友"，并为画友们各咏诗一首。

　　2000 年，笔者好友朱万章曾于广东省博物馆书画藏品中发现一件研究徐高二者关系极为重要的《文艺因缘》册，此册的发现与考证对于研究岭南画派及与徐悲鸿的关系乃一大有力补充。该册因有高剑父题"文艺因缘"四字而得名，全册装帧精美，从书画所作年款为 1936 年春至 1937 年夏。作者既有美术界的名流如徐悲鸿、高剑父、陈树人、陈之佛、陆丹林、黎葛民、方人定、黄哀鸿等，也有文艺界的知名人士如曹禺、戴涯、田汉等，书画所作地点在上海与南京。《文艺因缘》册从侧面反映了徐悲鸿与岭南诸家友好交往的历史。

图 3-70 为《文艺因缘》册页中高剑父的《花卉》（上）、徐悲鸿的《猫》（下）。1936 年，徐悲鸿在该册页中作书画各一，绘画为《猫》，绘一只白猫蹲于岩石之上，显出寂寞慵懒之境。题跋曰："寂寞谁与语，昏昏又一年。梅魂女士文豪。徐悲鸿。丙子春尽。"书法为行书，录诗一首，曰："象维近逼万云低，俯视峰峦隐翠微。举眼芸芸无一似，神奇绝世到峨眉。感事一章。梅魂女士雅正，徐悲鸿。"钤朱文印"阳朔天民"。

高剑父在《文艺因缘》册中作有两幅画、两幅书法。《花卉》作于 1937 年夏，题跋曰："梅魂清赏，廿六年夏沪滨之作。仑。""钤白文印"仑"。《菊花》亦作于 1937 年夏，题跋曰："昆仑山人。"钤白文印"仑"。高剑父的两件书法均为草书，其一作于 1937 年，文曰："歌摇千尺龙蛇动，声机半天风雨寒。廿六年端节客金陵，剑父。"钤朱文印："剑父"。

高剑父生于 1879 年，年长徐悲鸿 16 岁，广东番禺人。早年在广东学习美术，后东渡日本求学，在那里结识孙中山，受其影响加入同盟会，一边攻读美术一边参加民主革命工作。回国之后，他担任了广东同盟会会长，一直参与策划南方的革命活动。1925 年，孙中山的逝世让高剑父的国民革命热情受到了打击，他选择了归隐，专门从事绘画创作与教学。抗战爆发，高剑父的政治热情得以重燃。他在华南各地多次举行"义卖画展"，将其收入全部用于支援抗战并赈济灾民。参与政治革命期间，高剑父还利用画作宣传民主、民族思想。辛亥革命期间，他绘制的啸虎、雄鹰、跃马都表现着一种强烈的战斗精神。"九一八"事变发生之后，高剑父为了表达对国家命运的关心，创作了《悲秋图》（又名《南国诗人》）。1936 年高剑父赴南京国立中央大学任美术教授。1938 年日军渐逼，他转至澳门，复设春睡画院于澳门。1945 年广州光复，高剑父归广州复兴春睡画院，另创办南中艺专门学校，任广州市立艺术专门学校校长。徐悲鸿与高剑父的友谊是中国现代美术史上的一段佳话。

图 3-71
徐悲鸿绘《颠顶》，纸本设色，中国画，纵 113 厘米，横 54 厘米，1934 年，徐悲鸿纪念馆藏。

徐悲鸿的动物画善于捕捉动物最为传神的瞬间，除了马，他画的猫也很有代表性。据徐悲鸿之子徐庆平回忆，为了观察猫的矫健，将猫画得传神，徐悲鸿家里甚至同时养过 8 只猫。"虽然父亲每天下班后特别累，但他还是坚持坐在躺椅上，一边拿着乒乓球跟猫玩耍，一边观察猫的神态和动作。"其猫画或托物寄兴，或用于酬答友人。

1934 年，徐悲鸿创作了猫画《颠顶》（图 3-71），画二猫，一黑一白，一动一静，一神武一安详，笔墨洗练，神情毕现。他还在画上题诗曰："颠顶最上策，混沌贵天成。少小嬉憨惯，安危不动心。"他在赠徐志摩《猫》上题诗曰："志摩多所恋爱，今乃及猫。鄙人写邻家黑白猫与之，而去其爪，自夸其于友道忠也。"此画的创作时间距 1929 年 4 月 2 日二徐关于西方现代艺术"真伪""是非"的论战不到一年，可见学术上的争议并不影响二人之友情。1933 年，徐悲鸿还赠《猫梦图》给吴湖帆。1940 年，徐悲鸿为廖静文画《猫》《树上》等以猫为题材的作品。

系统观览徐悲鸿画猫作品可知，其油画中多白猫，国画中多花猫。如《树上》《猫竹》《懒猫》等作品中画的均是花猫。徐悲鸿爱猫，在 1918 年初到北平时，曾在家中养了三只猫，并接受了罗瘿公赠送的一只猫。在南京国立中央大学任教时期，家中还养过一只狮子猫。1932 年，徐悲鸿在北平时还专门为胡适夫人画其所豢养的狮子猫。徐悲鸿自己曾说，人家都说我画的马好，其实我画的猫比马好。譬如，1934 年，在天目山写生途中，徐悲鸿曾问学生们："我的画，什么最好？"有人说"马"，有人说"雄鸡"，唯有杨建侯说"猫"，徐悲鸿称赞杨建侯有眼光。

图 3-72 为徐悲鸿为傅增湘所画的油画肖像。傅增湘是徐悲鸿艺术事业中的恩人。1918 年，当徐悲鸿第一次来到北京，康有为给徐悲鸿写了一封介绍信给罗瘿公。罗瘿公是北京名士，政教两界相通。在罗瘿公的推荐之下，徐悲鸿拜访了当时的教育总长傅增湘。徐悲鸿带着画作见到傅增湘后便迫不及待地表达了想争取官费留学欧洲的名额。傅总长在品读过徐悲鸿的画后称赞道："你

图 3-72
徐悲鸿绘《傅增湘》，油画，纵 71
厘米，横 50 厘米，1935 年。

画得的确很好，可是现在第一次世界大战还未结束，待结束后，官费留学名额
我一定帮你争取。"徐悲鸿留学欧洲的事就这么安排了下来。

　　徐悲鸿此时一边在北大画法研究会工作，一边焦急地等待着留学欧洲的名
单。在 1918 年 8 月的一天，徐悲鸿得知第一批留学名单上并没有他的名字，
他一气之下便写信责怪傅增湘言而无信。罗瘿公在得知此事后，便安慰徐悲鸿
说，这段时间教育部还未正式派遣留学生，前面公布的名单是以进修教授名义
获得政府公费留学的，你的计划并没有通知被取消。听后，徐悲鸿恍然大悟，
为自己写信责怪傅增湘而懊悔不已。

　　不久，第一次世界大战结束，1918 年 12 月上旬，教育部批准徐悲鸿以官
费生资格赴法留学。待人大度、爱惜人才的傅增湘是徐悲鸿一生中遇到的又一
位贵人，在多年后，徐悲鸿还常回忆道："傅增湘先生，我是终身感恩戴德不
能忘记！"

　　为报答傅增湘的恩情，1934 年寒假，徐悲鸿利用假期专程北上前往北平看
望已经退休在家的前教育总长傅增湘，并在春节前后花了 6 天时间（1935 年 2
月 3 日—8 日）为其画像。傅增湘写有《藏园日记》，记曰：

　　（甲戌）十二月二十九日（1935 年 2 月 3 日）。下午徐悲鸿来，谈至五点乃去，此人新周历法、德、意、俄诸国，开画展颇声动一时，倾来欲为余写小像，故定新正初二三四日下午来。

　　除夕。二点后，徐悲鸿来，为写炭笔小像，薄暮乃成，神采恒似目，作诗一首赠之。

　　正月初二日。午后徐悲鸿来画像，薄暮乃去。

　　初三日。下午徐悲鸿来对写，近暮乃罢。初三。夜宴徐君于园中，约梦麟、适之等同饮，十时乃散。

　　初四日。徐悲鸿来画像，暮乃去。

　　初五日。徐君来画像，一时许，脱稿。

　　由上可见徐悲鸿为了给傅增湘画像，从当年除夕开始一直忙到正月初五才结束，足见徐悲鸿报答傅增湘旧恩的诚意与艺术创作的认真。此事距他请求傅增湘帮助留学之事已过去 17 年了，他对于帮助过自己的人总是寻求报答的机会。

　　这幅《傅增湘》后来常年挂在傅增湘的书房里，20 世纪 50 年代初，傅增湘的后人把这幅肖像画连同一大批图书均赠给了北京图书馆（现为中国国家图书馆）。

　　在徐悲鸿为傅增湘画像期间，徐悲鸿还受到北平文化艺术界的热情接待，其中以 1935 年 2 月 8 日（乙亥年初五）下午在艺文中学礼堂举办的欢迎茶会最为隆重，同时展览徐悲鸿近期的一批画作，其中以 1934 年所绘为最多，还有一幅为齐白石侧室胡宝珠女士新绘的肖像，上题"寂寞谁与语，昏昏又一年"。

　　齐白石、周作人、熊佛西、周肇祥、王青芳、杨仲子、寿石公、陈绵、吴迪生、刘运筹等百余人与会（图 3-73），大家欢聚一堂。徐悲鸿于当日下午 3：40 方到会，结合前述傅增湘日记所写"初五日。徐君来画像，一时许，脱稿"，可见徐悲鸿之所以这时才到，是因为当天下午"一时许"，他还在傅宅中为傅增湘绘制肖像，所以无法早来。

图 3-73（左）
1935 年 2 月，徐悲鸿与华北文艺家合影。左起：周作人、陈绵、吴迪生、齐白
石、徐悲鸿、刘运筹、王青芳、杨仲子。

图 3-74（右）
1935 年 2 月，北平艺文中学接待徐悲鸿的欢迎茶会上的签名。

欢迎茶会的主持人是徐悲鸿、齐白石的共同好友王青芳，首先由他致开幕词，再由他邀请徐悲鸿报告在欧洲巡回展览作品经过以及欧洲美术界的情形，历一小时有余。此会齐白石夫妇最早到场，但白石翁因病不能久留，故未至会毕先行退席。但第二日，齐白石夫妇又来参观，白石老人在茶会签名簿上题曰："余画友之最可钦佩者，惟悲鸿君。所见作品甚多，今日所展，尤胜当年，故外人不惜数千金能求一幅老柏树。合矣，白石山翁扶病。乙亥第六日。"（图 3-74）。

由于此次欢迎茶会是北平难得一见的盛会，为此，北平《世界日报》在当天显著版面上刊发了 2000 余字的长篇报道《北平市艺术界昨欢迎徐悲鸿》。

1935 年 6 月，广州现代版画创作研究会成立一周年，举行"第二回半年版画展览"，恰逢徐悲鸿抵广州，参观展览后与李桦（右）、赖少其（左）合影（图 3-75）。李桦（1907—1994），1927 年毕业于广州市立美术学校。1930年留学日本，1932 年回国任教于母校。1934 年在广州组织现代版画创作研究会，从事新兴木刻运动。李桦的木刻艺术卓有成就，徐悲鸿对其甚为赏识。1942 年 10 月，"第一届双十全国木刻展览会"在重庆开幕，徐悲鸿撰文认为："平心而论，木刻作家，真具勇气。如此次全国木刻展中，古元以外，若李桦

图 3-75
1935 年 6 月，广州现代版画创作研究会成立一周年，举行"第二回半年版画展览"，恰逢徐悲鸿抵广州，参观展览后与赖少其（左）、李桦（右）合影。

已是老前辈，作风日趋沉炼，渐有古典形式，有几幅，近于丢勒。"

抗战胜利后，李桦到上海主持中华全国木刻协会工作，当选理事长，组织抗战木刻展。1946 年 6 月，徐悲鸿盛情邀请李桦来国立北平艺术专科学校任教。他在致吴作人的信中说："吾已应教育部之聘，即将前往北平接办（日伪的）北平艺专。余决意将该校办成一所左的学校，并已约叶浅予、庞薰琹、李桦诸先生来校任教。"他还积极投身于学生爱国民主运动，作品以传单形式出现在游行队伍中，如《向炮口要饭吃》《团结就是力量》。1949 年后历任中央美术学院教授、版画系系主任，中国版画家协会主席。

尾崎清次（1893—1979）是日本现代著名版画家，徐悲鸿与他十分要好，二人的通信有 4 封，其中有 2 封分别谈到了赠送给尾崎清次的古元、李桦的版画作品。1953 年 8 月 10 日，徐悲鸿在致日本版画家尾崎清次的信中说："齐白石先生闻悉奈良博物馆欲举行他的作品展览，甚为高兴，认为此事在交流中日人民文化艺术上将有贡献，因此他委托我把他的三张作品寄赠给您。此次同时寄给您的还有古元先生的一幅木刻原拓，请您哂纳。" 是年 8 月 26 日，徐悲鸿在致日本版画家尾崎清次的信中说："李桦先生允再拓三木版画，奉赠先生。"可见徐悲鸿对于版画在国际交流中所具有的重要作用的认知，以及古元、李桦在中国艺术界的重要地位。

图 3-76 为徐悲鸿的好友田汉在 20 世纪 30 年代的肖像
照。1935 年 7 月的一天，徐悲鸿突然得到了一个坏消息，好
友田汉在上海被国民党政府逮捕解来南京，关押在南京宪兵
队。徐悲鸿深知尽管田汉是中国新文化新艺术的骨干，但是
在国民党的眼中是容不得他的，此时的田汉肯定是性命难保。
于是，徐悲鸿马上放下了手中的画笔，急忙赶到田汉家中。
田汉的母亲一看到徐悲鸿，立即失声痛哭。徐悲鸿在听完田
母的诉说后悲愤不已，决定设法救出田汉。

图 3-76
20 世纪 30 年代的田汉。

徐悲鸿离开田家后开始四处奔走，但始终没有人愿意帮
忙。雪上加霜的是，这时又从狱中传来了田汉病危告急的消
息，这让徐悲鸿更加焦急。徐悲鸿只得来到张道藩家中，这
时的张道藩为交通部次长。徐悲鸿很少登门求人，但由于要
救田汉，他不得不委屈自己。张道藩见到徐悲鸿感到十分吃
惊，徐悲鸿径直问张道藩："为什么把田汉抓了？他犯了什么
法？"张道藩得知他是为田汉的事情而来后，装作一脸苦愁，
对徐悲鸿说："悲鸿兄，我早就告诉过碧微嫂，让她劝告你不
要管田汉的事了，如果让中央知道了，怕对你以后的发展不
利啊。"可徐悲鸿怎会听进这种劝告，他怒视着张道藩。迫
于无奈，张道藩不得不说出了能救田汉的办法，"要救田汉，
你得找两个人作保，而且都是名人。"

离开张道藩家后，徐悲鸿去了宗白华那里。宗白华见到
气喘吁吁的徐悲鸿，知道他一定有急事。徐悲鸿拉着宗白华
的手说："田汉被捕了，现在又得了重病，若不快救恐怕熬不
过几天了。我刚从张道藩家出来，他说只要两人为田汉作保
就可以放人，不知宗先生能否和我一同作保？"听后，宗白
华二话没说，当即答应和徐悲鸿去宪兵队救田汉出来。于是
在交了保证书后，田汉被救出来了，住在了徐悲鸿家中。之

后，康复后的田汉继续忘我地投入他钟爱的戏剧艺术之中。1935 年 11 月，田汉与马彦祥等组织成立了中国舞台协会，徐悲鸿亲往祝贺，并观看了由田汉构思、马彦祥编剧、洪深导演的话剧《械斗》。在那一段特殊的时期里，他们之间总是彼此声援、互相支持。

　　1936 年 1 月 11 日，由中苏文化协会及中国美术会联合举办的苏联镂版艺术展览会在国立中央大学图书馆举行，展出苏联版画家的作品 239 幅。图 3-77 这幅合影的二排左一为徐悲鸿，左二为华林，左三张道藩；前排右一为张西曼，右六为孙科，左三为罗家伦，左六为王世杰。1936 年 1 月 16 日，《新民报·文艺俱乐部》发表了徐悲鸿的文章《苏联镂版艺展开幕》。徐悲鸿在文中认为："民族间亲善之获得，当以沟通文化始，而彼此艺术品之观摩，尤为最有效之文化运动。"是年 7 月，上海天马书店《苏联版画新传》初版出版，徐悲鸿与鲁迅一起为其撰写了序言。

　　早在 1934 年 5 月 7 日，中国近代绘画展览在莫斯科红场历史博物馆举行，苏联对外文化协会会长、画家协会会长等致欢迎词，我国驻苏联大使馆代办吴南如发言，徐悲鸿作答谢词。在随后的日子里，徐悲鸿接受美术家协会、建筑学院、美术镂刻学校邀请分别作演讲。并与苏联对外文化协会讨论中苏交换美术品等问题，并签署了相互交流美术作品及展览协议。徐悲鸿具有了在华举办苏联版画展的联系人与组织者的身份，故而当李桦代表广州木刻团体致函该会（或者也有可能直接写信给徐悲鸿）表达移至广州巡展的意愿时，得到了徐悲鸿的"擅自允之"，可惜因时局问题，未能成行。

　　图 3-78 是一幅较为罕见的民国时期艺术院校人体课上的合影。前排左起：艾中信、刘德刚、孙宗慰、穆忠良、张书旂、康寿山（女）。中排左起：顾了然、女模特、吴作人、梁世德、程本新。后排左起：方诗恒、徐悲鸿、文金扬、田茹。照片中除了徐悲鸿、张书旂是教师之外，其余皆为国立中央大学教育学院艺术科的学生（女模特除外），张书旂（1900—1957）是杰出的花鸟画家，

图 3-77（上）

1936 年 1 月 11 日，苏联镌版艺术展览会在南京中央大学图书馆举行，二排左一为徐悲鸿，左二为华林，左三张道藩；前排右一为张西曼，右六为孙科，左三为罗家伦，左六为王世杰。

图 3-78（下）

1936 年，徐悲鸿、张书旂、吴作人等中央大学艺术系师生与女模特合影。前排左起：艾中信、刘德刚、孙宗慰、穆忠良、张书旂、康寿山（女）；中排左起：顾了然、女模特、吴作人、梁世德、程本新；后排左起：方诗恒、徐悲鸿、文金扬、田茹。

因其善用粉，故有"白粉画家"之称。徐悲鸿的这些学生们，毕业后均各自走向了不同的发展道路，但相同的是，他们继承并发扬了徐悲鸿的艺术精神。

20 世纪的中国美术处于变革与发展的时期，在批判与斗争中前行，在继承与创新中迈步，是这个时代的艺术家的使命。徐悲鸿重视画人，重视画人像和裸体。画人不但是为了研究人体的结构、解剖、运动，而且是为了创作的需要，也是为了培养美术人才。因为他认为人是有思想的"万物之灵"，人体是一个高度机密的有机体，随着人体的运动，其造型与色彩会产生极其丰富而微妙的变化。怎样达到"致广大，尽精微"，达到的程度又怎样，描绘裸体是试金石。

在国立中央大学教育学院艺术科，当学生可以进行石膏像的熟练写生了，徐悲鸿就会安排裸体人物写生课。先从上海请来一位女模特儿，又在南京物色了三位。徐悲鸿对模特儿十分尊重，也要求学生尊重他们。有的人不怀好意，曾问艺术科学生徐风说："学生作实物写生为何要用裸体人物？狗也可以用嘛！"徐风以徐悲鸿的话进行反唇相讥："人为万物之灵，五官端正，身体曲线优美，兽类怎么可以相比！"徐风把这段对话告诉了徐悲鸿，徐悲鸿鼓励他说："你讲得对！封建残余思想严重存在，无怪乎鼠目寸光的人少见多怪！这种观念虽然不合时代潮流，但是转变也不容易，根本的办法是大力宣传和推广现代艺术教育。"

值得注意的是，在当时那个思想禁锢的年代，照片中间的女模特敢于以裸体正面示人，显示了一种为艺术献身的胆量与勇气。早在 1933—1935 年的某个冬天，上海美术专科学校第 17 届西画系毕业班的教师、学生与裸体模特也进行过一次著名的合影。师生中间站立了一位裸体的女模特，但是她将头侧了过去，面对镜头，她还是有所顾忌的。

图 3-79、图 3-80、图 3-81 为 1936 年 4 月徐悲鸿与张大千等人在黄山的合影。是年，徐悲鸿率学生来黄山写生，恰遇张大千、谢稚柳也在黄山采风，大家遂结伴而行。谢稚柳后来对这一段偶遇有过具有戏剧性的记载："徐悲鸿手持一

图 3-79（上）
1935 年，徐悲鸿、张大千赴黄山写生时合影（前排左起为无名、孙宗慰、孙多慈、张安治、无名、林家旅、顾汝磊；后排左起为冯法祀、吕斯百、张倩英、无名、张大千、徐悲鸿、顾了然）。

图 3-80（下左）
1935 年，徐悲鸿带学生在黄山写生（左起为徐悲鸿、梁世德、文金扬、无名、无名、孙宗慰、无名、无名、张安治）。

图 3-81（下右）
1936 年，徐悲鸿（前）、张大千（高处大胡子者）带领学生在黄山写生。

杖，先我而行。行至山腰，他脚没立稳，摔了下来。撞得我脚步踉跄，几乎跌倒。走在后面的大千即兴口占一联曰：徐悲鸿金鸡倒立，谢稚柳鹞子翻身。"

尽管徐悲鸿与张大千的艺术追求不同，但是徐悲鸿仍对张大千极为推崇。在徐悲鸿向校长罗家伦大力推荐下，张大千也被聘为国立中央大学教授。徐悲鸿曾为张大千画过一幅全身正面立像，无背景。画像上题着郑曼青一首五言长诗，其中有四句写道："大千年十七，群盗途劫之。不为贼所害，转为贼所师。"记录的是张大千早年的一段奇遇。

20 世纪 30 年代中华书局出版的《张大千画集》是由徐悲鸿作序的，这篇长序在开头便说："大千以天纵之才，遍览中土名山大川，其风雨晦暝，或晴开佚荡，其中樵夫隐士，长松古桧，竹篱茅舍，或崇楼杰阁，皆与大千以微解，入大千之胸。"徐悲鸿曾于《中央日报》撰文评论张大千："大千潇洒，富于才思，未尝见其怒骂，但嬉笑已成文章。山水能尽南北之变，写莲花尤有会心，尚能传诵浅绛，便益见本家面目。近作花鸟，多系写生，神韵秀丽，欲与宋人争席，夫能山水、人物、花鸟，俱卓然自立，虽欲不号之曰大家，其可得乎。"廖静文藏有徐悲鸿遗下的一个册页，其中有徐悲鸿在重庆题写的诗《画中九友》，其赞张大千曰："不必天才说大千，豪情壮志已可传。三年漠北敦煌住，岂羡米家书画船。"

抗日战争时期在重庆，有人得到了一幅元代赵孟頫画的马，托人找徐悲鸿鉴定。徐悲鸿看了以后说："这画假得可恶，张大千好搞假画，但假得可爱。"当问张大千为何"假得可爱"时，徐悲鸿解释说："赵马不难辨，关键在马蹄上，赵孟頫善于一笔勾马蹄，这不易学。若能学到这种笔法，自己也能成为名家了。张大千作的假画往往比真画还要好。"

1938 年，徐悲鸿在广西阳朔时有幸得到五代画家董源《水村图》（后被称为《溪岸图》），他觉得"恐为天下第一北苑"。这年 10 月，张大千南下来广西桂林拜访徐悲鸿，并与徐悲鸿、李济深等同游漓江，夜宿阳朔，兴致甚佳。也就是在这一期间，张大千见到这幅画，立即被深深吸引，他向徐悲鸿提出要带回四川研究。作为好友，徐悲鸿欣然答应。于是此画一直保存在张大千处。

同年，徐悲鸿在致收藏家孙邦瑞的信中说："弟得董源巨幅《水村图》，恐为天下第一北苑。大千惊奇不已，必欲携之入川。弟即托之作一番考证（有款及宋内府印、贾似道、柯九思藏印）。绢本颇损，但画佳极（人物、界画、房舍、山树、山泉均极妙）。"徐悲鸿对此画的审视与评价是准确的。1944年，徐悲鸿又同意张大千请求，把《溪岸图》与张大千收藏的清代金农《风雨归舟图》交换，于是两人各遂其愿，皆大欢喜。但读者会问，董源名气比金农大得多，其存世作品罕见，《溪岸图》尺幅也比《风雨归舟图》大很多，故《溪岸图》的经济价值要比《风雨归舟图》高出太多。那徐悲鸿为何会同意呢？这是因为当年徐悲鸿在张大千处看到金农《风雨归舟图》这幅作品时就很喜欢。1950年，徐悲鸿还在该画上题跋，不但给予崇高评价，而且解释了两画交换的原委："此（《风雨归舟图》）乃中国古画中奇迹之一。平生所见，若范中立《溪山行旅图》、宋人《雪景图》、周东邨《北溟图》，与此幅可谓现世界所存中国山水画中四支柱。古今虽艳称荆关董巨，荆董画世界尚有之，巨然卑卑，俱难当吾选也。一九三八年初，大千由桂林挟吾董源巨帧去。一九四四年春，吾居重庆，大千知吾爱其藏中精品冬心此幅，遂托目寒赠吾。吾亦欣然，因吾以画为重，不计名字也。一九五〇年悲鸿记其因缘如此。"

徐悲鸿是眼光独到的鉴定家、收藏家，向来不认艺术家名头，而是关注作品本身品质，收藏了大量古今中外的重要美术作品，多数现藏于徐悲鸿纪念馆。据中央美术学院原副院长艾中信回忆，在徐悲鸿填过的一张干部履历表上，"特长"一栏中写着：能识别中外艺术的优劣。

1946年徐悲鸿夫妇来北平之后，张大千也来到北京。有一次在徐宅里画了一幅水墨《荷花》，将荷的墨韵表现得十分精彩，徐悲鸿、廖静文都很喜欢，于是留大千在家吃饭。廖静文熬了一大锅白菜煮粉条，作为著名美食家、烹饪家的张大千竟然吃得很高兴，连连夸赞好吃。再如，张大千在北平的家中曾蓄养过一只金银眼波斯玉猫，一向爱猫的徐悲鸿见到了这只玉猫十分喜欢，就向大千借去数月。后来徐悲鸿写信告诉他一件奇事："此猫驯扰可喜，但不捕鼠，且与（鼠）同器而食，为可怪耳。"之后，张大千还为这件趣事画了一幅《睡

图 3-82
1936 年 5 月，徐悲鸿为《赵望云旅行印象画选》
（大公报社出版）题写书名。

猫图》，并题诗曰："雪色波斯值万钱，金银镶眼故应然。不捕黠鼠还同器，饱食朝昏只欲眠。花底拳身不受呵，嫌寒就煖坐怀多。纵然博得儿童喜，奈此跳梁日甚何？"由这些逸事，徐悲鸿与张大千的交情可见一斑。

　　1936 年 5 月，徐悲鸿为《赵望云旅行印象画选》（大公报社出版）题写书名（图 3-82）。1935 年秋，苏鲁边境水灾连绵，民生困苦。赵望云与《大公报》记者萧乾共同前往灾区采访与创作。1936 年 2 月 5 日，"赵望云旅行印象画展"在南京华侨招待所举办，展出作品八十余幅，分为农村、塞上、江南、水灾四种印象，多为各地农村之颓败印象。这一画展由冯玉祥资助并主持，于右任等政要及文化名流前往参观，徐悲鸿、田汉等人对画展的成功举办提供了很多帮助。1936 年仲春，赵望云在南京结识了徐悲鸿。是年 5 月，大公报社在上海出版了《赵望云旅行印象画选》，该书由徐悲鸿题签。这是赵望云继《田园集》（1932 年）、《赵望云农村写生集》（1933 年）、《赵望云塞上写生集》（1934 年）之后，又一部关于农村社会生活的写生画集。除了为该书题签，1936 年 2 月 14 日，徐悲鸿还在《华北日报·艺术周刊》第 23 期上撰写发表了艺术评论《专写民瘼之赵望云》，对赵望云关注民生、"无八股气味"的现实主义艺术给予了极高的评价。由此文还可知徐赵的结识缘于著名出版家、时任上海中华书局编辑所所长舒新城（1883—1960）夫人济群女士的引荐。

126

图 3-83

1936 年 7 月，徐悲鸿（中）与弟子刘汝醴（左）、徐晓明（右）合影于广西南宁。

　　图 3-83 为 1936 年 7 月徐悲鸿（中）与刘汝醴（左）、徐晓明（右）等在广西南宁的合影。刘汝醴（1910—1988），江苏吴江人。1927 年入上海艺术大学习画。1931 年转往南京国立中央大学教育学院艺术专修科，师从徐悲鸿。1953 年起，先后任华东艺术专科学校、上海戏剧学院、无锡轻工业学院、南京艺术学院教授，是杰出的美术理论家、画家。早在 1927 年 12 月初，徐悲鸿就曾在其寓所和刘汝醴等畅谈艺术，刘汝醴深受其影响。1931 年，徐悲鸿撰有《与刘汝醴、顾了然谈素描》，他说："临摹家往往认识不到观察世界的重要意义，错误地把绘事看作只是'笔墨'问题，把眼睛和头脑的作用闲却了，故不可取。"徐悲鸿认为对艺术家而言，观察世界比临摹前人作品更为重要，这种思想对于改变中国画中只以临摹古人笔墨为能事的狭隘教条产生了积极作用。1936 年 3 月 16 日，徐悲鸿致好友舒新城书信一封，内容为托刘汝醴携带张安治与吴作人的油画作品。是年 5 月 21 日，徐悲鸿坐船从上海赴香港，所带的三十六箱艺术品也是由刘汝醴以及徐飞白押送的。1940 年 2 月 22 日，徐悲鸿在致刘汝醴的信函中说登喜马拉雅山是其"生平大愿、自庆得偿"。1949 年 8 月 10 日，徐悲鸿写给刘汝醴一封书信，邀请他来南京国立中央大学教育学院艺术系工作。1984 年 9 月，刘汝醴为王震、徐伯阳编《徐悲鸿艺术文集》

（宁夏人民出版社 1994 年版）作序并代为审稿，为徐悲鸿的艺术事业发挥了积极作用。徐晓明（1911—1993），生于湖北大冶城关镇。从小酷爱文学，1929—1935 年先后就读于武昌湖北省立师范学校和北平民国学院。毕业后投笔从戎，加入李宗仁、白崇禧组建的第四集团军政治部，在政训处任上尉组训科科长，负责为军队编写抗日救国手册等资料，向广大士兵宣传北上抗日的重要意义。1936 年，徐晓明与徐悲鸿一同前往广西，在桂林协助徐悲鸿为白崇禧、李宗仁、黄旭初绘《广西三杰》。1936 年夏，徐悲鸿赠其《秋风立马图》，并在画上题写"秋风万里频回首，认识当年旧战场"，寄托忧国忧民之思，作为纪念。1938 年，徐晓明被任命为广西省府咨议，先后在省教育厅编审室、新闻播音室工作。

1936 年 6 月 21 日，南京《新民报》上刊发了报道《墨华缘画匠竟摹徐悲鸿作品，当场搜出印章及拟稿，徐夫人依法起诉》（图 3-84），其全文如下：

> 名画家徐悲鸿历年作画千余幅，向□鸡鹅巷墨华缘装裱。十九日突有墨华缘解雇工人周某，至傅厚岗徐宅求见，告发墨华缘店主崇明鸿，专雇画匠任某，摹绘徐之作品，廉价出售，共数百帧，并带来假冒画品四幅，作为证据。适徐因事离京，徐夫人蒋碧微女士，闻讯甚怒，当即电召墨华缘主人崇明鸿来宅质问，崇坚不承认，徐夫人即报告国府路警察局，将崇拘押。据供，摹画非彼主动，但知系画匠任某所为。十九日傍晚，警局派员会同徐宅仆人，至夫子庙搜捕，在任宅中搜出假冒徐氏印章五枚，假画九幅，拟稿廿八件。主犯任某适外出，迨晚七时犹未归家，警员乃逐至某处将任捕获。闻已供认摹绘不讳。徐夫人昨（廿）日已延陈耀东律师，依法起诉，追偿名誉物质损失。

这条报道反映了徐悲鸿画作在当时已经具有较高的经济价值，因此装裱店墨华缘老板专雇画匠仿冒他的画作。由于徐悲鸿当时不在南京，徐夫人蒋碧微

图 3-84
1936 年 6 月 21 日，南京《新民报》消息：《墨华缘画匠竟摹徐悲鸿作品》。

知道后十分气愤，积极通过司法程序，向假冒者追偿"名誉物质"损失。装裱店墨华缘所在的鸡鹅巷，其地名沿用至今，在今天的南京珠江路与洪武北路交汇处一带，距离当时徐悲鸿在傅厚岗 6 号的居所"危巢"较近。事发前后，正值徐悲鸿与孙多慈的恋情殃及徐悲鸿与蒋碧微的婚姻之际，文中所谓的徐悲鸿"因事离京"当指徐悲鸿那时正辗转于沪、港、粤、桂等地。值得注意的是，事发当日，也就是 1936 年 6 月 21 日，"默社第一次画展"在上海八仙桥青年会九楼举办，展出徐悲鸿、潘玉良、陈抱一、朱屺瞻、颜文樑、张充仁、吴作人、吕斯百、汪亚尘、张安治等人的近作九十余件，徐悲鸿是否亲临会场，待考。在这种情况下，蒋碧微以法律手段维护丈夫的艺术权益，还是值得赞许的。

图 3-85 中的三个人是 20 世纪中国政坛上赫赫有名的"广西三杰"，从左到右分别是白崇禧、李宗仁、黄旭初，这是一幅徐悲鸿创作的非常珍贵的具有历史意义的油画作品。

徐悲鸿与广西的缘分源自 1936 年。这一年身处南京的徐悲鸿夫妇隔阂愈深，距离愈远，似乎已无破镜重圆的征兆与契机，于是徐悲鸿决定离开首都南京，前往广西作画。1936 年 5 月 16 日，徐悲鸿在赴桂之前与国立中央大学教育学院艺术科绘画班师生话别，并在南京浣花川菜馆楼上屋顶花园合影（图 3-86），左起：梁世德、徐荃、张镇瀛、吴作人、程本新、吕斯百、徐悲鸿、顾了然、顾汝磊、许升乔、文金扬、纽因棠、刘寿增、徐慧姑、孙宗慰、冯法祀、林家旅。

图 3-85（上）
徐悲鸿《广西三杰》，油画，1936 年。

图 3-86（下）
1936 年 5 月，徐悲鸿赴广西前与国立中央大学教育学院艺术系师生在中大浣花屋顶合影，左起：梁世德、徐荃、张镇瀛、吴作人、程本新、吕斯百、徐悲鸿、顾了然、顾汝磊、许升乔、文金扬、纽因棠、刘寿增、徐慧姑、孙宗慰、冯法祀、林家旅。

徐悲鸿选择广西并非偶然。国民政府的"不抵抗政策"与民众抗日救亡的呼声形成了日益尖锐的矛盾，而广东、广西却爆发了要求抗日的"六一运动"，他们发出通电，吁请南京政府顺从民意领导抗日。作为桂系将领的李宗仁、白崇禧、黄旭初积极拥护，表示愿为民族生存和国家安危尽其所有，尽全力抗日，"广西三杰"的举动令徐悲鸿激动不已，也直接促成了他的广西之行。

徐悲鸿得到"广西三杰"尤其是李宗仁的大力支持，一度准备在桂林筹建艺术学校，李宗仁更是把阳朔漓江边一处古朴的房屋赠给徐悲鸿。徐悲鸿也以绘画和书法作品回赠，大幅油画《广西三杰》就是创作于此时。

历史证明，徐悲鸿所画的"广西三杰"确实皆是抗日英雄。李宗仁指挥了著名的台儿庄战役，徐悲鸿写信祝贺并表示愿意组织书画义卖帮助战役中牺牲负伤士兵的家属。白崇禧指挥了抗战中的诸多会战，功勋卓著。黄旭初抗战期间一直在广西主持抗战工作，成绩斐然。

至1949年新中国成立之前，徐悲鸿与"广西三杰"一直保持着较为密切的往来和良好的关系。随着时局的变化，"三杰"先后离开祖国大陆，漂泊海外，与徐悲鸿的交往也就此画上了句号。

1937年5月，也就是徐悲鸿在香港举办第二次画展的期间，许地山与夫人介绍徐悲鸿去欣赏一位德籍马丁夫人收藏的中国字画。马丁夫人的父亲在中国任公职数十年，去世后，其遗产由女儿继承，其中有四箱中国字画。但这位夫人对中国字画一无所知，便托许地山及其夫人为她觅人销售。当徐悲鸿来到她家时，她将四箱字画一一打开。徐悲鸿看了第一箱与第二箱，从中挑出两三件欣赏的佳作。当看到第三箱时，他眼睛一亮，一幅人物画长卷出现在面前，他展开画卷的手因兴奋而颤抖着，大声说道："下面的画我不看了！我只要这一幅！"马丁夫人愣住了，她请求徐悲鸿继续看下去。但他连连摇头说："没有比这幅使我更倾心的画了！"于是双方当即商量价格，徐悲鸿因手头现金不足一万元，便提出再加上自己的七幅作品作为交换。一万元在1937年堪称巨款，因为当时香港大学教授的月薪也不过四五百元而已。这位夫人考虑后同意了。此画到底有何魅力，为何令徐悲鸿神魂颠倒？它就是著名的《八十七神仙卷》，

图 3-87
唐佚名绘《八十七神仙卷》中国画，纵 30 厘米，横 292 厘米，徐悲鸿纪念馆藏。

这是一幅唐代佚名白描人物手卷，画中描绘了八十七个人物，他们列队行进，造型优美，体态生动。刻画人物的线条遒劲而富有生命力，疏密有致，虚实得当，展现了我国唐代人物画的杰出成就。图3-87是此画卷的展开图。徐悲鸿购下此画，使这件国宝从外国人手中重归祖国。徐悲鸿视之为生命，并请高手重新装裱，在题跋时将其定名为《八十七神仙卷》，并在画面加盖了"徐悲鸿生命"的印章。

然而，此画在徐悲鸿收藏之后，又出现了一个重大事件。1942年5月，徐悲鸿在昆明任教。一天，日寇飞机轰炸昆明。为躲避空袭，徐悲鸿下楼进了防空洞。空袭过后，徐家的门锁竟被撬开，《八十七神仙卷》与徐悲鸿的三十余幅画作被盗走。徐悲鸿痛惜不已，为此三天三夜不吃不睡，大病一场。《八十七神仙卷》丢失一年多后，徐悲鸿已到重庆的国立中央大学任教，一天他突然接到搬迁到四川成都的国立中央大学教育学院艺术科女学生卢荫寰的来信，她在信中告诉老师一个惊人的消息：她在跟随丈夫到新朋友家中拜访时，竟然发现了那幅《八十七神仙卷》！由于卢荫寰曾参照徐悲鸿提供的《八十七神仙卷》照片精心临摹过，所以她认定此画就是《八十七神仙卷》的原作。为了不使盗贼惧罪而毁掉这幅国宝，徐悲鸿决意出钱买回，便托一位刘姓朋友设法为之洽谈。刘某动用各种手段，强行从售画人手里白白地要回《八十七神仙卷》。可是当他交给徐悲鸿时，却谎称要出钱20万元外加徐悲鸿的画作十余幅。善良的徐悲鸿如数照办，还特别感谢刘姓"朋友"会办事，并以厚礼酬谢他。经仔细辨别，徐悲鸿发现除了原先钤在此卷上的"徐悲鸿生命"印章以及自己所作题跋被挖割之外，其他基本上无损。徐悲鸿抑制不住激动的心情，当即挥毫赋诗一首："得见神仙一面难，况与伴侣尽情看。人生总是荼菲味，换到金丹凡骨安。"1953年，徐悲鸿去世后，其夫人廖静文女士将《八十七神仙卷》以及徐悲鸿的其他艺术品全部捐给了国家，现藏于徐悲鸿纪念馆。

徐悲鸿在香港一共举办过三次画展，均主要得益于其好友、著名作家许地山（1894—1941）的帮助。

1935年，许地山因积极支持抗日救亡运动，被燕京大学校长司徒雷登

图 3-88（左）

1937 年 5 月 11 日，徐悲鸿（左一）在香港大学冯平山图书馆举办画展。闭幕后在该馆前与许地山（左二）、陈君葆（右二）等人合影。

图 3-89（右）

今日之香港大学美术博物馆。

（Stuart，John Leighton，1876—1962）辞退。当时正赶上香港大学为改革中文教学而公开招聘系主任，经胡适（1891—1962）举荐，更由于许地山的学界地位和社会影响，他获得香港大学的聘任。于是，许地山举家南迁来到了香港，出任港大建校 20 年来第二位华人系主任。许地山在香港安顿好后，便邀请徐悲鸿来港举办个人画展。这一年 10 月 24 日，徐悲鸿画展在香港恩豪酒店举行，许地山与香港大学冯平山图书馆馆长陈君葆等人前来捧场参观，徐悲鸿的作品精彩纷呈，得到很高评价，这是徐悲鸿在香港的第一次画展。

1937 年 5 月 11 日，徐悲鸿在香港的第二次画展在香港大学冯平山图书馆举行，馆长陈君葆为这一画展进行了精心准备。香港大学副监督施乐诗（英国人）主持了开幕式，众多人士参观了画展。开幕式结束之后，徐悲鸿在冯平山图书馆前与许地山、陈君葆等人合影，图 3-88 这幅照片生动地反映了当时的情形。香港大学冯平山图书馆原址现已改为香港大学美术博物馆（图 3-89）。

图 3-90
1937 年 5 月，徐悲鸿（左一）、张安治（右二）等同游罗浮山，同冲虚观道长合影。

画展结束前夕，许地山、陈君葆、马鉴等人还邀请徐悲鸿到占美餐厅用餐，一方面尽地主之谊，一方面表示对徐悲鸿艺术的钦佩。

1938 年 12 月 11 日，徐悲鸿在香港举办了第三次画展。当时正是抗日战争时期，徐悲鸿千辛万苦地把自己的作品及藏品由广西梧州经水路运来，一路上日机不时俯冲盘旋，但作品总算幸运地运抵香港。此次画展的主办单位为香港中文学会，地点仍在香港大学冯平山图书馆，仍由施乐诗主持开幕式，陈君葆致欢迎词，叶恭绰等文化名人出席了画展。第二天，香港总督杨慕琦也来参观个展。画展期间，许地山对于徐悲鸿展品中的《柳间双鹊图》十分欣赏，并为它题了一首诗，诗云："万里城头铁鸟飞，柳间何事尚栖迟。朝暾已出人犹寐，相与谨哗不计时。"开幕后的第三日，陈君葆邀请徐悲鸿到"佛有缘"素菜馆吃素菜，并请许地山及其夫人、马鉴、郑健庐、郑子展、翁则祥、李衍锜等人作陪，相聚甚欢，进一步加深了他们之间的友谊。为了感谢好友许地山的热忱相助，徐悲鸿为许地山绘有一幅肖像，以作纪念。许地山视其为画中至爱，并将它摆放在家中重要位置，朝夕相对。

1937 年 5 月 22 日，徐悲鸿应广东省教育厅之邀，在广州市省立民众教育馆举办个展，展至 5 月 29 日。展览期间，徐悲鸿和弟子张安治等游览了罗浮山等岭南胜迹。罗浮山位于岭南中南部，山势雄伟，植被繁茂。方圆 200 多平方千米，有大小山峰 432 座，飞瀑名泉近千处，洞天奇景 18 处，石室幽岩 72 个。冲虚观是罗浮山著名道观，为东晋道教理论家、炼丹家、医药学家葛洪创建。元代画家王蒙曾绘《稚川移居图》，描写东晋葛洪携带家眷移居罗浮山修道炼丹的故事。图 3-90 为徐悲鸿（左一）、张安治（右二）等与罗浮山冲虚观一位道长的合影，由张安治的后人保存至今。其中的徐悲鸿身穿深色皮衣、浅色裤子，脚穿深色皮鞋，手拿宽边礼帽，挂着登山用的手杖，仪表堂堂，神情冷静。其左侧的老道白须飘洒，目光深邃，身着道袍，腰系丝带，手持长杖，一派仙风道骨。道长左侧的张安治与其左侧的同游者皆身穿浅色西装。张安治还将双手放在身前的小孩肩上，他看起来只有七八岁，满脸笑容，双手插于裤兜，聪慧可爱。这趟罗浮山之行使徐悲鸿印象深刻，曾作诗《游罗浮山诗》曰："冲虚观上驾云游，飞瀑喧天豁倦眸。沦落半身蝴蝶梦，昭然今日到罗浮。"在那个特殊年代，国家民族的危机、个人情感的坎坷，使徐悲鸿心神不宁、百感交集。罗浮山的奇境固然令人心动，但其诗句中的"倦眸""沦落""昭然"鲜明地抒发出徐悲鸿的落魄与无奈。1943 年，他以之为内容书写了书作《游罗浮山诗》（图 3-91），并钤印"悲鸿癸未以后作"，赠予张安治作为留念。此书逸宕起伏、沉着痛快，字形相互交错，呈现了徐悲鸿那一时期特有的思绪。1976 年秋，张安治转赠给其好友、同为徐悲鸿弟子的徐杰民。

图 3-92 为 1937 年徐悲鸿为赵少昂（1905—1998）所画素描肖像。这幅画为全侧面逆光角度，描绘难度非常高。徐悲鸿通过娴熟的素描技巧，将赵少昂这位著名的岭南派画家果敢坚毅的艺术气质展现在我们面前。

1938年秋冬，徐悲鸿赴新加坡，从西江乘船至香港，住在跑马地山村道香港中华书局经理郑健庐家中。徐悲鸿因等候护照而滞留在香港的两个月中，赵少昂和他成为要好的朋友。图3-93为20世纪30年代徐悲鸿与赵少昂、郑健庐、欧阳慧聪的合影。

两人曾别有兴致地合作了20幅作品。因徐悲鸿年长少昂10岁，故多数是赵少昂先画，徐悲鸿完成，然后大家各分十幅存念。1943年，二人还在贵阳合作画过《古柳黄鹂》（图3-94），赵少昂画黄鹂，徐悲鸿画古柳，配合默契，珠联璧合。

徐悲鸿曾建立了"画中九友"（高剑父、高奇峰、黄君璧、陈树人、齐白石、黄宾虹、张书旂、赵少昂、徐悲鸿）的"朋友圈"，并为画友们各咏诗一首，赠给赵少昂的是："画派南天有继人，赵君花鸟实传神。秋风塞上老骑客，烂漫春光艳羡深。"赵少昂在重庆举办个展时，徐悲鸿撰文推介，其中写道："其卓绝之艺，敦厚之性，所至并为人坚留不行。其画可爱，其品尤可慕也。"

除了在画艺上的切磋，徐悲鸿还在很多事情上竭尽全力地去帮助赵少昂。赵少昂在办理去美国的手续时，很不顺利，使馆工作人员百般刁难。徐悲鸿在知道他的难处后，立即写信给自己的好友——当时的中国驻美国大使胡适。在信中徐悲鸿夸赞赵少昂道："赵少昂为中国花鸟画第一人，当世罕出其右。"由此可见徐悲鸿对赵少昂的推崇。没过多久，赵少昂在徐悲鸿的帮助下顺利地拿到了去美国的签证材料。不久之后，太平洋战争爆发，香港和新加坡沦陷，此时的赵少昂冒着生命危险搭乘小渔船回到了大陆。在得知赵少昂回到大陆后，徐悲鸿立即邀请他到国立中央

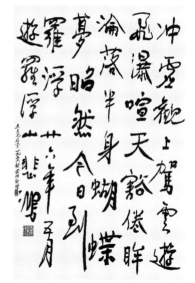

图3-91（上）
徐悲鸿《游罗浮山诗》，书法，纵64厘米，横42厘米，1943年。

图3-92（下）
徐悲鸿绘《赵少昂像》，素描，1937年。

图 3-93（左）

20 世纪 30 年代，徐悲鸿与赵少昂、郑健庐、欧阳慧聪（自左向右）合影。

图 3-94（右）

徐悲鸿与赵少昂合绘《古柳黄鹂》，中国画，纵 150 厘米，横 55 厘米，1943 年。

图 3-95

1938 年，徐悲鸿（右六）与桂林岭南艺苑师生合影

大学教育学院艺术科任教。

　　1938 年元月，徐悲鸿主持的桂林美院落成。当年暑假期间，由广西省教育厅主持举办的全省中学艺术教师培训班开学，徐悲鸿、丰子恺负责讲授美术课，徐悲鸿的学生张安治、孙多慈等担任美术辅导。这些为广西美术界开了好头，此后不久，私立的岭南艺苑（赵少昂、周千秋创办）、榕门美术（马万里等创办）、初阳美院（阳太阳主办）等相继在桂林开办。图 3-95 为 1938 年徐悲鸿与桂林岭南艺苑的师生们合影。

　　1945 年 11 月，徐悲鸿还为赵少昂居室书"梦萱堂"横额。

　　图 3-96 为 1937 年徐悲鸿在广西桂林漓江小船上现场画的写生作品《漓江春雨》，是徐悲鸿在广西写生中的精品之一。此画以水墨画就，用水量较大，借用西洋水彩画中的湿画法。然而其平远式的章法，轻松悠远的意境却又是中国画的，并充分利用了宣纸和水的特性，显得酣畅淋漓。作品中既饱含中国传统绘画的写意精神，又具有西洋绘画的迷离光影，节奏感强，韵律感美。近景的渔船，中景的丛树、倒影、远景的群山，虽然元素简略，但是为读者营造出

图 3-96
徐悲鸿绘《漓江春雨》，中国画，纵 74 厘米，横 114 厘米，1937 年，徐悲鸿纪念馆藏。

了一个生机盎然、清幽迷幻的漓江世界，是徐悲鸿山水画中不可多得的杰作。

"九一八"事变以后，军国主义的日本开始了侵华之路。这时国难深重，民不聊生，而徐悲鸿和蒋碧微之间的感情矛盾在此刻也演绎到了极点。在这种情景下，国民党桂系将领李宗仁和白崇禧邀请徐悲鸿到广西写生。来到广西后，徐悲鸿受到了特别的优待，广西政府还给他赠送了一套房子方便他写生居住。在广西写生期间，徐悲鸿被这里秀丽的风光吸引，使他暂时忘却了家庭的烦恼。他在阳朔居住约一年，为表达对这里的深厚感情，他自称为"阳朔天民"，还特意刻制了一方圆形的阴文"阳朔天民"印章（图 3-97）。在这里，他的画渐入佳境，《漓江春雨》就是在如此背景之下诞生的。

徐悲鸿在游遍了广西后，被广西军民一致抗日的热情所打动。广西的抗日热情和国民党中央"攘外必先安内"的主张形成了鲜明的对比。在徐悲鸿心中，广西成为爱国抗日的先锋队，渐渐地，他的生活也融入了广西。不久之后，徐悲鸿准备在这里举办画展、开办美术学校

图 3-97
"阳朔天民"印章。

和建立美术馆。可是好景不长，广西局势很快发生巨变，广西省政府也从南宁迁到桂林，徐悲鸿以上愿望难以实现。

2012年5月12日，在中国嘉德春拍"大观——中国书画珍品之夜"专场上，徐悲鸿、张书旂（1900—1957）于1937年合作的《狮子猫》（图3-98）以1380万元的价格成交。此幅作品刻画了一只黑白毛色相间、形体高大的狮子猫站立在大块岩石上，注视着石下几枝紫色的杜鹃花。显而易见，狮子猫、岩石为徐悲鸿所画，杜鹃花为张书旂所画。徐悲鸿在画面左上方题道："在宁曾蓄狮子猫，性温良勇健。转屣万里，未能携之偕行，殆不复存于世矣！图纪其状，并为诗哭之：剩有数行泪，临风为汝挥。嘻憨曾无节，贫病盖相依。逐叶频升木，捕虫刮地皮。故园灰烬里，国难剧堪悲。廿六年岁阑，徐悲鸿写于重庆。"题跋中谈到了徐悲鸿在南京时曾养过这只温良勇健的狮子猫，但是由于国难当头，自己漂泊不定而不能带着它，担心它已经不在了，因此作诗哭之。

徐悲鸿在画面的左中下方又题曰："君璧先生方家教，弟徐悲鸿赠。"可见这件作品是徐悲鸿题赠给黄君璧的，原藏于黄君璧在台北的"白云堂"。

黄君璧（1898—1991），号君翁，广东南海人，生于广州。自幼学画，曾在广东省第一届美展中以一幅山水画夺取金牌而名扬岭南。1936年春，黄君璧来南京举办个人画展，徐悲鸿十分欣赏他的艺术，因而出面聘请他任国立中央大学教育学院艺术科教授。自此，徐黄在一起共事长达十多年，感情日深。1937年8月，国立中央大学内迁重庆，黄君璧租住了重庆郊外一处较为宽敞的居室。每逢节假日，徐悲鸿常来闲坐，并留下一些画作相赠。譬如，1938年6月，徐悲鸿为黄君璧画白描坐像，并题写了诙谐的跋语，其中谈到他见黄家老鼠出没，于是打算"以纸猫代真猫相赠，不知能否助君捕鼠否？"1938年7月中旬，徐悲鸿离开了四川，转赴南洋。所以，徐悲鸿题赠《狮子猫》约在1938年6月前后。从1942年6月徐悲鸿从南洋返回四川，到1946年5月国立中央大学回迁南京，这四年间，黄君璧共得徐悲鸿作品十余幅，题材有仕女、梅花、

图 3-98
徐悲鸿、张书旂绘《狮子猫》，中国画，
纵 101 厘米，横 63 厘米，1937 年，中
国藏家藏。

古柏、喜鹊、松竹、雄鸡、飞鹰、猫、马等，落款称呼上有道兄、道长、仁兄、老兄等，愈加见证了二人的交情。徐悲鸿曾将黄君璧等画家纳入"画中九友"，即高剑父、高奇峰、黄君璧、陈树人、齐白石、黄宾虹、张书旂、赵少昂和徐悲鸿，并咏诗曰："门户荆关已尽摧，风云雷雨靖尘埃。问渠那得才如许，魄力都从大胆来。"

张书旂也是"画中九友"之一，徐悲鸿还与他合画过《大猫和小猫》等许多作品，这源自徐悲鸿对于张书旂的大力引荐，之后二人成为挚友。虽然二人的画风、画法与艺术道路并不一致，但是同为知音，互相赏识，共同进取，而且张书旂在艺术创作以及艺术传播的许多做法深受徐悲鸿的影响。

张书旂，原名世忠，字书旂，浙江浦江礼张村人。自幼潜心文史，尤好绘画。1922 年考入上海美术专科学校。毕业之后，先后任教于金华浙江省立第七中学、厦门集美学校。张书旂花鸟画早期取法任伯年等大师，笔墨潇洒，意蕴灵动，独标一格，擅以白粉在色底上表现出空灵雅洁的视觉效果，颇具现代感。值得读者关注的是，张书旂艺术人生的转折、发展与徐悲鸿的伯乐眼光与赏识精神密不可分。

　　1921 年，21 岁的张书旂报考位于南京的国立中央大学教育学院艺术专修科，但名落孙山。1922 年，张书旂与弟弟张世禄再次投考国立中央大学，二人均落榜。但是兄弟俩并没有气馁，这一年，二人继续报考其他学校，张书旂考上了上海美专，师从吕凤子等名师学美术，张世禄则考入厦门大学学中文。1925 年，张书旂作为上海美专首批毕业生，任金华七中美术教师，后来到厦门大学前身的厦门集美学校任教。

　　1929 年暑假，应时任福建教育厅厅长黄孟圭之邀，徐悲鸿从南京赴福州，在厦门集美中学见到年仅 29 岁的张书旂的作品，称他为奇才，即聘他去南京国立中央大学教育学院艺术专修科任教。1935 年 11 月 1 日，徐悲鸿在南京《艺风》第 3 卷第 11 期上发表《张书旂画伯》，评曰："张君尊伯年先生，早期所写，不脱山阴窠臼。五年以来，刻意写生，自得家法。其气雄健，其笔超脱，欲与古人争一席地，而蔚为当代代表作家之一。"在国立中央大学教育学院艺术科，张书旂先后任助教、讲师、教授。由于特别珍惜这一难得的机会，张书旂在国立中央大学教育学院艺术科期间，作画极为勤奋，几乎朝夕不离画桌，倦则倚于卧榻，稍息又起而作画。

　　1933 年 5 月 10 日—6 月 25 日，徐悲鸿策划的中国美术展览会在法国国立近代外国美术馆（Musée du Jeu de Paume）成功举办。他带去的一批代表当时最高水平的中国画是第一次在欧洲大规模展示，开幕许多天之后仍有络绎不绝的媒体前来采访报道，数万观众买票参观了画展。这家博物馆收藏了以徐悲鸿《古柏》、张书旂《桃花》等为代表的 12 幅展品。中国美术展览会展览期间，徐悲鸿还亲自在现场为观众示范，获得众多观展市民的热捧。巡回展第一炮就这样打响了。

　　1936 年，受陈之佛特邀，徐悲鸿发表文章《中国今日之名画家》，评述齐白石、高剑父、张大千、张书旂、潘天寿等当时的画坛名家，认为"中国今日虽云文化式微，艺事衰落，但精极一艺之作家尚不少。……书旂作风清丽，花卉尤擅胜场。最近多写杜鹃，几乎幅幅杰作。写鸽、写蜡嘴、写雉，俱绝妙。"在徐悲鸿看来，张书旂是"精极一艺之作家"的代表，花鸟画堪称绝妙。

图 3-99

1937 年冬，徐悲鸿（左五）、张书旂（左六）与吴作人（左七）等合影于重庆沙坪坝。

  张书旂别具特色的花卉鸟花画深为徐悲鸿所推崇，徐悲鸿与张书旂合画过许多作品，如前述《狮子猫》以及《竹阴雏鸡》《大猫和小猫》等。1937 年除夕，徐悲鸿还与张书旂合作《喜鹊蝴蝶花图》，后来此画被徐悲鸿赠予新加坡的恩人黄曼士。徐悲鸿画猫，由张书旂补景之作，珠联璧合，惹人喜爱，当时他们的弟子们曾竞相临摹。徐悲鸿还曾多次让艾中信等弟子向张书旂好好学习花卉画。为此，徐悲鸿邀请张书旂创作数十幅花卉册页，并装裱成数册，供国立中央大学教育学院艺术系的学生们反复临摹、研习，师生之间的情感更为浓厚。图 3-99 为 1937 年冬徐悲鸿、张书旂与吴作人等合影于重庆沙坪坝。

  徐悲鸿经常在学生作品上题跋，以这种形式鼓励弟子并倡导其艺术思想。在课堂上，艾中信曾模仿悲鸿画稿用米色皮纸画了只黑猫，张书旂是当时的任课教师，他看了之后忽生灵感，于是在艾中信的画纸补上几株红牡丹，使猫之浓墨、花之大红、叶之墨绿，相互衬托，华滋生动，色彩斑斓。张书旂还为此欣然题跋："中信画狸猫，书旂足成之。"就教育传统而言，这是一种源自徐悲鸿的、师生艺事上的"珠联璧合"，殊为难得。

徐悲鸿在其一生的艺术道路上大力弘扬现实主义，关心社会与现实，不但强调师法传统，而且关注师法造化，面对客观物象写生，因此对任伯年等艺术家推崇备至。具体在画艺上，张书旂不但学过任伯年，还学过徐渭、陈道复。张书旂也曾研习悲鸿画马技艺，吸收其造型、笔墨精华。当然，张书旂认识得十分清晰：临摹他人画作，即使乱真，也不为奇，最为重要的是画家自己要具有创造精神，探索自己的风格。总体看来，张书旂的画风具有三个鲜明的个人特色：其一，善用白粉；其二，善用墨；其三，生动清新。实际上，这些均与张书旂善用水相关。张书旂曾以"白粉主义画家"闻名于世，张书旂画艺的生动清新、熟能生巧还源自其长期勤奋地面对自然的写生与钻研，即所谓"刻意写生，自得家法"，这正受益于徐悲鸿在国画界大力倡导的写实主义艺术观及其艺术实践。

在长期教学工作中，张书旂也对国画写生与创作的重要关系方面有着重要贡献。据徐悲鸿与张书旂的弟子艾中信先生回忆，大约在 1939 年，国立中央大学教育学院艺术系招收新生，张先生主持国画写生考试。他让艾中信到山坡地里拔两棵小一点的蚕豆供写生之用。那时豆花开得正旺，但是从来没有人画过它，张书旂却看中了。考试要求考生用线描、设色的手法，考查考生观察力、描绘力是否准确。令考生们大为好奇的是，主考官张书旂教授竟然一时兴起，也在考场当场画了起来。他用没骨法进行写生，虽然大量运水，但是将形如小蝴蝶的蚕豆紫花和带棱茎干画得结构分明、笔法潇洒、水分饱满，惟妙惟肖。

在鸟类题材之中，张书旂擅长画鸽，徐悲鸿甚至称其"画鸽应属古今第一"。张书旂画鸽的代表作为《世界和平的信使》，因画上有一百只和平鸽，故又称《百鸽图》。1940 年 12 月 23 日，《世界和平的信使》赠送仪式在重庆嘉陵宾馆举行。此画是进入白宫的第一幅中国画，曾长期悬挂于白宫。如今藏于美国罗斯福总统图书博物馆。

就艺术道路及传播对象而言，张书旂与徐悲鸿的相同之处还在于对于位于大洋彼岸的美国的由衷青睐；不同之处在于，张书旂在美国的办展十分成功，而徐悲鸿的赴美计划不幸夭折。

1941 年秋，张书旂作为"艺术和亲善使者"，携数百幅作品运抵美国。在之后的 5 年里，他旅行各地，并于旧金山狄扬艺术博物馆、西雅图艺术博物馆、芝加哥艺术学院博物馆和多伦多安大略博物馆等北美著名展馆举办 20 余次个展。这些也可视为效仿徐悲鸿于 1933—1934 年巡展于欧洲的做法，在实质上扩大了中国画的国际传播。张书旂还参加了 1943 年由纽约大都会博物馆组织的当代中国画群体展，同时也在洛杉矶、芝加哥和华盛顿特区等地发表演讲。张书旂在展览、讲学期间，往往当众示范作画，吸引了大量观众，而他们多数是第一次目睹如何用中国毛笔画画。这种做法徐悲鸿在欧洲巡展时是时常采用的，不但拉近了与观众的距离，而且使他们在现场活生生地感受到中国毛笔创造出的神奇，吸引了来自大众和艺术评论界的广泛关注。

张书旂的作品虽属于传统中国画范畴，但由于在构图、造型、结构、色彩上融入西方审美因素，在美国受到欢迎，有的美国人甚至推崇他是"中国杰出的美术大师""世界上最快速的水彩画艺术家之一"，认为"正是张书旂把中国画带到美国"。他通过画作积极为美国援华联合会募集巨额资金，用于援助中国，促进中美人民的友谊。1939—1941 年，徐悲鸿在新加坡、吉隆坡、怡保、槟城四地举行义卖画展，为中国抗战军民筹集了大量钱款。张书旂在美国的一系列善举估计也受到徐悲鸿的精神感染。

1933—1934 年，徐悲鸿在欧洲巡展的成功，让他由衷感悟到中国画家出国办展对于弘扬中国文化艺术的重要性。美国一直被徐悲鸿看重，因为它在世界上的地位越来越重要，也相对比较安全，所以当他得知好友王少陵计划赴英法留学时，积极建议王转赴美国留学，因为美国较为安全，还提醒王少陵"在外除精研美术外，并须加意文学、历史等与艺事攸关之学。至要！至要！"王少陵接受了这个建议，并长期待在美国研究美术，获得杰出成就。

实际上，1938 年 9 月 15 日，徐悲鸿已致信好友林语堂，他以为林还在美国《纽约时报》任职，希望林可以促成他在美国举办画展。但不巧的是林当时在巴黎，1939 年秋回到纽约方收到徐的信。而当林回信给徐时，徐已开始印度之旅，历时一年。1941 年 2 月，徐、林才联络上，才开始商议赴美办展的具体事宜。美国友人组织了以罗斯福夫人为首的美国援华联合会，徐悲鸿好友黄孟圭与该会的林语堂曾共事于北京大学，便帮助徐悲鸿致函联络。因此徐悲鸿随身携带千余件艺术品来到新加坡，早有赴美计划。徐悲鸿先后写给林语堂9封书信，分别在桂林、怡保、槟城、金马仑山、新加坡寄出。在林语堂、赛珍珠（诺贝尔文学奖作家）、出版商华尔士、古董商姚先生及美国援华联合会的努力之下，为徐悲鸿等人取得美国入境签证。之后，徐悲鸿还写信殷勤邀请蒋碧微一同赴美，希望缓解二人矛盾，以重新开始，不过遭到蒋碧微的婉言谢绝。徐悲鸿订好了1942年12月6日由新加坡赴美国的"总统号"船票，又寄出4箱书画运往美国。就在徐悲鸿继续为赴美做准备时，却因日本人突然进攻新加坡而不得不于1942年1月6日仓促逃离新加坡，并托友人在新加坡分藏了自己的几批画作。他带着十几箱最为重要的艺术品，匆匆登上一艘邮轮，途中弃船，经缅甸仰光，转滇缅公路，方得以回国。筹备4年的赴美办展计划未能成行，徐悲鸿一直感到遗憾。

今天看来，作为徐悲鸿十分赏识的好友与艺术知音，张书旂在美国举办中国画巡展的一系列成功也可视为徐悲鸿在国际上推广中国艺术未竟事业的一种有效弥补。

图3-100为徐悲鸿所绘中国画《巴之贫妇》，现藏于徐悲鸿纪念馆。

在艺术作品上，徐悲鸿既有对中国传统文人画继承发展的一面，也有结合东洋、西洋绘画进行开拓创新的一面，其中不乏关注民生的现实主义作品。

图3-100（上）
徐悲鸿《巴之贫妇》，中国画，纵102厘米，横63厘米，1937年，徐悲鸿纪念馆藏。
图3-101（下）
20世纪40年代后期，徐悲鸿向友人展示讲解自己的作品《巴之贫妇》。

图 3-102
陈师曾《北京风俗画册》，中国画，纵 28.5 厘米，横 34 厘米，1915 年至 1917 年，中国美术馆藏。

　　值得关注的是，徐悲鸿在抗战期间来到四川之后，有感于当时民生的艰难，也创作了一系列贫困人民的形象，如《巴之贫妇》《巴人汲水》《洗衣妇》《船夫》等。以《巴之贫妇》为例，老妇头裹头巾，身体佝偻，衣衫破烂，背着竹篓，左手持棍，脸上露出孤苦无依的神情。徐悲鸿以严谨的造型、精到的笔墨将这位下层劳动者表现得入木三分。这幅画源自现实的情景，1937 年除夕，徐悲鸿在嘉陵江边发现了一位饥寒交迫的老人家，一时心绪难宁，回到住处后马上回忆并将她表现出来。

　　《巴之贫妇》右上角还有徐悲鸿的题跋："丁丑除夕，为巴之贫妇写照。静文爱妻保存。"由此可见，徐悲鸿对于这幅画的重视程度。它表现的虽是贫苦人民的现实题材，但徐悲鸿视为满意之作，一直自藏在身边。图 3-101 为 20 世纪 40 年代后期徐悲鸿向友人展示并讲解自己的这幅作品。

　　就《巴之贫妇》的文化源头而言，也许源自徐悲鸿在北京大学画法研究会的同事兼忘年交陈师曾。徐悲鸿对于陈师曾的代表作《北京风俗画册》应是熟悉的，近 20 年之后，当他在表现陈师曾也表现过的这一题材时，可能会有所感怀，因为在那个时刻，徐悲鸿悲天悯人的社会责任感与艺术出发点与当年的陈师曾创作《北京风俗画册》是一致的。1914 年至 1915 年，陈师曾精心创

作了反映民间现实题材的代表作《北京风俗画册》
三十四篇，按题材分为四类：第一类描写拾破烂者、
卖烤白薯者、赶大车者、掏粪工、卖货郎、山背
子、乞婆等普通劳动者和穷苦市民的生活百态，占
画作的半数以上。第二类描写吹鼓手、执旗人员等
旧时北京婚丧嫁娶和民间娱乐活动。第三类描写前
清遗老遗少百无聊赖的情态。第四类为讽刺画。这
套《北京风俗画册》现藏于中国美术馆。陈师曾在
《北京风俗画册》中画有拾破烂者（图 3-102）的
形象，这在旧时的北京虽是常见的民间景象，但在
当时鲜有艺术家进行表现，因为对于保守的文人画
家而言，这一题材难登大雅之堂。但是陈师曾通过
认真观察，将这些贫苦的下层人物形象收入画囊，
并进行了生动的描绘。画作中的拾破烂老汉衣衫褴
褛，身背竹篓，右手执钳，脚步蹒跚。此作笔墨虽
简，情感尤深。

1938 年，徐悲鸿绘《桐阴孤骏图》（图 3-103）。
徐悲鸿题："槐准先生存念。徐悲鸿戊寅旧作。辛巳
题。"钤"悲"白文方印。"戊寅"为 1938 年，徐悲
鸿时年四十三岁；"辛巳"为 1941 年，徐悲鸿时年
四十六岁。获赠画作的槐准先生为原故宫博物院院
长、著名考古学家韩槐准（1892—1970），徐悲鸿在
新加坡结识了韩槐准并成为好友。图中的桐树以大写
意的泼墨法表现，树干用笔粗犷豪放，笔与笔间自然
留白，形成高光，增强了枝干的视觉对比效果。树
叶直接以饱含水墨的大笔集点成形，且彼此联结成

图 3-103

徐悲鸿绘《桐阴孤骏图》，中国画，
纵 129 厘米，横 39.8 厘米，1938 年，
故宫博物院藏。

图 3-104
1938 年，徐悲鸿在重庆。

片，略施花青，增强了画面的整体性。树下画有一匹低头食草的马，以简练概括的线条准确地勾勒出矫健俊逸的骨骼，通过留白及赭色渲染的深浅变化，晕染出马的肌肉组织。此画融形似与墨趣为一体，显现出作者落笔有形、笔到神随的精湛功力。

图 3-104 为在重庆时期的徐悲鸿。照片中的徐悲鸿手抱右膝，坐在江畔的石阶上望着远方。由于抗日战争的爆发，南京的沦陷，国民政府迁往了重庆，国立中央大学随之迁徙。徐悲鸿和蒋碧微也来到重庆，但彼此之间少有交集，徐悲鸿和国立中央大学的许多老师们住在"亲年会"，蒋碧微和仆人同弟住在小楼"光第"中。这时的徐悲鸿将主要精力投身于教学与创作之中，并学会了苦中作乐，以宽慰自己。图 3-105 为1938 年徐悲鸿所绘的《巴人汲水图》，它诞生于抗日战争的艰苦时期，是一幅记录民众艰苦生存景象的作品，被誉为徐悲鸿具有人民性和时代精神的代表作之一。民国政府西迁襟江背岭的重庆之后，这里成为战时首都。全国政治、经济和文化中心也转移到此地，诸多文化领域的重要人物，如郭沫若、冰心、巴金、老舍、徐悲鸿、丰子恺等云集沙坪坝区，此处遂成为著名的文化区。

徐悲鸿随国立中央大学入蜀后，住在嘉陵江岸边的磐溪。每日过江至对岸到位于沙坪坝的国立中央大学为学生授课。他目睹重庆人民的疾苦，感同身受，遂创作了中国画《巴人汲水图》，对劳动人民的艰辛生活抱以深切的同情与钦佩。《巴人汲水图》描绘了当时蜀中百姓一个平常的生活场景——汲水。这个平常的生活画面，却触动了徐悲鸿的心灵。当时百姓每日的生活用水都要从江中汲取，故而无论男女老少，为了生活，每天都要下到江边取水。他们挑着木桶，装上满满的水，吃力地沿着崎岖陡峭的山路拾级而上，并走回家去，有时每天甚至要往返多次。由此可见巴人汲水之不易！

此画纵 300 厘米，横 62 厘米，高耸的纵横比例较为夸张，展示了嘉陵江畔崖边陡峭、山路崎岖的场景。画家将巴人汲水的场面从下而上分为舀水、让路、登高前行三个段，共计描绘了 7 个人物。整个画面突出担水的艰难，男女老少担水的动作各有不同。画家还在两个裸露出胳膊的挑夫的身上加强了筋肉的描绘，突出他们身体的健劲有力。

徐悲鸿在画上题写了一首自作诗："忍看巴人惯担挑，汲登百丈路迢迢。盘中粒粒皆辛苦，辛苦还添血汗熬。"从诗中可以看出画家对于当时百姓凄苦生活的同情，由其间的"辛苦"与"血汗"，折射了广大人民坚强的斗争精神，也体现了徐悲鸿利用画笔为苍生写照的历史使命感。画中右上角的竹子郁郁葱葱，梅花也在怒放，这种处理不但对画面起到了点缀作用，而且反映了徐悲鸿对于中华民族在严酷的历史环境中表现出来的不屈不挠的民族气节的赞颂。

根据徐悲鸿之子徐庆平的回忆，这件作品还具有一段曲折的收藏经历。徐悲鸿在重庆期间创作了《巴人汲水图》并举办画展，当时的印度驻华公使

图 3-105

徐悲鸿绘《巴人汲水图》，中国画，纵 300 厘米，横 62 厘米，1938 年，国内藏家藏。

看上了这幅画，希望重金购得。徐悲鸿当时在经济上很紧张，既要救济学生，还要举办画展，因此又重新画了一张《巴人汲水图》。最早创作的那幅《巴人汲水图》如今陈列在北京徐悲鸿纪念馆，卖给印度公使的那幅后来辗转被新四军干部朱良收藏。1949年，朱良跟随部队到了重庆。在这里他恰巧遇见重庆聚兴诚银行老板的管家正在处理一批旧书画。在一批古代及近现代字画中，朱良唯独看上了徐悲鸿的《巴人汲水图》。当时，这位管家出价160万元，经过一番讨价还价，最后和朱良谈到120万元。于是朱良留下10万元订金，商定三天后取画。当时的朱良没有多少现金，急忙找到部队的后勤部长商议。当时，部队正要给师级以上干部分配苏联毛呢大衣，按级别朱良应得一件，但恰巧这批大衣数量不够，朱良便主动提出不要大衣，希望换取120万元现金。后勤部长同意了他的建议。于是朱良用这120万元如愿以偿地购得了《巴人汲水图》。"文革"结束后，重庆收藏界、书画界的许多老人，包括徐悲鸿的好友晏济元、苏葆桢等画家均曾到朱良家中欣赏过这幅《巴人汲水图》。

2004年，在北京翰海拍卖会上，《巴人汲水图》从800万元起拍，经过数十轮竞拍，最后终以1650万元成交，创造了当时徐悲鸿个人书画拍卖的世界纪录。6年之后，2010年12月10日，在北京翰海秋拍庆云堂近现代书画专场中，徐悲鸿《巴人汲水图》以3500万元起拍，引起竞投热潮，经过30余轮竞争，《巴人汲水图》以1.53亿元落槌，加上佣金，成交额超过1.71亿元，刷新了当时中国绘画拍卖成交的世界纪录。

如果说，徐悲鸿后来创作的《愚公移山》反映的是他借用神话传说来展示中华民族坚强不屈的气概，《巴人汲水图》反映的则是徐悲鸿借用现实生活来展示中华民族勇于抗争的精神。正是这种《愚公移山》《巴人汲水图》中所呈现的气概与精神，将中华民族的优秀文化不断传承而生生不息。

图3-106为北京徐悲鸿纪念馆所藏徐悲鸿画马作品中的精品《无题》。画有一黑马以左蹄搔鼻部之痒，这一姿势在历代画马图中罕见，足见徐悲鸿观察之细致深入。此画造型独特、笔墨酣畅，曾载于中华书局出版的《徐悲鸿画集》

閒軍中最孝婦
筆近者當推香山
鄭健產李展
昆季兩家子女
眾多而一門雍穆
遂無間言健盧
幼女蓮七歲絕慧
與子展七歲女彥
相戲偶為物創手
痛而哭彥出無
其母亦自恨
人類覺此
之情緒最偉大
此德乃至溶巨
炮作金人而太平
將與天長地久
永無極也
共辛巳
悲鴻懂喜
贊嘆紀此
辛巳

聊題
戊寅新秋
暑氣未肖
薄遊八步
悲鴻

图 3-106
徐悲鸿绘《无题》，中国画，
纵 129.5 厘米，横 75.5 厘米，
1938 年，徐悲鸿纪念馆藏。

图 3-107
徐悲鸿绘《郑健庐像》，素描，纵 38 厘米，
横 30 厘米，1937 年。

中，是 1938 年徐悲鸿受好友谭达仑所邀在广西八步居住半个月创作的作品之一，1939 年徐悲鸿在澳门郑健庐家中又加以题跋："朋辈中最孝悌笃行者当推香山郑健庐子展昆季（昆季乃兄弟的书面用语），两家子女众多，而一门雍穆从无间言。健庐幼女璋五岁绝慧，与子展七岁女彦相戏，偶为姊创手痛而哭。彦出无心，述于其母亦自恨而哭。余适逢其会，觉此乃人类最伟大之情绪，苟广此德可立溶巨炮作金人而太平将与天长地久永无极也。廿八年岁始。徐悲鸿权喜赞叹纪此幸遇！"

这一题跋既记载了徐悲鸿与郑健庐一家人深厚的情谊，又流露了在炮火纷飞的抗战时期，徐悲鸿对于人间真情的渴望以及试图以人与人之间的真爱替代冲突与战争的理想。他也自信自己的画必传，愿与好朋友分享将来的荣誉。

郑健庐时任香港中华书局经理，他与其弟子展著有《南洋三月记》。徐悲鸿每次到岭南都由郑健庐、郑子展兄弟接待，在广州多住在惠爱路中华书局三楼的贵宾接待室，到澳门会入住郑健庐家，在香港则下榻于跑马地山村道郑健庐寓所。

1937 年 5 月 30 日，徐悲鸿为郑健庐作炭笔肖像画（图 3-107），以炭笔勾勒皴擦，画中的郑健庐身着西装，右手持烟斗，表情恬淡，使这位著名出版人的形象更加儒雅谦和。画幅虽不大，但郑氏神情栩栩如生。

徐悲鸿为郑氏兄弟俩作画极多，有一部分被结集成《徐悲鸿先生百年诞辰纪念书画集——郑健庐、子展昆仲（昆仲乃兄弟的书面敬辞）藏品》（香港形意设计公司，1995 年版）。

徐悲鸿与郑健庐、郑子展之间密切交游的照片还可见图 3-108。图 3-109 则是一幅罕见的徐悲鸿与高僧的合影,左一为徐悲鸿,左二为虚云老和尚、右一为郑健庐。虚云禅师(1840—1959)乃近代禅宗大德,他一生一衲、一杖、一笠、一钟行遍天下,由自度而度人,世寿 120 岁。他历任福建鼓山、广东南华、云门大觉诸大寺院住持,为禅宗复兴培养与储备了大量的护法居士和弘法高僧,其门下弟子中较为著名的有十余人,其中释一诚、释传印先后担任中国佛教协会会长。合影中的虚云白须飘飘,微闭双目,手持折扇,一代高僧风范。其左手边的徐悲鸿则合抱双手,淡定从容。其右手边的郑健庐双手垂放,一旁侍立。这幅照片由郑氏子孙保留至今,因此可推测,徐悲鸿与虚云禅师的结识可能与郑健庐的引荐密不可分。但也有可能存在其他因缘,譬如徐悲鸿在新加坡的好友黄曼士即虚云老和尚的皈依弟子。黄曼士一生信奉佛教,法号宽道。他为延母寿,晨诵金刚经一卷,数十年如一日,不曾间断,其孝心可见。他性格开朗达观,平易近人,仗义疏财,扶贫济困,每当中国的教育、慈善、福利等机构向新加坡筹募,他总是慷慨解囊。他还请人刻了一方"暂归我有"的印章,足见他对人生看得透彻。

1986 年北京出版社编印的《徐悲鸿画集》第二册所载的《红叶图》题跋为:"廿八年元旦试笔,香港山邨道中,徐悲鸿。"右有赵少昂加署"少昂缀小虫其上"。徐悲鸿把"香港山村道"中的"山村"写为"山邨",乃取其雅致。另外,徐悲鸿《秋树图》题跋为:"廿七年九月将去桂林。作此,少昂为补蝉,徐悲鸿。"后来又加署"静文爱妻存"。《秋声图》上还题有:"戊寅晚秋,少昂写蝉,徐悲鸿为足成。"这些画作均是徐悲鸿当时在香港跑马地山村道郑健庐寓所创作的得意作品。

每次徐悲鸿来香港,郑家总会设一个临时画室,画案由乒乓球桌临时搭成。一听说徐悲鸿来港,当地的画家与文人往往会接踵而来,或即席挥毫,或联手作画,使得郑宅非常热闹,大家由于徐悲鸿的到来而备感欣喜。

1940 年夏,徐悲鸿应印度大诗人泰戈尔之邀赴印度举办画展,游喜马拉雅山及印度各胜,并创作《愚公移山》巨制。在他写给郑健庐的长信之中,娓娓

图 3-108（上）
20 世纪 30 年代，徐悲鸿与郑健庐、郑子展兄弟。

图 3-109（下）
20 世纪 30 年代，徐悲鸿（左一）与虚云老和尚（左二）、郑健庐（右一）等合影。

阐述其绘画经营之不易。徐悲鸿还曾写信给郑健庐讨论九方皋以及《八十七神仙卷》，可见他将郑氏视为知音。

关于二人的友情，廖静文先生曾回忆道："犹忆健庐先生寓重庆时，抗日战争方殷，日机不断空袭轰炸。徐悲鸿居重庆郊区之磐溪，每次偕我入城与健庐先生晤谈，皆须乘嘉陵江之小船前往，并须冒日机空袭之危险。而每次相见，促膝谈心，徐悲鸿与健庐先生皆喜形于色。健庐先生着西服，语带粤音，为人耿直而谈吐文雅。"

作为出版人的郑健庐、郑子展兄弟与徐悲鸿相交20余年，时相过从，书信往返不绝，成为挚友，传为艺坛佳话。

1939—1946

图 4-1（左）
1939 年，徐悲鸿画展在新加坡维多利亚纪念堂展出。
图 4-2（右）
1939 年，徐悲鸿在南洋举行赈灾画展时的照片。

抗日战争期间，徐悲鸿为了支援抗战来到了南洋地区举办画展义卖来募集赈灾资金。1939 年 1 月 9 日，徐悲鸿由香港来到新加坡举办筹赈作品展览会，带着千余幅作品，其中有他颇费周折、花费大量资金征集而来的张大千、齐白石、吕凤子等人的精品。1939 年 3 月 14 日，"徐悲鸿教授作品展览会"在新加坡维多利亚纪念堂举行。

图 4-1、图 4-2 为 1939 年徐悲鸿举行此次作品展览会时的照片。图 4-2 中的徐悲鸿双手交叉，眼看前方，表情凝重，身后是其中国画代表作之一——《九方皋》。

徐悲鸿不但是杰出的书画家、教育家，而且是优秀的策展人。从 1933 年到 1934 年，徐悲鸿亲自策划并操办的中国绘画的欧洲巡回展不但对中国画在世界的大规模推广意义重大，而且对于徐悲鸿自身艺术的发展也影响深远。1939 年 3 月—1941 年 3 月，徐悲鸿在南洋策划、举办了四场"筹赈画展"，并在那里留下了千余幅作品，使一系列筹赈画展取得辉煌业绩。作为一位艺术家，他为国内抗战捐款做出了积极贡献，他在策展工作中的整体策划、不辞辛劳、亲力亲为、大量奉献，为我们后辈做出了杰出榜样。徐悲鸿一生 10 余次经过新加坡，与南洋结下不解之缘。略述如下：1919 年 3 月，赴法国留学，途经新加坡。1925 年秋，持黄孟圭介绍信由法国赴新加坡，为陈嘉庚等侨领画像。1926 年 1 月下旬，由新加坡赴上海。1926 年初夏，由上海再赴法国，途经新加坡。1927 年 4 月，由法国再赴新加坡。1927 年 8 月末，由新加坡回上海。1932年1月，赴欧洲举办中国绘画展览，途经新加坡。1939年1月9日，由香港抵达新加坡。1939年11月18日，由新加坡赴印度。1940年12月13日，由印度赴新加坡。1941年1月7日，由新加坡赴吉隆坡筹办赈灾画展（1941年3月1日由吉隆坡赴怡保筹办赈灾画展，1941年3月29日由怡保赴槟城筹办赈灾画展）。1941年7月，由槟城回到新加坡。1941年7月，由新加坡又赴槟城。1941年8月下旬，由槟城回到新加坡。1942年1月6日，坐轮船离开新加坡，途中弃船经缅甸仰光转滇缅公路回国。

他在新加坡做了4次较长时间的停留，即1926年1月下旬至1926年初夏；1927年4月至8月末；1939年1月9日至11月18日的新加坡时期；1940年12月13日至1942年1月6日的马来亚、新加坡时期。这四次中，前两次徐悲鸿是为了筹措留学经费，后两次则主要是为了国内抗战的伤员与难民举办筹赈画展，捐助了巨额钱款。南洋是徐悲鸿的人生福地，也是其艺术生命的重要转折点。当他身处困境，来到这个南洋小岛，就会打开另一番天地。我们设想一下：徐悲鸿若非1925年在新加坡得到资助，他在法国的学业就难以维系；徐悲鸿若非1939年再到南洋，不会有著名的南洋四场筹赈画展的举办，也不会有《奔马（题第二次长沙会战）》等杰作的诞生。也正是在南洋，徐悲鸿结识了黄曼士、林谋盛、林庆年、韩槐准、李俊承、谭云山、张汝器、骆清泉、邵逸夫以及广洽法师等一大批友人，并结下终身友谊。

抗日战争期间，徐悲鸿为了支援抗战来到了南洋地区举办画展义卖来募集赈灾资金。徐悲鸿这次在新加坡的展览反响十分强烈，据说当时新加坡每十人中就有一人参观过。

画展上还有一个振奋人心的事情，即很多画的下面都贴上了红色纸条。贴红条子的意思是表明有人喜欢这张画和想买这张画，贴一张说明有一位定主，贴两张说明有两位定主。见到这么多订单，徐悲鸿十分高兴，于是他把画桌搬到了展厅，有多少红条子他就画多少张，故而展览每天都开到晚上，人们才慢慢散去。

1939年3月16日，新加坡《南洋商报》整版刊登徐悲鸿画展的消息，

还刊登了卖画的筹款数字"此时已过一万一千"（图
4-3）。徐悲鸿寄了一份给国立中央大学教育学院艺术
科存档。

新加坡的这次展览徐悲鸿卖画筹得 15398 元 9 角 5
分法币，这在当时可是一个天文数字。徐悲鸿把这些巨
款全部寄回了国内，作为广西抗日第五路军阵亡烈士的
遗孤抚养费用。

按画展规定，捐款 100 法币可得徐悲鸿展品一幅，
捐 200 法币可指定内容请徐悲鸿再画一幅，也就是说义
展的画价是 100 法币一幅，总收入 15000 余法币，就是
说徐悲鸿为这次义展画了至少 150 幅作品。另据史料记
载，这次展览是新加坡艺坛的一次盛会，为筹备展览，
新加坡各界专门成立了以林文庆为主席的 20 多人的筹委
会，又组建了 80 多人的展览工作委员会，新加坡总督夫
妇还出席了展览开幕式。为答谢各界的支持，徐悲鸿又
画了大量作品馈赠给各界，新加坡《晚报》曾统计徐悲
鸿为此次画展赠送及售出的画作多达 400—500 幅。

展览结束后，有记者采访时问徐悲鸿："这样做值不
值？"他回答道："我生活在后方，再怎么累也不如前方
流血的战士们辛苦。出钱再多，也比不上牺牲将士的价值
大！"话一说完，感动得在场的所有记者和观众都为他鼓
起掌来。

图 4-4 为 1939 年春夏之交徐悲鸿为新加坡珍妮小
姐绘制的油画像，这是徐悲鸿著名的油画人物肖像之一，
是徐悲鸿为了支持国内抗战在南洋举行义卖募捐时所画
的作品。

图 4-3
1939 年 3 月 16 日，《南洋商报》整版刊登
徐悲鸿画展的消息，刊登了卖画的筹款数字
"此时已过一万一千"。徐悲鸿寄了一份给
国立中央大学。

图 4-4（上）
徐悲鸿绘《珍妮小姐像》，
油画，纵 136 厘米，横 98 厘米，
1939 年。

图 4-5（下）
1939 年，徐悲鸿与其油画《珍妮
小姐像》。

　　画家签名在画幅的右侧偏下，为"徐悲鸿己卯"四字。己卯为公元1939年（民国二十八年），徐悲鸿时年44岁。

　　画中的珍妮小姐穿着浅色短袖旗袍坐在一把休闲摇椅上，脚穿一双相当时髦的高跟鞋。柔和的阳光透过窗户洒进屋内，珍妮身上被这暖暖的光线罩染着，好像在这一刻，她的所有疲惫和烦恼均消失了，她享受着安宁与惬意，显得年轻美丽。

　　珍妮祖籍广东，是当时新加坡的著名女星，与很多政商名流交往颇多，为星洲名媛。珍妮小姐在看过徐悲鸿的画展后，对他的艺术产生了浓厚的崇拜之意，继而萌发了想找徐悲鸿为她定制一幅肖像画的想法。于是珍妮向他的男友——时任比利时驻新加坡副领事渤兰嘉说了想请徐悲鸿为她画像的意愿，渤兰嘉听后很支持女友的想法。受渤兰嘉之托，徐悲鸿答应了为珍妮画像。画完后，珍妮小姐对徐悲鸿的画艺赞叹不已，付给了徐悲鸿十万多新币，并大力支持徐悲鸿的南洋赈灾画展，此事也成为一时盛传的佳话。图4-5为徐悲鸿与其油画《珍妮小姐像》的合影。

　　2011年11月，中国嘉德秋季拍卖会上，徐悲鸿的这幅《珍妮小姐像》以5750万元人民币成交，说明了虽然时隔72年，不朽的艺术仍能打动人心。

　　徐悲鸿在新加坡举行画展之后，还受邀为汤姆斯总督画像，总督本人曾多次到江夏堂当模特儿。图4-6为徐悲鸿与所绘《汤姆斯总督像》的合影。1939年9月14日，汤姆斯总督画像悬挂典礼在新加坡维多利亚纪念堂隆重举行，徐悲鸿是第一个为新加坡总督画像的华人画家。他将此次画像的一半报酬用于抗战赈灾。如今，这幅名作被收藏、陈列于新加坡国家博物馆（图4-7）。

　　图4-8为1939年徐悲鸿为新加坡华侨杰出商人陈延谦、李俊承所画的素描像。在这幅素描中，陈延谦是一位头戴斗笠、身穿蓑衣之人，表情从容。李俊承是一位虔诚的佛教徒，徐悲鸿画了他身穿袈裟的形象，四分之三的侧面，画中的李俊承淡定慈祥地凝视着远方，展现了他执着的宗教信仰。1940年，徐

图 4-6（上）

1939 年，徐悲鸿在新加坡维多利亚纪念堂举行画展后，受邀为汤姆斯总督画像，总督本人曾多次到江夏堂当模特。

图 4-7（下）

徐悲鸿绘《汤姆斯总督像》，油画，1939 年，新加坡国家博物馆藏。邵晓峰摄于新加坡国家博物馆。

图 4-8
1939 年，徐悲鸿为银行家陈延谦、李俊承所绘肖像。

悲鸿为李俊承所著《印度古佛国游记》（商务印书馆出版）绘彩色著者像一幅。

后来，徐悲鸿又根据素描稿把陈延谦描绘成一位在漫天雪意的江面上垂钓之人，此画故名《寒江垂钓图》（图 4-9）。画中的陈延谦手持钓竿，身后是漫天霜雪，虽身处寒境，但表情恬淡，眼神深邃，显示出高洁的人格。虽然徐悲鸿所画的是南洋见不到的雪景，可是在南洋的华人亦可借此慰藉对家乡的思念并追寻宁静淡泊的人生。

陈延谦是新加坡著名的华人领袖之一，也是当时中国最大的海外银行——新加坡华侨银行的创行总经理。在"九一八"事变后，他成立了南洋华侨赈灾会并担任首届主席。他虽然身在海外，却心系国内，一直为抗日战争筹赈捐款。李俊承也是新加坡华侨界的重要人物，任华侨银行行长，在南洋华侨赈灾会担任副主席，与陈延谦一道为抗日积极出力。陈延谦当时还有个社团头衔——"吾庐俱乐部"主席。1939 年徐悲鸿在新加坡举办展览时，陈延谦对其大力支

图 4-9
徐悲鸿《寒江垂钓图》，中国画，1948 年。

持，他曾以"吾庐俱乐部"名义捐款认购徐悲鸿画作，这些作品如今仍在"吾
庐俱乐部"。他不仅自己买了很多画，还介绍不少朋友前去捧场。可以说如果
没有陈延谦、李俊承这些友人的热情相助，徐悲鸿肯定难以筹得如此多的画款
来支持抗日。徐悲鸿为了感谢陈延谦和李俊承，特别为他们各画了一幅肖像画。
在 20 世纪 30 年代的新加坡，许多人想找画家为自己画像，而画得好的画家少
之又少，所以能有高手为他们画像是一件非常荣幸的事情，故而陈延谦、李俊
承很感谢徐悲鸿。当年南洋华人认购徐悲鸿画作，可以提出他们各自的要求。
陈延谦请徐悲鸿画的是一幅《寒江独钓图》，陈延谦对徐悲鸿画的这幅作品非
常满意，曾题诗明志道："蓑笠本家风，生涯淡如水。孤舟霜雪中，独钓寒江
里。"作为南洋华人企业家的佼佼者，陈延谦祖籍福建，出身贫苦，少年时随
父亲到南洋谋生，开始在商店当学徒，后来经营树胶种植与橡胶加工出口，经
过苦心经营而发展成为"橡胶大王"。1932 年，成立华侨银行有限公司，分行
遍及东南亚，陈延谦出任当时海外最大的华人金融机构总经理。同是出身贫寒
而获得成功，因此徐悲鸿与陈延谦心灵相通，对人生的领悟不同于凡俗。

　　陈延谦在新加坡的东海岸建有私宅"止园"，其中最为有名的是水榭"海
屋"，他将《寒江独钓图》陈设在"海屋"前厅。徐悲鸿离开新加坡之前，陈
延谦还在"海屋"设宴饯行，由徐悲鸿挚友黄孟圭、郁达夫作陪。陈延谦即席

作诗一首："老来遣兴学吟诗，搜尽枯肠得句迟。世乱每愁知己少，停云万里寄遐思。"日军占领新加坡之后，陈延谦忧愤交加，1943 年因心脏病去世，《寒江独钓图》在战乱中也不知所踪。

1948 年，《南洋商报》的一位摄影记者从中国采访归来后在新加坡举办摄影展，其中的一张照片拍的是徐悲鸿。去看展览的陈延谦之子陈笃山想起徐悲鸿就是曾为父亲画《寒江独钓图》的画家。陈笃山翻找父亲遗物，找到了《寒江独钓图》的一张照片。于是给徐悲鸿写了一份信，希望请他重画此图。

徐悲鸿接到陈笃山的来信之时，正值政局动荡，人心惶惶。尽管徐悲鸿事务缠身，但是他在1948 年 11 月 10 日给陈笃山的复信中还是说："笃山世仁兄惠鉴：手书及画像照片均收到。阅悉。目下事务甚烦，日为员生生活奔走，寝食俱废。但以尊人关系，亦愿一尽微劳。惟有一条件，乃仆至友黄孟圭先生此时困在澳洲，望能以四百叻币交与其弟黄曼士先生，仆即为命笔也。覆颂时绥。"（图 4-10）对于徐悲鸿真诚的要求，陈笃山爽快地答应。

1948 年 12 月，徐悲鸿以《寒江独钓图》为蓝本重画了一幅，并托人连同他在 1939 年为陈延谦、李俊承所绘的速写稿一起带到新加坡交给陈笃山。徐悲鸿将原画《寒江独钓图》改题为《寒江垂钓图》，并在画面的右上方题跋："廿八年四月春，余为星洲筹款之展，陈延谦先生属此图。

图 4-10（上）
1948 年，徐悲鸿给陈笃山的回信。

图 4-11（下）
徐悲鸿绘《放下你的鞭子》，油画，纵 144 厘米，横90 厘米，1939 年。邵晓峰摄于新加坡国家美术馆。

逮星洲沦陷，此图毁失。陈先生哲嗣笃山世兄函求重写，时国中烽烟遍地，人心惶惶。余方长国立北平艺术专科学校，情绪不宁。感于笃山世兄之孝恩不匮，勉力作此。卅七年十二月，徐悲鸿。"陈笃山按徐悲鸿的托付，将酬金交给黄曼士，再由黄曼士转交给病困在澳洲的徐悲鸿挚友黄孟圭。

从《寒江独钓图》到《寒江垂钓图》，是徐悲鸿一个人物画题材的两次创作，虽然前者有抗日战争的印记，后者有国共决战的背景，但是共同承载了他与南洋两代企业家的真挚情谊。

图 4-11 为 1939 年徐悲鸿在新加坡创作的油画《放下你的鞭子》，系笔者摄于新加坡国家美术馆。这幅画是徐悲鸿在新加坡创作的杰作之一，具有很高的艺术价值与时代价值。此作的主体是刻画了一位手持红巾、跪在地上卖唱的长辫子姑娘，创作严谨，个性鲜明。围观的群众则采用降调与弱化处理，虚实结合。这幅画还有一个特色，即在姑娘的着装刻画上，表现出了中国传统水墨画的韵味，青色的花纹，吉祥的花鸟图案，并有意减弱了光影的对比。在整体上，这幅画生动地展现了逃出沦陷区的难民沿街卖唱的场景，对于调动人民的抗日情绪发挥了重要作用。

徐悲鸿创作此画的缘由是在新加坡上演的街头剧《放下你的鞭子》。1939年 10 月，徐悲鸿在忙完了一天工作之后走到街头，在一个广场上看到正在上演街头剧《放下你的鞭子》。舞台旁围满了观众，这时徐悲鸿也挤进人群。《放下你的鞭子》是徐悲鸿好友、《义勇军进行曲》词作家田汉根据德国作家歌德的小说改编而来的独幕剧，后来被剧作家陈鲤庭、崔嵬等人集体改编成当年街知巷闻的抗战街头剧。它讲述了这样一个故事："九一八"事变以后，一对东北父女从沦陷区逃出来，流落街头以卖唱卖艺为生。在一次演出时，老汉的女儿正准备开唱时，却因长期饥饿，突然晕厥在地。可是老汉这时并没有过来扶起女儿，反而拿起手中的鞭子向女儿身上抢去。就在这时，人群中冲出了一位愤怒的男青年，对老汉大声吼道："放下你的鞭子！"说完便冲上前去一把夺走了老汉手中的鞭子。事后，老汉和女儿哭泣着诉说道："日本鬼子侵占我们的家乡后，在沦陷区根本无法过活，不得不流落街头卖唱讨饭。"这一幕幕动情的演出无不深深触动着在场人的情感，激发起人们的抗日斗志。

看完演出后，徐悲鸿在朋友介绍下认识了这幕戏的主要演员——扮演女儿角色的王莹。徐悲鸿被剧情和王莹的演技深深打动，决定邀请她当模特来创作一幅同名的油画《放下你的鞭子》。王莹（1913—1974）是安徽芜湖人，1930年加入共青团，同年加入中国共产党，积极从事革命活动。1934年赴日本东京大学艺术系学习，1935年回国后任电通影片公司演员。抗日战争爆发后参加组织救亡演剧二队，到15个省区巡回演出抗战戏剧。1939年，任新中国剧社副团长兼主要演员，根据周恩来指示，她和金山带领文艺工作者赴东南亚义演募捐筹款，宣传抗日救国，深受当地侨胞欢迎，还在陈嘉庚协助下购买药品以支援抗日。

王莹为了徐悲鸿的创作需要，多次来到他的画室当义务模特。徐悲鸿用了10天时间，以接近真人的比例将王莹入画而创作出这幅抗日题材画作，画完后徐悲鸿特地在画面右下角题写"人人敬慕之女杰王莹"以赞美王莹，反映了徐悲鸿忧国忧民以及国家有难，匹夫有责的艺术情怀。徐悲鸿好友黄孟圭特地为此事赋诗："大师绘事惊中外，女杰冬梅艺绝优。驰骋文坛为祖国，今名岂止遍星洲？"1940年，当徐悲鸿在印度创作《愚公移山》时，还运用王莹的形象来刻画其中的妇女。

后来的王莹艺有所成、学有所成。1942年7月，她和丈夫谢和庚一起，在中共党组织的协作下，以国民党政府"选派留学生"的名义前往美国学习。她先在耶鲁大学攻读文学，后去邓肯舞蹈学校学习，与美国文学家、诺贝尔奖获得者赛珍珠，美国著名戏剧家勃莱希特以及美国作家史沫特莱均有较深交往，并帮助史氏拟定朱德将军的传记。1943年，应美国政府邀请，她以英文在白宫表演了话剧《元配》和街头剧《放下你的鞭子》，观众深受感染，全场爆发雷鸣般的掌声。演出结束后，王莹与罗斯福总统合影留念，在很多年后，她还被称为"第一个在白宫演出的中国演员"。1955年回国后，王莹任文化部电影局剧本创作所、北京电影制片厂编剧，著有长篇小说《宝姑》《两种美国人》等。

图 4-12
1939 年，徐悲鸿（左二）与新加坡华人美术研究会的青年在一起。

　　徐悲鸿与王莹结下终身深厚友谊。在 20 世纪四五十年代，远在美国的王莹与徐悲鸿经常通信讨论各种问题。譬如，徐悲鸿本计划去美国办展览，因此有一笔钱放在美国的林语堂处保管。王莹夫妇去美国后需用钱，徐悲鸿将其中的 800 美元借给她救急，并告诉她不要急于还他。徐悲鸿还应王莹之请寄画给她，并告诉简易装框法：先用水将画喷湿，待其平直后再装框。徐悲鸿后来一直被高血压所困，因此询问王莹美国有无治疗此病的新药，等等。

　　之后，油画《放下你的鞭子》在新加坡长期杳无踪迹。2007 年 4 月，这幅画突然出现在香港苏富比春季拍卖会上，受到追捧，不仅刷新了徐悲鸿油画拍卖纪录，还创造了中国油画世界拍卖最高纪录——7200 万港元。然而，徐悲鸿与王莹之间的深厚友谊却少有人知。

　　图 4-12 为 1939 年徐悲鸿（左二）与新加坡华人美术研究会的青年在一起进行艺术交流时的合影照片。

　　新加坡华人美术研究会发端最早可以追溯到 1935 年由张汝器发起并成立的"沙龙艺术研究会"。起初该研究会只招收上海美术专科学校、上海艺术学校、新华艺术大学这三所学校的毕业生作为会员，会员很少，一直没有超过 20

人。但是后来大家觉得这样吸收会员，范围太小了，很难形成气候。于是在后来的会员大会上就取消了入会资格限制，只要人品端正，艺术造诣高的人士都能加入。成立初期的新加坡华人美术研究会的宗旨是"研究美术，联络感情，美化社会"。

1939 年，徐悲鸿带着千余幅精品画作来到新加坡举办展览，这给华人美术研究会带来了学习的机会与极大的鼓舞。徐悲鸿的年纪比美术研究会的会员们都大，再加上他是国立中央大学的著名教授，因此徐悲鸿在这里好像是他们的师长，既亲切，又权威。当年 2 月，为了迎接徐悲鸿到新加坡举办画展，华人美术研究会特意举办了隆重的欢迎宴会。在宴会上，徐悲鸿和会员们畅谈，并向他们提出了自己的绘画观，他认为："艺术有两个源头，即善和美。中国画注重美，但少于善，很少注重对真实的写生，中国画缺乏像西画那样一看就明白的好处。""现在我们画画应坚持现实主义的原则，把现实主义作为描写的方法，但不能拘泥于此。一幅画应该要反映出一些社会现象，让人一看就懂。""一地的美术欲求发展，须有美术馆的设立，内中搜集历来的美术作品，使大众有欣赏研究的机会。爱好艺术的人士和艺术家组织俱乐部则可为他们有集合的机会。一幅作品最少要反映一些时代的精神，艺术要表现生活，别以为自描两根香蕉、一个苹果就自命为天才。"

新加坡华人美术研究会的会员们被徐悲鸿的艺术思想深深触动，这场宴会直到深夜才结束。此后，徐悲鸿在新加坡的筹赈画展取得了前所未有的成功，离不开华人美术研究会同仁们的鼎力相助。

图 4-13 为 1939 年徐悲鸿为《百扇斋主手拓徐悲鸿用印》册的题签。在徐悲鸿即将赴印度之前，黄曼士把徐悲鸿的印章亲自拓成两本册子，用来纪念他们之间的交往。《百扇斋主手拓徐悲鸿用印》一共收录了徐悲鸿的 82 枚印章，封面用蓝青色宣纸装裱。在这本册子的第一页是徐悲鸿亲自题写的序言（图 4-14）："中国晚近虽文物衰落，但金石文字皆藉印刷术而广布，治印一门遂造成空前之瑰丽时代。如此册之作家，皆往古罕有之人物也。吾幸生与

图 4-13（左）

1939 年 9 月，徐悲鸿为《百扇斋主手拓悲鸿用印》题签。

图 4-14（右）

1939 年 9 月，徐悲鸿为《百扇斋主手拓悲鸿用印》所作序言。

并世且与友好，因得偿吾无厌之求，沉湎之嗜，谓非幸福乎。曼士二哥特为拓两份，亦缘法也。廿八年九月悲鸿志。"《百扇斋主手拓徐悲鸿用印》册是保存徐悲鸿用印最为完好的一本，其中的许多印章皆当时的治印高手为之，此册对研究中国近现代篆刻发展和美术来说是一份弥足珍贵的资料。

看到这里也许有人会问，百扇斋主到底是谁呢？徐悲鸿在新加坡得到的很多帮助皆源自黄曼士。20 世纪 20 年代，黄曼士在新加坡修建了自己的住宅——江夏堂。黄曼士平时有个爱好是收集折扇，在这些扇子中有象牙、紫檀、湘妃竹、紫竹等多种材质，扇子上画有很多名家之作，故而黄曼士的江夏堂又叫作"百扇斋"，黄曼士常自称"百扇斋主"。实际上，其扇面收藏多达数百件，徐悲鸿曾为黄曼士题曰："百扇斋曼士聚扇不厌多，言百者举成数也。"这些扇面不但是精彩之作，还包含可贵友情。黄曼士出门携扇，每次不同，轮流使用，既欣赏艺术，也享受艺术。

徐悲鸿常在黄曼士扇子上题字作画，1939 年春，他赠黄曼士金笺成扇

172

《猫》，并在扇背题诗曰："默默牛郎无所闻，耕耘想亦忆王孙。老天给假如人意，捡个新秋以代春。"

1939年1月，徐悲鸿还将自己珍藏的多幅扇面藏品赠予黄曼士。黄曼士也回赠徐悲鸿喜欢的名人作品。譬如，徐悲鸿曾说自己收藏任伯年作品以扇面、册页等小件为多，其中尤以黄君曼士所赠12页为极致。

图4-15为徐悲鸿于1939年创作的油画《弘一法师像》。

弘一法师（1880—1942），原名李叔同，是中国现代艺术教育的先驱之一。早年留学日本，在书画、音乐、戏剧等领域具有很高造诣，主持创办了中国第一个话剧社团——"春柳社"。1913年受聘为浙江两级师范学校（后改为浙江省立第一师范学校）音乐、图画教师。1915年起兼任南京高等师范学校（中央大学、南京大学及东南大学前身）音乐、图画教师。南京高等师范学校校歌就是由他谱曲的，其填词《送别·长亭外》传唱近百年至今而不衰。后剃度为僧，法名演音，号弘一。

此画的绘制源自徐悲鸿与弘一弟子广洽法师的交游。广洽法师（1900—1994），俗姓黄，生于福建南安。21岁到厦门，入闽南名刹南普陀寺出家。师从弘一大师学律10年，一生以师为鉴，持戒精严。弘一法师在南普陀寺创建佛教养正院，广洽法师任督学，弘扬律宗，严肃僧纪。抗战爆

图4-15（上）
徐悲鸿绘油画《弘一法师像》，纵60厘米，横40.5厘米，1940年，泉州开元寺弘一法师纪念馆藏。
图4-16（下）
新加坡广洽法师纪念馆。

发后，广洽法师来到星洲弘法，1948 年在新加坡芽笼建立薝蔔院，教化一方。广洽法师圆寂后，薝蔔院被建为新加坡广洽法师纪念馆（图 4-16），共三层楼，犹如一个文化宝库，收藏了徐悲鸿与印光大师、弘一法师、马一浮、于右任、齐白石、叶圣陶、丰子恺等文化名家赠给广洽法师的书画作品百余幅，其中以弘一弟子丰子恺的书画数量为最多，可见他与广洽法师的因缘之深。

1939 年，徐悲鸿来到新加坡举办支援抗战的画展，已迁居新加坡一年多的广洽法师给徐悲鸿提供了很多帮助。二人情谊的不断加深，与徐悲鸿的以艺会友、以艺结缘、以艺传道以及广洽法师的广结善缘、乐于助人、热爱艺术密切相关。为感谢广洽法师，1939 年 2 月 19 日，即徐悲鸿由香港抵达新加坡的第 40 天，他为广洽法师精心创作了一幅《观音大士像》（图 4-17、图 4-18）。此像尺幅约四尺，以白描法绘观世音菩萨手持杨柳枝，立于莲花上。但见天风吹拂，衣裙飘动，章法疏朗，气象俊逸。徐悲鸿以其天真烂漫的行楷书《心经》于画面右上端，并在画面左上端再题曰："己卯（1939 年）二月十九日设香花写大士像一区为广洽法师供养。悲鸿。"题跋的左上角钤白文《大慈大悲》起首章，"悲鸿"下方钤白文"徐悲鸿"名章，画面左下端钤"一尘不染"压角章。三方印章构成了画面上的三处红点，其余皆是灵动的游丝线条。此作中构图新颖，画、题、印相映成趣，下笔精准，线条匀称。观音大士的造型与众不同，虽然身着布裙，除了头巾与杨柳，无其他饰物，更无头光，但是其特有的清纯美丽、一尘不染已足以呈现菩萨的慈爱与庄严。笔者认为，这是目前所见徐悲鸿所绘观音像中最为清雅精彩的一幅，足见徐悲鸿用心之深。

为祝恩师弘一大师 60 寿辰，1939 年之夏，广洽法师盛情邀请徐悲鸿为弘一大师造像。实际上，徐悲鸿早已深知弘一法师，并在留法期间与法师的侄子李麟玉（1889—1975）相交甚厚，并得到麟玉的帮助。1926 年，徐悲鸿作《画稿二十一》，并在上面题跋曰："当日见巴尔堆农（今译作巴特农）旧册以价重不能购，今又遇之矣，价尤重过之，只有看他绝版而已，呜呼。"同稿又记曰："李君圣章（即李麟玉）为吾购之，实没齿不忘之大德也。"李麟玉，1915 年毕业于法国杜陆芝化学院，1921 年获巴黎大学理学硕士学位，之后任

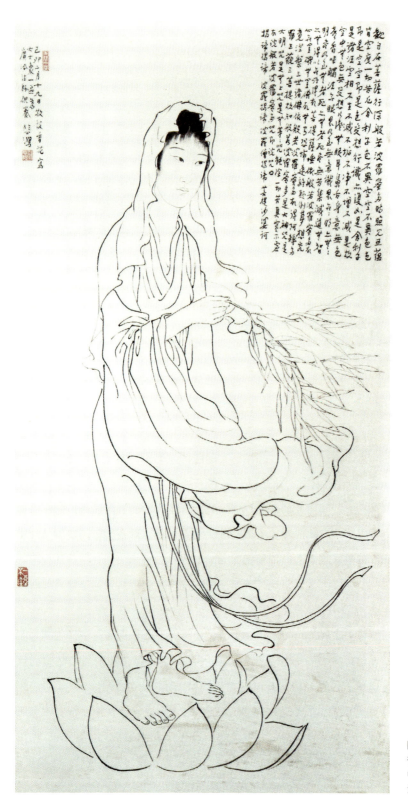

图 4-17
徐悲鸿绘《观音大士像》，
中国画，1939 年，新加坡广
洽法师纪念馆藏。

图 4-18
徐悲鸿绘《观音大士像》局部。

教于北京大学。1927 年获法国骑士勋章。虽然徐悲鸿从未见过弘一法师，但是他敬仰大师高洁的品格，便欣然接受广洽法师的请求。根据广洽法师提供的弘一大师照片，徐悲鸿画了油画《弘一法师像》。弘一朴实谦和、淡然清逸的神采跃然于上，渗透着悲鸿对于一代高僧大德的心灵解读。它经常被收入各种弘一大师纪念集中。

从印度回到新加坡之后，1941 年 6 月，徐悲鸿又为广洽法师创作了一幅扇面画，绘是喜马拉雅山麓美景，扇的另一面题曰："天游入净土，心清闻妙香。广洽法师道行高绝，持戒谨严，心深敬之。书此奉教。"

1947 年初秋，徐悲鸿出任国立北平艺术专科学校校长。这期间，他又为《弘一法师像》补写了一则题记，表达了他对大师的景仰之情。在题记中，他表明了早在北京大学画法研究会任导师时，已从同事陈师曾处得知弘一大师的为人，即心生仰慕，对弘一大师的书画艺术也是如此。他说："早岁识陈君师

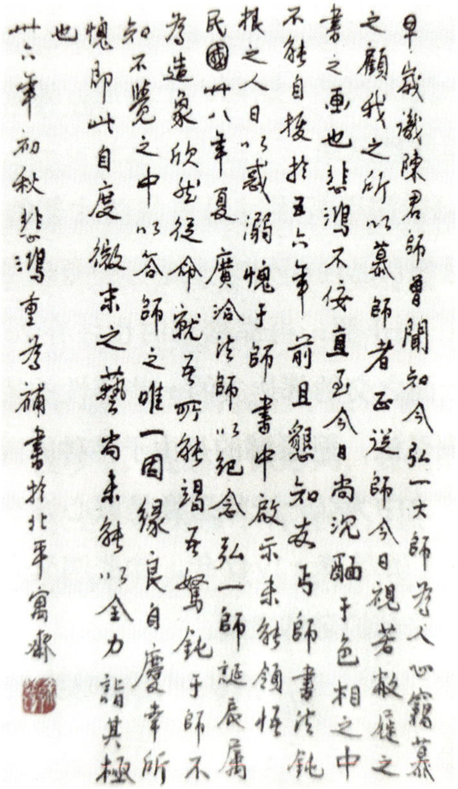
早歲識陳君師曾聞知今弘一大師為人心竊慕之顧我之所以慕師者正從師今日視若敝屣之書之畫也悲鴻不佞直至今日尚沉湎于色相之中不能自拔於五六年前且懇知友丏師書法鈍根之人日以惑溺愧于師書中啟示未能領悟民國廿八年夏廣洽法師以紀念弘一師誕辰屬為造象欣然從命就吾所能竭吾駑鈍于師不知不覺之中以答師之唯一因緣良自慶幸所愧即此自度微末之藝尚未能以全力詣其極也

卅六年初秋悲鴻重為補書於北平寓齋

图 4-19

1947 年，徐悲鸿补题《弘一法师像》。

曾，闻知今弘一大师为人，心窃慕之。顾我之所以慕师者，正从师今日视若敝屣之书之画也。悲鸿不佞，直至今日尚沉湎于色相之中不能自拔，于五六年前且恳知友丐师书法，钝根之人日以惑溺，愧于师书中启示未能领悟。民国二十八年夏，广洽法师以纪念弘一师诞辰，嘱为造象，欣然从命。就吾所能，竭吾驽钝，于师不知不觉之中，以答师之唯一因缘，良自庆幸。所愧即此自度微末之艺，尚未能以全力诣其极也。三十六年初秋悲鸿重为补书于北平寓斋。”（图 4–19）

值得一提的是，1995 年，值徐悲鸿 100 周年诞辰之际，徐悲鸿夫人廖静文先生携徐悲鸿作品在福建泉州海外交通史博物馆展览，共展出一百幅作品，其中最重要的作品之一——徐悲鸿绘《弘一大师像》被留在了泉州开元寺弘一法师纪念馆内，诚可谓两人 56 年后的再次因缘汇聚。

1939 年 10 月，徐悲鸿还绘制一幅《竹》赠予广洽法师，画上题款曰：“广洽法师惠存纪念。方外弟悲鸿。”1939 年 11 月 18 日，徐悲鸿应印度诗圣泰戈尔之邀赴印度国际大学进行讲学和举办展览。是日下午，徐悲鸿由新加坡乘坐

图 4-20

1940 年，徐悲鸿绘《泰戈尔像》，纸本设色，纵 51 厘米，横 50 厘米，徐悲鸿纪念馆藏。

轮船赴印度。前来送行的有黄曼士，以及广洽法师、林谋盛、林庆年等重要
友人。

1949 年，徐悲鸿还应广洽法师之请，邀请好友齐白石画《无量寿佛》，并
寄往新加坡赠予广洽法师。《无量寿佛》尺幅约三尺半，其中的佛为侧面像，
无头光，平头短发，蓄两撇八字须，戴耳环，全身裹在一袭黑领红袍里。形象
朴素超然，略显幽默，与一般画家所绘的佛像迥然不同，具有白石老人自己独
到的理解。齐白石以篆书题"无量寿佛"于画面右上端，右下端行书款："广
洽法师供敬。齐璜。"其下钤白文"齐白石"名章。广洽法师的好友丰子恺在
画面左上端作了补题："寿无量，愿无尽，蔷薇花长春。广洽上人供养。戊子
小春于南普陀，子恺拜题。"其下钤三枚朱白相间、大小相当的名、姓与斋名
章。丰子恺也是弘一法师的得意弟子，这一题跋体现了丰氏对于这幅不同寻常
的无量寿佛像的艺术理解与精神寄托。

1942 年 1 月 6 日，徐悲鸿登上开往印度的轮船，途中弃船经缅甸仰光转滇
缅公路回国。这以后，虽然他与南洋的一些友人一直保持通信，也屡屡计划再
去南洋，但是由于各种原因，再也没有成行，殊为可惜。然而，徐悲鸿在南洋
留下的大量作品、故事，与友人结下的诸多情谊，为我们研究他的艺术及其精
神仍将发挥重要作用。

图 4-20 为 1940 年徐悲鸿所画的中国画《泰戈尔像》。

1939 年 7 月 2 日，徐悲鸿在新加坡应当地华侨领袖李俊承的邀请，出席了
欢迎印度国际大学中国学院院长谭云山之素宴。也正是因为这次与谭云山的见
面，加深了徐悲鸿与谭云山的友谊。谭云山与印度大诗人泰戈尔交情甚深，于
是很快有了泰戈尔邀请徐悲鸿前往印度举办画展与讲学的异域之旅。1939 年
11 月 18 日，徐悲鸿由新加坡赴印度，开启了他的异国之行，赴印度国际大学
进行讲学和举办展览。在印度，谭云山为徐悲鸿的作画、采风、展览、讲学提
供了大量帮助。1940 年 12 月 13 日，徐悲鸿由印度返回新加坡。

得知徐悲鸿将赴印度，新加坡华人美术研究会于 1939 年 11 月 2 日在罗敏

图 4-21

1939 年 11 月 2 日，徐悲鸿将赴印度，新加坡华人美术研究会在罗敏申路爱华音乐戏剧社为其举行欢送茶会，与会者有会长张汝器（左六）、黄葆芳（前排左五）、徐君濂（前排左七）等。

申路爱华音乐戏剧社为徐悲鸿举行隆重的欢送茶会（图 4-21），与会者有会长张汝器（前排左六）、黄葆芳（前排左五）、徐君濂（前排左七）等人，足见新加坡华人美术家们对徐悲鸿的厚爱。

徐悲鸿在印度举办一系列活动之余，还画了很多的速写及素描，从印度风土人情到各种动物，从伟人的肖像到印度的风景，从学校的音乐课到自画像，并为创作巨作《愚公移山》积累了大量的素材。徐悲鸿曾多次为泰戈尔画像，二人结下深厚友谊。

中国画《泰戈尔像》如今已是我们耳熟能详的现代中国人物画杰作，在创作它之前，徐悲鸿关于泰戈尔的速写与深入的素描多达十余幅，刻画了沉浸在工作中的泰戈尔的不同神态，而且创作了油画《泰戈尔像》，这些是中国画《泰戈尔像》得以成功的重要基础。在徐悲鸿笔下，此画被赋予中国式的艺术语言。泰戈尔坐在一棵葱郁的榕树之下，树枝之上、树叶之间还有两只小鸟鸣唱。泰戈尔白发银须，散发出智慧的光芒。他安详地坐在藤椅上，右手握笔，左手拿着一个蓝色封面的本子。这是泰戈尔在思索写作时凝神聚气的瞬间状态。他的眼神似乎穿越了时空，以探求生命本源的曙光。这幅画不仅表现出中国画特有的水、色、墨交融的淋漓状态，而且传达出了徐悲鸿对于泰戈尔诗歌精神的独到理解。在徐悲鸿为泰戈尔这位伟大的诗人所画的肖像画中，此幅是流传最为广泛的。

图 4-22（上）
1940 年 3 月 31 日，徐悲鸿为新加坡《星洲日报》撰写的有关甘地和泰戈尔的文章。

图 4-23（下）
1940 年 6 月，徐悲鸿与泰戈尔合照，徐悲鸿赠予黄孟圭。

　　与泰戈尔的因缘与友谊源自徐悲鸿在印度的活动与画展。徐悲鸿在印度期间受到了泰戈尔的热情接待，徐悲鸿还在印度国际大学举办了专题讲座来介绍中国现代绘画。他非常喜欢泰戈尔的诗，在院子里散步时还经常即兴吟诵。泰戈尔也对徐悲鸿的艺术修养也十分赞赏，尤其赞佩他的南洋筹赈画展。泰戈尔还对中国的抗日战争表示强烈支持。泰戈尔也是一位画家，60 岁开始从事美术创作，在巴黎、伦敦、莫斯科皆曾举办过展览。80 岁时，已成画 2000 余幅。在徐悲鸿临行之前，他邀请徐悲鸿与印度国际大学美术学院院长囊达赖尔波司（Nandlal Boss）为他即将出版的画集挑选画作。两位艺术家花了整整两天将其各类作品细检一通，得精品 300 余幅、最精者 70 幅。

　　徐悲鸿还留下了较多与泰戈尔交游的图文：1940 年 3 月 31 日，徐悲鸿在新加坡《星洲日报》撰写了有关泰戈尔、甘地的文章《与印度圣者的会见》以及为泰戈尔画的素描像（图 4–22）。1940 年 6 月，徐悲鸿寄赠黄孟圭的徐悲

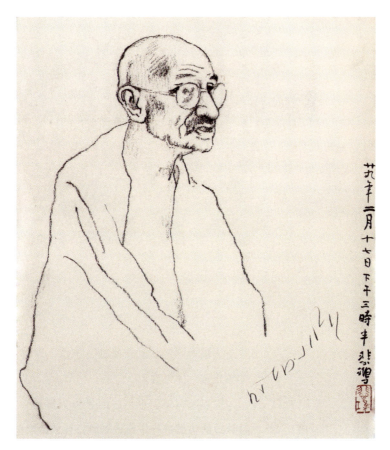

图 4-24
徐悲鸿绘《甘地像》，速写，纵 20 厘米，横 23.8 厘米，1940 年，徐悲鸿纪念馆藏。

鸿与泰戈尔合照（图 4–23）。1941 年 8 月 7 日，泰戈尔逝世。为追悼这位伟大的诗人、哲学家、画家，是年 9 月 8 日，徐悲鸿还在新加坡广播电台发表了国语广播演讲，并在新加坡《星洲日报》上发表《泰戈尔翁之绘画》。

图 4–24 为 1940 年 2 月 17 日徐悲鸿为印度圣雄甘地所画的速写《甘地像》，画上有甘地的亲笔签名。那天上午，泰戈尔先生在圣蒂尼克坦的国际大学举行了盛大而隆重的欢迎会，迎接甘地及其夫人的访问。徐悲鸿画甘地的速写像时选取了最好的位置，他为此曾写道："吾为甘地速写两素描，在国际大学欢迎会上作，乃其右方最适合之处。"泰戈尔介绍徐悲鸿与甘地相见，并建议在印度下届国民会议期间举办徐悲鸿的画展，甘地当即表示同意。徐悲鸿对甘地怀着极为崇敬的感情，赞颂他是伟大的爱国主义者，具有坚韧不拔的斗争精神。徐悲鸿曾愉快地回忆说："甘地先生体格并不小，且不黑，尤不矮。……

图 4-25（上）
徐悲鸿绘《喜马拉雅山》，中国画，1940 年，徐悲鸿纪念馆藏。

图 4-26（下）
徐悲鸿在大吉岭。

看上去极为强健，动作敏捷，不像七十多岁的老人，大笑时像儿童一样天真。"

　　这幅速写不但形似，而且极为传神。在速写中徐悲鸿对甘地的头部进行了重点刻画，甘地微微曲颈，面容慈善，神情毕现。好像正在倾听大家的诉说，并努力思索解救人们苦难的途径。他双手垂搭，又好像是要走到苦难的人群中去抚摸他们的额头。这幅画虽是速写，画得十分简洁，但笔笔之间都流露出一个艺术家的纯真性情和一个民族英雄的博大情怀。甘地是印度著名的民族解放运动领袖，是现代印度的"国父"，他所创立的政治思想——甘地主义（非暴力主义）成为了印度脱离英国殖民而独立的思想支柱，甘地的所作所为赢得了世人的敬重。在甘地的提倡下，徐悲鸿在圣蒂尼克坦和加尔各答两地各举办了一次画展，其卖画所得款项全部用于救济抗战难民。

　　图 4-25 为 1940 年徐悲鸿在喜马拉雅山所画的作品。这幅画用水墨来表现山中的劲木，画中的笔触虽然不多，但笔笔雄健，浓淡干湿皆备，远景云雾蒙蒙，若隐若现。

图 4-27

徐悲鸿绘《喜马拉雅山之林》，油画，纵 95 厘米，横 59 厘米，1940 年，徐悲鸿纪念馆藏。

图 4-28（上）
徐悲鸿绘《愚公移山》，中国画，纵 144 厘米，横 421 厘米，1940 年，徐悲鸿纪念馆藏。
图 4-29（下）
徐悲鸿绘《愚公移山》，油画，纵 213 厘米，横 462 厘米，1940 年，徐悲鸿纪念馆藏。

通过这种虚实对比的精简表现，把喜马拉雅山凛冽的风光与劲健的寒林传达得恰到好处。

　　徐悲鸿在印度举办展览期间，仍然坚持进行大量的写生，其中既有场面宏大的恒河与草原，也有精微细小的花鸟虫鱼。但他还有个心愿，就是去世界最高的山脉——喜马拉雅山进行写生采风。这年 4 月，在朋友的陪伴下，徐悲鸿来到了喜马拉雅山的大吉岭（图 4-26）。在这绝美的风景之中，徐悲鸿激动地拿出画笔来，最快时十分钟就能画成一幅速写，他要尽自己最大的能力把这难得的素材记录下来。次月，又在友人陪同下，徐悲鸿来到锡金和印度交界的喜马拉雅山段。他们游走在身临万丈悬崖的曲幽小径上，时而云层蔽日，时而阳光普照，从雪山上刮来的寒风刮着脸颊，白云在身边流过。为此，徐悲鸿说"登此山是我平生第一快事"，并作诗数十首感怀。他还创作油画《喜马拉雅山之林》（图4-27）以记之，此画构图大胆出奇、色彩斑斓厚重、意境深邃悠远。

《愚公移山》（图4-28、图4-29）是徐悲鸿客居印度期间创作的最为重要的绘画作品。1939年11月，应印度大诗人泰戈尔之邀，徐悲鸿从新加坡赴印度举办画展，直至1940年12月，徐悲鸿离开印度。这期间，他在印度创作了大量作品，但最为成功、影响最大的成果是《愚公移山》的系列绘画作品。当年，正值中国人民抗日的危急时刻，画家意在以形象生动的艺术语言表达抗日民众的决心和毅力。

作为《列子》中记载的一个著名故事，《愚公移山》中的愚公是一位年近九十的老者，在他的屋门前有两座大山——王屋山和太行山。愚公一家人每次出山都要走很远的路，愚公决心改变这一切。于是他把家人召集起来，说："我们一起把门前的这两座山挖掉，这样出行才能方便。大家同意吗？"愚公全家听后都表示赞同。第二天全家便带着锄头等工具开始挖山了，就连最小的孙子也一同去了。一天，一个叫智叟的老人来到山上，他劝愚公别挖了，并说："你都这么老了，现在连一根草都难拔断，如何能把这两座大山搬走呢？"愚公却说："我虽不行，但有儿子、孙子，这样子子孙孙，无穷无尽，还怕挖不走？"智叟听后无言以对。愚公挖山之事感动了上天，于是派了两位天神将二山搬走，从此，整个村子的人进出均十分方便。

1940年，国内的抗日战争变得日益激烈残酷，徐悲鸿为何要在这一时期创作这幅画呢？因为此时的日本帝国主义几乎快把整个中国围困起来，为打通与外界的联系，数以十万计的中国人民用最原始的工具在中缅边境的高山峡谷开凿出一条中缅国际公路，为抗战援助物资的运输发挥了重要作用。在修建这条公路时，很多工友跌入山谷，十分惨烈，但是为了抗战，没人退缩过。徐悲鸿在听说这一现代版的"愚公移山"事件后，感慨万千，脑子里整日都浮现着一幕幕豪壮的场景，激发了他创作《愚公移山》的行动力，决心以此画来激励

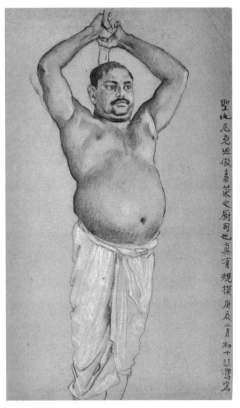

图 4-30（左）
《愚公移山》画稿，纸本素描，纵 56 厘米，横 33.5 厘米，1940 年，徐悲鸿纪念馆藏。
图 4-31（右）
《愚公移山》画稿，纸本素描，纵 46.5 厘米，横 23.5 厘米，1940 年，徐悲鸿纪念馆藏。

全国人民继续团结一致抗击日寇，争取最后胜利。由此可见，徐悲鸿的《愚公移山》不只是对于一个古老神话的图像诠释，而是中华民族追求精神自由的艺术史诗。

今天看来，在民国画坛，大型绘画作品是罕见的，优秀而具有广泛影响力的巨作更是十分难得。究其原因，较为复杂。概括而言，当时的一位艺术家若立志创作巨型画作，不但需要坚强的毅力、果敢的决心、合适的机缘，而且需要充裕的绘制时间、安静的工作环境、富足的经济保障。在那个兵荒马乱的时代，后三点显得十分奢华，即使对于徐悲鸿这样享誉国内外画坛的大画家来说，也不易得到。因此，在徐悲鸿一生中，也仅仅创作了《田横五百士》《九方皋》《傒我后》《愚公移山》等为数不多的大画。客观而言，在印度的 13 个月里，徐悲鸿暂时摆脱了国内动荡的环境，调整好纷乱的心绪，并得到了好友的大力

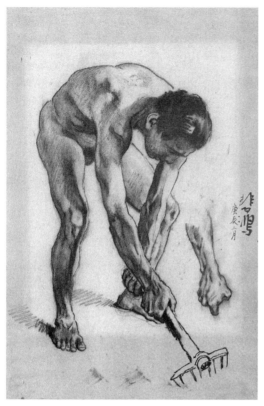

图 4-32（左）
《愚公移山》画稿，纸本素描，纵 48 厘米，横 31.5 厘米，1940 年，徐悲鸿纪念馆藏。
图 4-33（右）
《愚公移山》画稿，纸本素描，纵 41.5 厘米，横 32 厘米，1940 年，徐悲鸿纪念馆藏。

支持，他十分珍惜，创作了大量速写、素描、中国画、油画以及诗歌等，可谓其艺术生涯的高产期、黄金期。

从时间表上看，1940 年 7 月，徐悲鸿创作完成中国画《愚公移山》（图 4-28）；是年 9 月上旬，徐悲鸿创作完成油画《愚公移山》（图 4-29）。

比较这两幅《愚公移山》，可发现中国画尺寸为纵 144 厘米，横 421 厘米，油画尺寸为纵 213 厘米，横 462 厘米。在比例上，油画版显得比中国画版更高。就构图而言，与中国画版不同的是，油画版取消了挑筐壮汉与大象形象，并将大肚子壮汉从叩石垦壤行列的左二换到了左一，将其鼓起的腹部描绘得更加浑圆。油画版的远景境地更为开阔，但见蓝天白云，山峦起伏，树丛人家，生机盎然，并将读者的视线引入很远的天际。这与在章法上将大肚子壮汉的位置进行调整密不可分。因此在整体上，《愚公移山》的油画版比中国画版在章法建构、人物安排上更为成熟，这应该归功于画家对于素材的不断积累与精心选择。

1940 年 2 月下旬，徐悲鸿在位于圣地亚克的印度国际大学开始创作《愚公移山》。就笔者掌握的资料来看，徐悲鸿为画好这一巨作中的十多位人物，绘制的画稿、素描稿多达数十幅。从分析人物动作的单个人物，到数个人物的情节组合；从深入细致的素描，到简括的线描。这些无不再三推敲，反复锤炼。

对于模特的选择与描绘是徐悲鸿《愚公移山》以图稿叙事的重要内容，当时画面上的人物多是由印度人来做模特的。画稿中有一个像鲁智深的人物被反复描绘，其原型是一位印度厨师。徐悲鸿在一幅素描的右边题跋曰："圣地亚克坦做素菜之厨司（师）也，真有规模。庚辰（1940 年）二月初十。悲鸿写。"（图 4-30）其中所谓"规模"是调侃用语，应该是指其宽厚的体块与便便的大腹。徐悲鸿还说，"那个像鲁智深的模特，型体伟壮，且性格豪爽，工作严肃热情，吾甚爱之。故郑重保留画中，不作任何改造。"这位印度国际大学的厨师名叫拉甲枯马尔啼亚。徐悲鸿每次请他做模特，他很高兴，而且很认真，几乎随叫随到。正是由于拉甲枯马尔啼亚与其同事的相助，徐悲鸿完成了画中多位人物开山、劈石、挑筐的动作素材（图 4-31 至图 4-33）。

《愚公移山》主要表现了开山劈石的六位壮汉，徐悲鸿为他们的形象绘制了大量的素描，表现他们或坐或卧或躺，或静或动，或挑担或持物，还为有的画了头像。他们不但具有典型的印度青年男子特征，而且身强力壮、筋骨结实。在徐悲鸿笔下，这些特征形神兼备。特别是对于举耙的动作，徐悲鸿进行了一系列的素描分析，从直立举耙，到弯腰举耙，再到曲腿举耙，还有两幅素描表现的是曲腿的局部特写，描绘血管膨胀、青筋鼓起的腿脚，虽然因弯曲程度的不同，大腿与小腿的肌肉、筋骨明显不同，但是均将劳动者脚踩大地、血脉贲张，奋力开凿的特征表现得入木三分。这些显示出画家对于这一动作的高度关注与精心刻画，因为在《愚公移山》中最震撼人心的场面就是这六位青壮男子一起奋力举耙开山的火热场景。放眼这幅画，给人视觉冲击感最强烈的就是这一排裸体壮汉，其中四人全裸，两人半裸。他们手抢钉耙，高高举起，呼呼生风，动感极强，具有排山倒海的气势。好像只要有他们，再大的山都能搬走！

画面右下方绘有盛开的牵牛花和葱郁的常青藤，寓示着愚公一家人在未来拥有无穷无尽的子孙后代，生生不息。画面的远处有一位姑娘赶着运输山石的牛车。和右边的画面相比，左边的画面给人一种舒缓的节奏感，表现的是愚公正和一位妇女对话，旁边的一个小孩子在吃饭，一个小孩子也在搬弄山石。就目前遗存的资料所见，甚至连捧着碗吃饭的裸体小孩、负重缓步而行的大象，徐悲鸿均以素描稿进行了准备。

1940年12月1日，徐悲鸿在《宇宙风》（乙刊）上发表了3幅旅印作品——《泰戈尔之父修禅定处》《泰戈尔画像》《印度的鲁智深》，可见徐悲鸿对拉甲枯马尔啼亚形象是何等的情有独钟。

《愚公移山》这幅画，不管是在构图上，还是在人物刻画上，都显示出徐悲鸿中西融合的艺术主张。人物的布置有疏有密，情节的安排重点突出，跌宕起伏，扣人心弦。在看过这幅画后，可能很多人会有这样的疑问：那个妇女为什么头裹白巾，腰系白带？那六位壮汉为何都是卷发，而且都是肌肉发达的印度人？后来，当《愚公移山》画作闻名于世后，就曾有人问徐悲鸿为什么要在中国历史题材中加入印度人形象，他如是说："虽是印度人，但都是勤劳的劳动者，形象不同于中国人，但意义却是一样的。"

然而，进行这一史无前例的创作实在不易，直到1940年3月下旬，徐悲鸿才完成了《愚公移山》的草稿。这时候的圣地亚克已酷热难当，使人茶饭难进。于是，徐悲鸿决定赶赴印度东部的避暑胜地——大吉岭来完成《愚公移山》的国画与油画创作，以及去喜马拉雅山写生。是年4月2日，徐悲鸿在致好友、出版家舒新城的信函中说："一月以来将积蕴二十年之《愚公移山》草成，可当得起一伟大之图。日内即去喜马拉雅山，拟以两月之力，写成一丈二大幅中国画，再写成一幅两丈之（横）大油画，如能如弟理想完成，敝愿过半矣。尊处当为弟此作印一专册也。"由此可见，创作《愚公移山》是徐悲鸿盘桓在心间已有20年之久的重要愿望。很有可能，当悲鸿在欧洲求学期间，在看到那些极具内涵、深沉宏大、精彩绝伦的西方历史故事油画时，已经萌生了为本民族历史故事绘写巨制的宏大理想，同时也想以此来表达为苦难的祖国救亡图存、

图 4-34

以徐悲鸿中国画《愚公移山》为原本的大型浮雕《愚公移山》（位于中国国家博物馆新馆西大厅），纵 12 米，横 36 米，2011 年，邵晓峰摄。

不屈不挠的抗争精神。

是年 5 月，徐悲鸿乘马深入喜马拉雅山至锡金边境之法鲁，于险峰危路之上作长诗咏怀，其中有诗句曰："羊肠小径穿云上，辜负良工凿路功。"这对于他深化《愚公移山》的创作构思带来形象的帮助。是年 7 月 7 日，徐悲鸿又致舒新城信函，他在其中说："弟于七月六日返抵国际大学。山居三月，写得大小中西画近百幅。《愚公移山》中国画亦写就，恨无法装裱一览。弟此时将着手油画愚公，惟天时酷热，乍自温良天气到来，甚感不适。"可见，是年 7 月，徐悲鸿完成了中国画《愚公移山》的创作。是年 8 月，徐悲鸿在印度国际大学开始绘制油画《愚公移山》。当画到愚公邻居京城氏之孀妻时，拿出所画王莹（扮演抗战街头剧《放下你的鞭子》中的女儿的著名演员）像作为模特。印度国际大学有学生开玩笑说："王莹不是变成了 widow（遗孀）了吗？"是年 9 月上旬，徐悲鸿终于完成了巨幅油画《愚公移山》的创作。

就现存图稿而言，徐悲鸿还绘制了大量未见于《愚公移山》画中人物与动作的素描稿，现有一部分藏于徐悲鸿纪念馆。今天看来，这些也是他探索如何创作这幅画的重要基础。正是在这些人体与动作的推敲与优选之中，在不断的图稿叙事中，徐悲鸿逐渐明晰了《愚公移山》的基本构图、人物遴选与动作落实。

　　总的来说，在中国画《愚公移山》中，徐悲鸿将西方写实艺术的技巧、构图与观念融入其中，创造了新颖的画风，突破了中国画不能表现大型主题性人物画创作的局面，一枝独秀；在油画《愚公移山》中，他有机渗入中国书画的用线方式与意象韵味，开写意油画之先河。就中西艺术的互融而言，他通过这一题材的创作，开拓了自己的艺术语言与视觉形式，为后世留下了宝贵的美术遗产，影响深远。

　　2011年，中国国家博物馆新馆落成，其西大厅上部墙壁上安放着以徐悲鸿中国画《愚公移山》为原本的大型浮雕《愚公移山》（图4-34），引人注目。该浮雕纵12米，横36米，是目前全国最大的室内石雕作品，由雕塑家曾成钢运用花岗岩的再创作，这是当代对徐悲鸿作品及其艺术精神的一种延续与传播。

　　图4-35为1942年徐悲鸿在新加坡的藏画之地——愚趣园，它位于新加坡郊外，园内建有愚趣斋（图4-36）。

　　新加坡堪称徐悲鸿的福地，每次他来这里举办画展都很成功，而且还结识了不少有识之士，愚趣斋主人韩槐准是其中一位。

　　1936年，韩槐准在新加坡的郊外买了几亩山坡地，那时此处还是一片荒芜之地。韩槐准带着自己的子女开荒于此，把这里建成了一个自家的小庄园。在园中他修了两座小屋，一座用来居住会客，另一座则专门用于收藏图书字画。韩槐准在园子里种了大片的红毛丹，每当红毛丹成熟后他便广邀自己的朋友前来品尝。在当时，来愚趣斋品红毛丹几乎成为了当地文化圈的一种风尚。

　　也就是在尝红毛丹的时候，韩槐准和徐悲鸿相互认识了，后来徐悲鸿经常来这里游玩，并和韩槐准成为好友。这座小房子上的牌匾"愚趣斋"三个大字就是徐悲鸿题写的，二人之间的交往还成为了一段广为流传的佳话。韩槐准在70高龄时毅然回国，并将这块牌匾带回国内。之后，连同大批书画、瓷器等文物均捐赠故宫博物院。图4-37为韩槐准（右）与好友许云樵合影于愚趣斋。

　　1939年，徐悲鸿来到新加坡举办筹赈画展时，带着千余幅作品，这些作品中还有他花了很大力气征集而来的名人作品，包括张大千、齐白石、吕凤子等

192

图 4-35（上）
1942 年，徐悲鸿在新加坡的藏画之地——愚趣园。

图 4-36（中）
愚趣斋。

图 4-37（下）
徐悲鸿题写牌匾的"愚趣斋"。1942 年，徐悲鸿将藏宝地选在了愚趣斋，这是韩槐准（右一）的书斋，其匾额是徐悲鸿手书，墙上挂着徐悲鸿画的马。

人的精品。可是 1941 年底，日本发动了太平洋战争，新加坡也被卷入了无情的战火，此刻徐悲鸿不得不离开此地了。由于回国的船票非常紧张，根本没有带大件行李的可能性，在 1942 年初，徐悲鸿把身边大量的珍贵画作交给了韩槐准代为保存。韩槐准得到徐悲鸿交给的画箱后，知道这其中的巨大价值。若保存不当被日本侵略者抢走，那可是无法弥补的损失。于是他连夜把自己的儿子叫来协助秘藏这些画，韩槐准把这些画用厚实的布料包裹了起来，再用蜡做了一层防水处理，把它们装在一个巨大的陶缸中，埋在了自己的愚趣园里。

抗日战争结束后，韩槐准把这些作品挖了出来，一件不少地装箱托人运到了北京交给了徐悲鸿。当徐悲鸿见到这些分别多年的心爱之作后，好似见到了自己的亲骨肉一般，万分感激韩槐准。此后二人经常书信来往，成为知己。

另外，为保险起见，徐悲鸿还请新加坡的其他好友将另外的 40 余件油画作品藏于新加坡崇文学校附近亚答屋的一口枯井内。此井后来被炸毁。1945 年 9 月 7 日，徐悲鸿的挚友黄曼士和林金开到崇文学校找到其校长钟青海，从枯井中竟然取回了徐悲鸿的藏品。事后黄曼士将藏品的清理情况函告徐悲鸿。徐悲鸿十分欣喜，表示赠予钟校长一件他喜欢的藏品。钟校长后来挑选了小幅油画《愚公移山》作为存念。

图 4-38 为 1941 年徐悲鸿所画《奔马》（题第二次长沙会战）。画中徐悲鸿用酣畅淋漓的笔墨精准地画出马的头、颈、胸、腹和四肢，再用奔放的笔触猛扫出颈部的鬃毛和尾巴，雄肆潇洒，动感强烈。整体的笔墨干湿相间，对比非常分明。徐悲鸿笔下这匹马的角度几乎接近全正面，这是一种极难把握的视角。从整体上看，画面前大后小，透视感较强。奔马骨骼坚韧，健壮有力，神采奕奕，勇往直前，正向读者迎面冲来，似乎要奔出画面，给人以空前的震撼。

徐悲鸿曾说："余爱画动物，皆对实物用过极长时间功力，即以画马论，速写稿不下千幅。"为了勤于练习，徐悲鸿还曾在其南京傅厚岗的家中养了一匹小马以供写生之需。可见，其扎实的画马基本功源自其过人的速写造型训练。如今人们一提到徐悲鸿，均知他是画马高手。徐悲鸿笔下的马不但运用了科学的透视解剖，而且还结合了写意的中国传统笔墨精华，而且从一定意义来说，他画的马还是其人格与理想的体现。对于徐悲鸿来说，一幅马的画稿画了七八次是常有之事，有的甚至多达 20 余次。1951 年，徐悲鸿和常书鸿谈画马时曾说："我画了数以千计的马的草稿，但至今还没有一幅使自己满意的行空的 qallop（马的四个蹄子同时离地飞奔时的称呼）。"

国立中央大学教育学院艺术科的学生们看到徐悲鸿画马好像不假思索，呼之即来，一挥而就。于是请教徐悲鸿对于马写生过多少次。他笑着说："记不清了，我怎能记得画了多少次？那时我在巴黎和马场交上朋友，经常一去半天，甚至一整天，速写马的各种动态。总之，在旅欧 8 年之内，素描稿不下千张。除此还必须熟悉马的解剖，如马的周身骨骼、结构，单知道还不够，还要牢记于心，才能运用到具体的画中去。"

此幅《奔马图》是徐悲鸿 1941 年客居马来西亚槟城时所画，画幅右侧有题跋："辛巳八月十日第二次长沙会战，忧心如焚，或者仍有前次之结果也。企予望之。悲鸿时客槟城。"槟城，亦称槟榔屿、槟州，马来西亚十三个联邦州之一，位于马来西亚西北部，当时的徐悲鸿正在那里举办赈灾画展。

从 1939 年到 1941 年，徐悲鸿在新加坡、吉隆坡、怡保、槟城四地举行筹赈画展（见下

图 4-38（上）
徐悲鸿绘《奔马》，中国画，纵 130 厘米，横 76 厘米，1941 年。徐悲鸿纪念馆藏。

图 4-39（下）
1941 年 3 月，马来西亚霹雳华侨筹赈祖国难民委员会赠给徐悲鸿的感谢状"仁风远播"。

表），筹款总金额为 54000 余元叻币①，相当于当时中华民国 40 余万元法币，这笔巨款全部用于救济国内伤员与难民。

徐悲鸿南洋系列筹赈画展简表

时间	筹赈展览	筹款金额	地点
1939 年 3 月 14 日—26 日	徐悲鸿教授作品展览会	15398.95 元叻币	新加坡维多利亚纪念堂，3 月 18 日移至新加坡中华总商会
1941 年 2 月 8 日—15 日	徐悲鸿先生画展助赈	17800 余元叻币	马来西亚吉隆坡中华大会堂
1941 年 3 月 1 日—7 日	徐悲鸿先生画展助赈	9000 余元叻币	马来西亚霹雳州怡保波士打律韩江公会
1941 年 3 月 29 日—4 月 4 日	槟华筹赈会画展	12000 余元叻币	马来西亚槟城惠安公会

徐悲鸿将画展的全部收入捐献以救济祖国的难民，马来西亚的民间组织——霹雳华侨筹赈祖国难民委员会有感于此，专门颁发给徐悲鸿感谢状"仁风远播"（图 4-39）。徐悲鸿还与当地的华侨领袖张珠、刘伯群等举行座谈会，商议赈灾画展的各项事宜。

这一时期，也是徐悲鸿创造力最旺盛的阶段，很多优秀作品（如前述的《奔马》等）皆出自这一时期。

1941 年秋，抗日战争正处于敌我力量相持阶段，日军为了快速结束在华战争，并打通中国和东南亚在陆地上的联系，在发动太平洋战争之前彻底打败中国，使国民党政府俯首称臣，倾尽全力发动了第二次长沙会战。长沙是联通东南沿海和西南地区的要害之地，这次战役打了很长时间，我方曾一度失利，长

---

① 叻币（Straits Dollar）是马来西亚、新加坡与文莱在英殖民地时期，由英殖民地政府发行的货币，华人俗称"叻币"。1939年，英殖民政府发行新货币马来亚元（Malayan Dollar）取代叻币，但华人有时仍然沿用"叻币"来指称当地的货币。

沙为日寇所占。正在马来西亚槟榔屿举办艺展募捐的徐悲鸿听闻国难当头，焦急万分，连夜奋笔画就这幅《奔马》来寄寓对于抗战胜利的渴望。画笔传情，徐悲鸿把马和自己饱满的民族情感结合在一起，才造就了这种豪气勃发、"一洗万古凡马空"的杰作，其强健的生命力正是中华民族精神的象征。

现在这幅画几乎成为了徐悲鸿最为知名的画马作品，被传播的程度十分广泛，堪称家喻户晓。其刚健浑穆的用笔以及马的整体形态受益于其书法中苍茫高古的碑意审美追求，体现出放逸超脱的中国美学境界。

徐悲鸿早期的马具有一种中国文人的诗意，往往以水彩的方法绘制，体现出一种踯躅回顾之态。在其留学欧洲的 8 年时间里，除了早出晚归的写生画画，其足迹遍布动物园、火车站、菜市场与博物馆。在对人物画练习的同时，徐悲鸿又对画马产生了浓厚的兴趣，精心研究马的骨骼、肌肉和解剖，关于马的写生稿堆积成摞，这为日后所画的马打下了坚实的基础，积累了丰富的第一手资料。在徐悲鸿的画马作品之中，若论最见特色、最有气势、最为潇洒的，要数对于马鬃、马尾的挥写了。不仅马鬃马尾的质感、量感被率性地表现了出来，而且其笔势痛快淋漓，如横扫千军，令人拍案叫绝。

关于画马的经验之谈，1947 年徐悲鸿在写给江西南昌实验小学四年级学生刘勃舒的信中写道："学画最好以造化为师，故写马必以马为师。我爱画动物，皆对实物用过极长时间的功。即以马论，速写稿不下千幅，并学过马的解剖，熟悉马的骨架、肌肉、组织。又然后详审其动态及神情，乃能有得。"正是因为徐悲鸿画过数以千计马的速写稿，他才熟悉马的骨架、肌肉、组织以及动态、神情，才可能在技巧上创造出独特的表现手法，在艺境上创造出前无古人的气象。至抗战爆发后，徐悲鸿认识到艺术家应与国家同呼吸共命运，将艺术创作投入火热的社会生活中去，所以他的马成为民族精神觉醒的象征。徐悲鸿画马技艺逐渐达到炉火纯青是在 1940 年访问印度之后。1940 年，他在一幅《群马图》上题款曰："昔有狂人为诗云，一得从千虑，狂思辄自夸，以为真不恶，古人莫之加。徐悲鸿时客喜马拉雅山之大吉岭。"1942 年夏创作的《群奔》（徐悲鸿纪念馆藏）甚为成功，并深入人心，成为世界艺术史上传播率最高的画马作品。1942年初秋，送给张发奎上将的《立马图》上题写了杜甫的诗句："哀鸣思战斗，迥立向苍苍。"1950年，他赠中国人民志愿军战士的一幅《奔马图》上题诗曰："山河百战归民主，铲除崎岖大道平。"又题画马诗云："百载沉疴终自起，首之瞻处即光明。"由此可见，他总是借马抒情，烙着鲜明的时代烙印，带着雄健的文化风雷，给中国画坛带来刚劲之风。

笔者认为，具体就画马来说，徐悲鸿的画艺可分为四个阶段：一、留学法国之前；二、留学期间；三、留学归国之后到1939年；四、1939年之后。第四个阶段是其画马作品水平最高、数量最多的时期。其画艺的突飞猛进主要源于他的印度之行。当时的印度有众多土邦，邦主们多爱良马，但是这些马稍过最佳年龄便被卖到市集上。因此在由圣地尼克坦至大吉岭等地的长途跋涉中，徐悲鸿往往是骑着好马奔行的。与马朝夕相处，使他对马的结构、动态以及喜怒哀乐观察入微，从而创造出生动感人的艺术形象。因此，1939年悲鸿印度之行之后所画的马，综合了诸多良马之优点。它们骨骼突出，鼻孔阔大，胸肌发达，四肢健美，传达出无拘无束、自由奔腾的审美理念。

在马来西亚的槟城，徐悲鸿与名医、收藏家骆清泉结为金兰之义。在徐悲鸿的建议下，槟城艺术协会组建成立，骆清泉担任首任会长，徐悲鸿题写协会匾额。在骆家常住期间，骆清泉长子骆拓常为徐悲鸿磨墨理纸，徐悲鸿赞誉骆拓的艺术天分，常常言传身教。图4-40为1941年徐悲鸿与管震民、骆清泉、骆新民、骆觉民合影于马来西亚槟城东方照相馆。照片中的长者管震民时任槟城钟灵中学国文科主任，为著名诗人。徐悲鸿一家还与骆清泉一家成为世交。1947年，应徐悲鸿之嘱，骆拓来北平居徐悲鸿家中，求学于北平国立艺专西画系，被徐悲鸿夫妇认为义子，骆拓后来成为著名画家。其弟骆新民也常来徐宅做客。图4-41为1950年徐悲鸿夫妇、徐庆平、徐芳芳、骆拓、罗铭、骆觉民合影于北京北海公园，亲如一家人。

1941年7月，在马来西亚槟城南国旅社，徐悲鸿见职员庄家训认真练习书法，便赠送他六幅作品以及自己随身所携带印章的拓本。并提供随身所带印章，

图 4-40（上）
1941 年，徐悲鸿与管震民（后右）、骆清泉（后左）、骆新民（前左）、骆觉民（前右）合影于马来西亚槟城。

图 4-41（下）
1950 年，徐悲鸿夫妇、徐庆平、徐芳芳、骆拓、罗铭、骆觉民合影于北京北海公园。

图 4-42（左）
徐悲鸿为邵逸夫绘《竹鸡图》，中国画，1941 年。

图 4-43（右）
徐悲鸿绘《奔马图》，中国画，纵 50 厘米，横 50 厘米，1948 年。

让骆清泉拓成一册，又亲写印章内容、作者姓名，并为该印存作序、题笺。徐悲鸿酷爱金石印章，喜将印家为自己所刻之印钤拓成印谱赠予友人，早在 1939年 9 月，他在《百扇斋主手拓悲鸿用印》的题序对了解其对于印学的"沉湎之嗜"提供了确凿证据。因此，就集谱馈人、在国际上推扬印学文化而言，徐悲鸿可谓中国现代艺坛第一人。

图 4-42、图 4-43 是徐悲鸿为邵逸夫所作的中国画《竹鸡图》和《奔马图》，这两幅画作见证了徐悲鸿和爱国企业家邵逸夫一段不同寻常的交往。

邵逸夫（1907—2014），祖籍浙江宁波镇海，出生于上海，享年 107 岁。生前是邵氏兄弟电影公司的创办人，香港电视广播有限公司荣誉主席，世界著名的社会公益活动家和大慈善家。邵逸夫历年捐助社会公益、慈善事务超过100 亿港元，尤以改革开放后与中国教育部合作，向内地教育机构捐巨资建设

㉜	㉛	㉚	㉙	㉘	㉗	㉖	㉕	㉔	㉓	㉒	㉑	⑳	⑲	⑱	⑰	⑯	⑮	⑭	⑬	⑫	⑪	⑩	⑨	⑧	⑦	⑥	⑤	④	③	②	①
陈晓南	华采贞	那畹蘅	马洗繁	尤玉野	许士骐	宋步云	王临乙	吴作人	傅抱石	吕斯百	梁白云	孟光涛	陈志华	郭世清	苏葆桢	魏正起	孙禄贤	李贞伯	梅健鹰	刘泽	蒋其生	陈彦枫	谭勇	宗其香	钟诵余	魏彦超	韩巧娟	苏茂邦	岑学恭

㊷	㊶	㊵	㊴	㊳	㊲	㊱	㉟	㉞	㉝
黄君璧	张汇文	吴蕴瑞	王惠英	杨若佛	康寿山	徐悲鸿	陈玲娟	陈道惠	

图 4-44

1942 年 6 月 29 日，徐悲鸿（前排右四结领花者）经缅甸、云南回到重庆后，国立中央大学师生欢迎徐悲鸿出国访问归来，摄于重庆沙坪坝。

教育设施而闻名。邵逸夫基金是当前海内外爱国人士通过教育部捐款持续时间最长、赠款金额最大、建设项目最多的教育赠款项目，为内地教育事业的发展做出了突出的贡献。如今遍布中国各地的"逸夫楼"，成为无数学子的集体回忆。

邵逸夫的父亲邵玉轩是旧上海有名的锦泰昌颜料公司的老板，邵家诸兄弟并没有子承父业，而是投身于 20 世纪 20 年代尚属举创阶段的电影业。随后，邵氏兄弟赴南洋发展事业，1930 年在新加坡成立"邵氏兄弟公司"，经历了创业、发展、因日寇侵略而没落的三个阶段。战后逐渐将事业发展中心迁至香港，开创了其后邵氏电影业、娱乐业几十年的辉煌。

1941 年，日寇占领香港，接着又攻打新加坡、马来西亚，整个南洋一片刀光剑影，血雨腥风，邵氏影业遭受严重打击，在战火之中，百余家影院几乎全部化为灰烬。邵逸夫在这一年年底也被日寇以"拍摄反日电影"的罪名扣押，关入地牢，十天后方获释。徐悲鸿与邵逸夫的交往大约在 1939—1941 年，徐悲鸿赴南洋举办筹款救国画展期间，对于困顿中的邵逸夫进行过一些帮助，感情甚深。

《竹鸡图》是徐悲鸿作于 1941 年中秋的画作，通过款书"逸夫先生"可知两人在新加坡的一段交往。是年中秋节，在新加坡举办筹款救国画展的徐悲鸿与一些文化艺术界的朋友在敬庐学校雅集赏月吟诗，邵逸夫可能参加了这个活动，这才有此写赠之作。"竹"与"祝"音近，"鸡"与"吉"音近，"竹鸡"寓意着祝福吉祥，这在中国的民间颇具口彩。是图绘一只昂首挺胸的雄鸡立于竹林下，雄鸡以寥寥数笔勾就，形体结构准确，笔墨雄健生动。徐悲鸿以此作赠予邵逸夫，表达了对年轻的邵逸夫的事业进行鼓励和祝福之意。

《奔马图》是徐悲鸿作于 1948 年的画作。抗战胜利后，决定留在南洋继续发展事业的邵逸夫充满信心，多次致信请徐悲鸿去新加坡再续前缘。但由于时局的变化和繁忙的事务，直至 1948 年徐悲鸿仍无法成行，他是一个懂政治、懂经济的艺术家，深知邵逸夫是南洋的一股重要的宣传力量，故于 1948 年作此《奔马图》赠给邵逸夫，鼓励他要勇往直前为国人争光，并祝愿事业上正处于发展阶段的邵氏兄弟事业昌盛。

总体看来，在 1939—1942 年的南洋时期，44—47 岁的徐悲鸿正值创作鼎盛时期，他远离国内的战火与纷争，在这里留下了千余幅作品，一系列筹赈画展取得了辉煌的业绩，作为一位艺术家，他为国内抗战作出了积极的贡献。本来徐悲鸿还想将筹赈画展办到美国去，签证与船票均已办好。但是由于日军突然打到新加坡而只能仓促登上轮船回国。徐悲鸿的美国筹赈画展计划没有成行，未免可惜。

1942 年 6 月 29 日，徐悲鸿在南洋举办筹赈画展，经缅甸、云南回到重庆

图 4-45（上）
1942 年 6 月 29 日，徐悲鸿在南洋举办筹赈画展返回国立中央大学后接受学生献花。前排左起：陆巽复、徐悲鸿；中排左起：尤玉英、周笃行、史守徇、蒋荪生、单淑子；后排左起：张贻真、黄婉思、葛静华、吴志宏、卢冶衡、吴野村。

图 4-46（下）
1942 年 10 月 21 日，徐悲鸿在重庆《时事新报·青光》发表《民以食为天——为全国木展而作》。

后，国立中央大学师范学院艺术科师生举行联欢会迎接徐悲鸿归国，图 4-44 这幅珍贵的合影摄于重庆沙坪坝。第二天，徐悲鸿还接受了中央大学学生的献花（图 4-45）。该照片前排左起：陆巽复、徐悲鸿；中排左起：尤玉英、周笃行、史守徇、蒋荪生、单淑子；后排左起：张贻真、黄婉思、葛静华、吴志宏、卢冶衡、吴野村。

1942 年 10 月 21 日，徐悲鸿在重庆《时事新报·青光》发表了《民以食为天——为全国木展而作》一文（图 4-46）。此文先将木刻比喻为民众每日的食粮，认为"开国精神食粮匮乏，而民间尤窘。版画者，民众之精神食粮，犹之乎面包白饭，为吾人不可一日或缺者也"。并叙述中国木刻源流与现状，高度评价抗战中木刻家们以艺术救国所取得的成就，对木刻家们在这么短促的时间内汇集这么多的版画作品进行展览大加鼓励，并提出中国新兴的版画"前途殊未可限量"。

众所周知，鲁迅是中国现代新兴版画运动的倡导者，他精心培育中国现代版画而使之成为中国美术先锋，成为 20 世纪 30 年代中国文化中的重要部分。在鲁迅之后，为中国现代新兴版画呐喊、传播最得力者，则非徐悲鸿莫属。

1942 年 5 月 2 日至 23 日，毛泽东在延安主持召开了延安文艺座谈会，并在会上发表了《在延安文艺座谈会上的讲话》。这些对于解放区的版画创作产生了积极影响。延安文艺座谈会召开 5 个月之后，1942 年 10 月，成立不久的中国木刻研究会在重庆举办"第一届双十全国木刻展览会"，参展作者 54 人，展出单幅木刻 255 件，连环木刻一套，木刻书刊 50 种。其中有周恩来从延安带来的延安版画家的 30 件作品。这些木刻展出后受到了中外人士的赞扬，其中称赞力度最大、影响最广的评论者当属徐悲鸿。1942 年 10 月 18 日，徐悲鸿甘冒政治风险，在重庆《新民报·晚刊》发表《全国木刻展》一文，高度赞美以来自延安为代表的版画家们。他首先认为："毫无疑义，右倾的人，决不弄木刻（此乃中国特有之怪现象）。但爱好木刻者，决不限于左倾的人。"对于古元，他说："我在中华民国三十一年十月十五日下午三时，发现中国艺术界中一卓绝之天才，乃中国共产党中之大艺术家古元。我自认不是一个思想有了狭隘问题之国家主义者，我惟对于还没有二十年历史的中国新版画界，已诞生一巨星，不禁深自庆贺。"徐悲鸿还认为"古元之《割草》，可称中国近代美术史上最成功作品之一，吾愿陪都人士，共往欣赏之"。

接下来，他对其他 19 位版画家的作品展开评论，"董荡平之《荣誉军人阅报室》，乃极难做的文章。华山之《连环图》，王琦之《后方建设》，皆是精品。（章）西崖有奇思妙想，再用功素描，当更得杰作。荒烟、伟南隶、山岱、力群、刘建庵、谢子文，皆有佳作。焦心河之《蒙古青年》，章法甚好。刘铁华、黄荣灿，雄心勃勃，才过于学。李森、陆田、沙兵、维纳、李志耕、万湜思及多位有志之士，俱在进步之中，构图皆具才思，而造型欠精。"

徐悲鸿在这篇文章中，评论了"全国木刻展"参展版画家多达 21 位。值得一提的是，其中的古元、李桦、王琦、力群、焦心河、刘铁华、万湜思等版画家对后来的版画艺术发展贡献甚大，显示了徐悲鸿超越时代的艺术直觉与文化视野。

3 天后，徐悲鸿发表文章《民以食为天——为全国木展而作》，认为"此次抗战军兴，国人皆挺身而起"。里面提及了李桦、黄荣灿、野夫、刘仑、王琦、建庵、黄新波、温涛、丁正献、力群、马达、陆田、朱鸣岗、宋秉恒这 14 位版画家，认为他们"俱以艺术献身国家，卓然有所树立"。其中李桦、野夫、刘仑、王琦、黄新波、力群、马达、宋秉恒等版画家的作品在新中国成立后均有广泛影响。

徐悲鸿的这两篇文章涉及评论版画家 30 人，占参展 54 名艺术家的 56%，说明他对此次木刻展是密切关注的。30 人中的古元、李桦、野夫、刘仑、王琦、黄新波、力群、马达、宋秉恒、章西崖、荒烟、焦心河、刘铁华、万湜思均是中国现代版画史上的著名艺术家。其中的古元、王琦、力群、马达、焦心河均是来自延安的版画家。

实际上，徐悲鸿早就青睐版画家古元、李桦，并在评论上毫不吝惜溢美之词。1941 年，他在《西洋美术对中国美术之影响》（重庆《时事新报》1941 年 1 月 1 日）一文中说："版画不能视为西洋美术，因吾国椎拓之术最早。而五彩印刷亦最早也，但吾国当代之版画家，吾又不能谓其未受西洋画影响。如李桦极近意大利之普利玛提思，而古元尤有法国巴比松中田家之调。惟欧洲古今，版画家类均是大画家，如曼坦那、丢勒、伦勃朗，近代如门采儿、左恩、贝纳尔、勃郎群，皆旷世之大画家。"

1943 年 3 月 15 日，徐悲鸿在重庆《时事新报》发表文章《新艺术运动之回顾与前瞻》，阐发古元的艺术对于"治疗空洞浮泛之病"的意义，他说："吾于是想念木刻名家古元。彼谨严而沉着之写实作风，应使其同道者，知素描之

图 4-47
徐悲鸿绘《双鹊秋艳图》，纸本设色，
纵 92.1 厘米，横 34.3 厘米，1942 年，
故宫博物院藏。

如何重要。总而言之，写实主义，足以治疗空洞浮泛之病，今已渐渐稳定。此风格再延长二十年，则新艺术基础乃固。尔时将有各派挺起，大放灿烂之花。"

1949 年 4 月 3 日，徐悲鸿在天津《进步日报》发表文章《介绍老解放区美术作品一斑》，赞颂陕北解放区的艺术，特别提及木刻以及古元等艺术家。他说："在我执笔作此文之前，我敢断言：新中国的艺术，必将以陕北解放区为起点。我虽然提倡写实主义二十余年，但未能接受劳苦大众，事实上也无法接近，在不合理的社会中，广大的劳动者与艺术是完全隔绝无缘的。自从共产党实施土地改革，人民生活改善，有劳动，也有娱乐。有歌咏舞蹈，发挥他们真挚的感情；有绘画木刻，描写他们生活的情况。实事求是，一洗以往抄袭的恶习，八股的传统，空想的浮泛和崇拜假古董的弊病。其作品多是生气蓬勃，真趣洋溢。我在七年前曾在重庆看到解放区的一部分木刻，发现他们的途径准确，人才辈出，使我惊叹不已！倘吾中华民主共和国在艰难缔造中建立功勋之各类英雄，得王式廓、古元、邵宇等艺术家之笔精写其形容与史实，则此革命的浪漫主义作风，不特在吾国可垂之久远，抑且将成为举世楷模，使艺术服务人民之正确路线得到正当发展的办法。"

1942 年，徐悲鸿绘《双鹊秋艳图》（图 4-47）。徐悲鸿自题："卅一年秋，悲鸿写。"钤"徐悲鸿"朱文方印。鉴藏印钤"韩槐准所有"朱文椭圆印、"愚趣斋主"白文方印、"吴普航印"白文方印。"卅一年"指民国三十一年（1942 年），徐悲鸿时年 47 岁。此作绘双鹊停于枝头将头靠在一起，似乎正在私语，形态生动，笔墨洗练。此

图 4-48（上）
徐悲鸿、黄君璧在重庆磐溪。

图 4-49（下）
徐悲鸿与黄君璧等在重庆北碚。右起：
徐悲鸿、顾了然、黄君璧、梁天眷、谢
建华。

图绘于贵州都匀皮纸上。在物资匮乏的抗战时期，这种皮纸是一种价廉物美的国画用纸，纸色为淡淡的黄色，显得古雅质朴。表面较为粗糙，渗化性能界于生、熟之间，便于笔墨的控制，当时的徐悲鸿常用这种皮纸作画，往往获得独特的艺术效果。此作系徐悲鸿赠予好友韩槐准，韩氏捐赠故宫博物院。

　　图 4-48 为徐悲鸿、黄君璧于 20 世纪 40 年代摄于重庆磐溪，二人均自信地看着前方。岭南派画家黄君璧是徐悲鸿执掌国立中央大学教育学院艺术科时请来教授山水画的，徐悲鸿十分推崇黄氏山水画的传统深度与笔墨功力，他曾有诗咏赞黄君璧的山水艺术："最是君翁情可亲，画名久已与云平。苍茫烟水真能事，便起荆关也吃惊。" 1946 年，徐悲鸿赴任北平任国立艺专校长，又盛情邀请黄君璧担任绘画系主任，可惜未能如愿。1948 年，黄君璧去了台湾，在那里逐渐成为一代画坛宗师。

　　图 4-49 为徐悲鸿与黄君璧等在重庆北碚，右起为徐悲鸿、顾了然、黄君璧、梁天眷、谢建华。黄君璧结识徐悲鸿之后，其创作理念有了转变，尤其体

图 4-50（左）
1943 年春，徐悲鸿（右二）与国立中央大学教育学院艺术系四四届全班同学合影于重庆沙坪坝。

图 4-51（右）
1943 年，徐悲鸿（中间站立者）与国立中央大学教育学院艺术系学生们合影。

会到写生的重要性，在其教学之中也会将徐悲鸿的作画观念与精神讲给学生听。黄君璧晚年在台湾名望甚大，但是他仍对人说，中国传统山水画，缺少写生，实际上对自然的观察还是重要的，应该要关心生活，表现生活，需要进行写生，这些思想仍得益于徐悲鸿。

1981 年，台湾国泰艺术馆出版《白云堂藏画——画坛宗师黄君璧毕生收藏精粹》，这是黄君璧的藏画集，画集得名于黄氏作画的堂名——白云堂。此画册第一幅，就是徐悲鸿为黄君璧画的素描像，黄君璧藏有徐悲鸿的作品多达数十幅，由此可见徐悲鸿与黄君璧的情谊。

自 1942 年 6 月徐悲鸿从新加坡辗转回国后，他将大量精力投入教学，备受年轻学子们的爱戴。尽管那时社会动荡、人心不稳，但是在他的循循引导下，大家进一步理解美术的社会功能以及艺术家的使命所在，更加热爱所学专业。图 4-50、图 4-51 为徐悲鸿与国立中央大学教育学院艺术系同学们的合影。

1942 年，一向宏奖学术的朱家骅邀请徐悲鸿在重庆建立具有研究性质的中国美术学院，经费来自中英庚款委员会，每月拨付经费一万元。当年 10 月，中国美术学院筹备处坐落于重庆大石坝磐溪村（今重庆江北区北滨路）石家花园。该花园的主人是重庆的民主爱国人士、时任四川商会会长的石荣廷。花园中的别墅按西式修建于 1931 年春。1942 年徐悲鸿回国后，石荣廷便邀请徐悲

208

图 4-52（上）
1943 年暑假，徐悲鸿率中国美术学院研究人员赴四川灌县、青城山写生时的合影。

图 4-53（中）
徐悲鸿率中国美术学院研究人员合影于青城山天师洞常道观，前排左二为徐悲鸿，左一站立者为郁风。

图 4-54（下）
1945 年，徐悲鸿（左二）、廖静文（左一）等人在中国美术学院前，左起：廖静文、徐悲鸿、张葳（张安治长女）、周千秋、佚名、佚名、张安治、张苏予、佚名、宗其香。

图 4-55
徐悲鸿绘《廖静文像》，中国画，纵 36.5 厘米，横 27.5 厘米，1943 年，徐悲鸿纪念馆藏。

鸿住在这里，还特意把花园中的一栋小楼分给了他。在石家花园，徐悲鸿在小楼里休息，画画却在一个地下室里。说到这里也许大家会产生疑问，大画家怎会在地下室里工作？实际上，这个地下室并非普通地下室，而是石制的负一层房子，冬暖夏凉。地下室的墙上饰有很多精美的石雕，其正厅之外则是另一处小花园，颇有别有洞天之感。修建如此格局的建筑与重庆的地形有关，在这里山丘较多，建筑师为了利用这种特色，特意把建筑修成这样，可谓独具匠心。就是在这个地下室里，徐悲鸿完成了很多重要的艺术作品。

1944 年 2 月 22 日，徐悲鸿在重庆《中央日报》发表《中国美术学院筹备志感》一文专门阐述该院的开办宗旨与建设意义。需要说明的是，这个中国美术学院并非现在位于杭州的中国美术学院，在当时它是一所专门从事美术研究的机构，不以教学为目的。在当时，该院云集了当时美术界的一批顶尖高手从事美术研究工作，如张大千、吴作人、冯法祀、张安治、陈晓南、李瑞年、费成武、张蒨英、艾中信、宗其香等，使这所学院成为当时中国现代美术事业的重要机构之一。

1943 年暑假，徐悲鸿率中国美术学院同仁等赴四川灌县（今都江堰市）、青城山写生（图 4-52），图 4-53 为大家在青城山天师洞常道观的合影，前排左二为徐悲鸿，左一站立者为郁风。图 4-54 是 1945 年徐悲鸿与廖静文、周千秋、张安治、宗其香等人行走在磐溪村的小路上，他们的背景就是中国美术学院所在的石家花园，可见其依山而建、树木茂盛、环境宜人。

1947 年 10 月 8 日，中国美术学院因经费缺乏，教育部令其与由徐悲鸿任校长的国立北平艺术专科学校合并。

图 4-55 为 1943 年徐悲鸿所绘的《廖静文像》。画中的廖静文（1923—2015，原名廖学道，静文系徐悲鸿为她所改）留着齐肩短发，娴雅安静，目视前方，这虽是一幅速写式的水墨作品，但刻画时详略得当，笔墨精练，展现了这位年轻姑娘的自然宁静之美。徐悲鸿与廖静文的相识源自中国美术学院的一次图书管理员招聘。

1942 年底，徐悲鸿又一次来到了桂林，在这里的七星岩岩洞里他藏了很多画作、画册，这次他打算把它们带回重庆去。除此之外，徐悲鸿还打算为中国美术学院招聘一位图书管理员。

1943 年 3 月，招聘启事发出去后，很多人趋之若鹜地来到面试地点，都想成为徐悲鸿手下的工作人员。经过了很多天的面试，却始终没有一个能让徐悲鸿满意的。就在徐悲鸿为此烦恼之时，来了一位只有 20 岁的湖南女生。她眉目清秀，仪态端庄，在和徐悲鸿的交谈之间虽然显得有些羞涩，但也许是天意的安排，徐悲鸿欣然接受她来任职这个图书管理员，这位女生就是廖静文。

入职后，徐悲鸿手把手地教廖静文如何整理画作和资料，廖静文学得很快，不久便成了徐悲鸿的得力助手。经过一段日子的磨合和了解后，徐悲鸿突然发现自己越来越离不开了廖静文了，对她产生了好感与爱意，廖静文也对徐悲鸿崇拜至极。

1943 年夏，徐悲鸿率中国美术学院筹备处的研究人员陈晓南、李瑞年、费成武、张蒨英、孙宗慰、康瘦山、卢开祥，以及郁风、廖静文，徐伯阳、徐静斐兄妹等赴四川灌县避暑与写生。从都江堰到青城山，因为一路上有廖静文做伴，徐悲鸿兴致勃勃，常给同行者畅谈艺术。在青城山的天师洞，古木参天，环境幽静，徐悲鸿激情四射，创作了《山鬼》《湘夫人》《紫气东来》《大银杏树》等作品，这些画几乎摆满了他的房间。在青城山天师洞常道观，徐悲鸿与廖静文留下了目前所见的第一张合影（图 4-56）。照片以一只大香炉为背景，身着长袍的徐悲鸿从容自若，右手扶着香炉的兽足，身着开衫毛衣的廖静

图 4-56
1943 年夏，徐悲鸿与廖静文在
青城山天师洞常道观的合影。

文则略显羞涩。当时有一位摄影师朋友要给他俩拍照，廖静文不好意思，有意
和徐悲鸿拉开些距离，徐悲鸿则宽厚地笑着，并不介意。因此二人分别站在照
片的两端，中间隔着一个人的距离。

　　对于当年的情景，徐伯阳后来回忆道："我父亲在广西桂林认识廖静文以
后回到重庆磐溪。暑假他带着学生到青城山写生，到那里住一个月，廖静文也
去。我母亲（蒋碧微）听了不高兴，非要我父亲把我和妹妹也带去，放在他们
中间，我父亲同意了。我母亲原来是想把我们加进去，去做电灯泡，好像可以
去干扰他们俩的生活。在青城山，我跟我妹妹对廖静文产生了很好的印象，她
像慈祥的大姐姐照顾我们俩，可谓是无微不至，那是一段培养感情基础的开始。
廖静文要去考金女大，我应该考高中了，可我玩得忘了，等我想起来，已经来
不及回到沙坪坝去考高中，于是就留在成都了。他们则都回到重庆。于是我在
成都念了一年书，我认为我的家庭很灰色，没什么可留恋的。有一次，在路上看
见穿灰军装的人在招远征军，说是美式装备，美国教官。我一听，全副美式装
备的，因为以前也看了电影，觉得过瘾极了，我就报名了，参加了远征军。"

图 4-57
1944 年，廖静文在病床前照顾徐悲鸿。

　　图 4-57 为 1944 年 7 月廖静文在病床前照顾徐悲鸿的照片。爱情降临时甜如花蜜，但相爱之途往往会遇到坎坷与痛苦。1944 年的一天，徐悲鸿从外面回到家中，没有直接回到房里，而是坐在了院子里的石凳上。他用手扶着头部，脸色通红，表情痛苦。这时廖静文正好从菜场买菜回来，她看见徐悲鸿痛苦地坐着，连忙搀扶他回到房里。原以为徐悲鸿休息一晚便会好的。但是第二天，徐悲鸿的病情更重了，腿肿得不能下地行走。廖静文见状赶紧叫来了徐悲鸿的学生，把他送到了医院抢救。这才知道，徐悲鸿因常年劳累患上了严重的高血压和肾病，高血压一度高达 210。这次他在重庆中央医院疗养了半年，每天均由廖静文精心照料。当时有人劝她离开徐悲鸿这个多病的"老头"，但廖静文寸步不离，她说："若我离开了他，那么谁会来照顾这位孤独的艺术伟人。"正是在廖静文无微不至的照顾之下，徐悲鸿逐渐恢复了健康。

　　为了给廖静文一个合理的名分，徐悲鸿在当时的《中央日报》上发表声明："徐悲鸿与蒋碧微女士因意志不和，断绝同居关系已历 8 年，经亲友调解，蒋女士坚持己见，破镜难以重圆，此后徐悲鸿一切与蒋女士毫不相涉，兹恐社会未尽深知，特此声明。"几天后，徐悲鸿又在报纸上发表了他和廖静文的订婚声明。但是，为了和蒋碧微离婚，徐悲鸿付出了巨大的代价，他给了蒋碧微一百万法币，一百幅画作和五十幅古画。

　　1946 年是抗战胜利后的第二年，也是中国内战爆发之年。大到国家、社会、党派，小到每一个人似乎都在做着各自的判断与抉择，徐悲鸿也不例外。历经种种波折，是年元月 14 日，徐悲鸿与廖静文在重庆中苏文化协会结婚。证婚人为沈钧儒、郭沫若，到场观礼者一百多人。郭沫若专门作贺诗云："嘉陵江水碧如茶，松花青青胜似花。别具一番新气象，磐溪风月画人家。"

　　自从 1943 年 3 月，廖静文担任徐悲鸿在广西桂林招聘的中国美术学院图书管理员，他们从相识到相知、相爱，从工作中的老师与助手，逐渐演绎为生活中的伴侣。两人虽相差 28 岁，但依然同甘共苦，相濡以沫，廖静文在生活和情感上给了徐悲鸿极大的照顾和慰藉。

1946 年夏，徐悲鸿携廖静文北上北平，出任国立北平艺术专科学校校长。对于其后的岁月，廖静文说那是她一生中最轻松、快乐的一段时光。然而徐悲鸿的高血压病又让这一切显得那么脆弱与无奈，直至 1953 年 9 月徐悲鸿逝世，两人度过相识十年（生活在一起 7 年）的短暂岁月。

徐悲鸿一生中的三位女性，蒋碧微与徐悲鸿可以用传奇和复杂来概括，他们经历了青年时代的激情，敢于冲破封建枷锁的桎梏，也经历了婚姻生活中因理念和志趣不同而产生的隔阂和争执，结束痛苦的婚姻似乎是唯一的选择，局外人很难有公允的评判，徐悲鸿与蒋碧微的爱情也将是中国美术史乃至中国现代史上永远的话题。

孙多慈与徐悲鸿则可用曲折和凄苦来概括，他们的交往也是以往人们了解较少的。随着岁月的流逝，揭开了层层面纱，这段交往给男女主人公都带来了情感上的巨大伤害。尤其是徐悲鸿人到中年，已无青年时代的激越，孙多慈的出身与家教又注定这是一段没有结果、只有痛苦的情感，给熟悉他们的人以及后世的人们留下无尽的唏嘘。

经历了与蒋碧微婚姻的不幸和与孙多慈情感的纠结，徐悲鸿在人生中能遇到廖静文是幸运的。尽管短暂，但平静温馨的家庭生活多多少少补偿了徐悲鸿第一段婚姻的缺憾和对情感生活的向往，从这一点上看，对徐悲鸿来说无疑是欣慰的。

图 4-58 为 1944 年 6 月徐悲鸿等国立中央大学教育学院艺术科的部分教师与 1944 届毕业班在重庆的合影。该照片的第一排左起为费成武、李瑞年、傅抱石、陈之佛、徐悲鸿、黄显之、孙宗慰。他们均是当时任教于国立中央大学教育学院艺术科的教师。其中的费成武、孙宗慰均早年毕业于国立中央大学教育学院艺术科，是徐悲鸿的得意弟子。第二排到第四排均是国立中央大学教育

图 4-58

1944 年 6 月，徐悲鸿等国立中央大学教育学院艺术科的部分教师与 1944 届毕业
班合影于重庆。

学院艺术科 1944 届的毕业生，第二排左起为朱敬仪、尤玉英、陆巽复、黄婉
思、张毓章、葛静华；第三排左起为王致仁、蒋苏生、杨鸿坤、吴野村；第四
排左起为向鉴、孟光涛、卓启俊。

　　著名书画家、漫画家黄苗子（1913—2012）和徐悲鸿相识于 1935 年春天，
那时黄苗子才 21 岁，是上海大众出版社的编辑。上海大众出版社要编一本现
代画家作品选集，每个画家出一小册。总编辑梁得所（散文家和评论家，《良
友》画报创办人）派黄苗子到徐悲鸿在南京傅厚岗的家里去看他。徐悲鸿见了
黄苗子的名片，很感兴趣，以为黄苗子是苗族同胞。黄苗子解释自己是广东中
山人，"苗子"是广东话"猫仔"的意思，他的小名叫猫仔。徐悲鸿高兴地和
黄苗子谈天说地，并放心地把他的原作交给黄苗子拿到上海去制版，还介绍黄
苗子去找潘玉良和吴作人借画。这是黄苗子第一次见到徐悲鸿的经过。以后黄
苗子去过几次南京，都找过徐悲鸿，并由他介绍黄苗子住在当时南京的中国文
艺社。

　　1938 年，徐悲鸿经过香港，住在中华书局，并在香港大学开画展，黄苗子

图 4-59（上）

1944 年，黄苗子、郁风夫妇与徐悲鸿、廖静文在位于重庆磐溪的中国美术学院。

图 4-60（下）

1946 年 5 月，徐悲鸿与国立中央大学教育学院艺术系部分师生合影于重庆。前排左起：岑学恭、屈义林、宗其香、郭世清。中排左起：陈之佛、黄君璧、王临乙、徐悲鸿、廖静文。后排左起：李瑞年、费成武、孙宗慰。后排右起：黄养辉、许士骐。

在香港的报上写过一篇文章介绍徐悲鸿。1944年，黄苗子与郁风结婚，他们在重庆磐溪的中国美术学院见到徐悲鸿与廖静文的时候（图4-59），徐悲鸿还提到黄苗子写的那篇文章。徐悲鸿还为黄苗子夫妇画《双马图》，作为赠予两人的新婚贺礼。黄苗子后来与徐悲鸿又有过几次交往。譬如，1945年，黄苗子因夏衍爱猫，曾请徐悲鸿画了一幅小猫给他。黄苗子的母亲六十岁生日，徐悲鸿还画了一幅马作为礼物送给老人家。1953年9月22日，这一天是中秋节，身体并不好的徐悲鸿还去看望卧病在床的黄苗子，并赠送给他一套《八十七神仙卷》印本。

图4-60为1946年5月徐悲鸿与国立中央大学教育学院艺术科部分师生在重庆的合影。该照片前排坐于台阶上的四人左起为岑学恭、屈义林、宗其香、郭世清；中排左起为陈之佛、黄君璧、王临乙、徐悲鸿、廖静文。后排左起为李瑞年、费成武、孙宗慰，这三人均在1942年被徐悲鸿任院长的中国美术研究院聘为副研究员。后排右起为黄养辉、许士骐。此张照片见证了徐悲鸿与同事们以及学生们的真挚情感。

1946—1953

图 5-1（左）
1946 年，徐悲鸿在国立北平艺术专科学校工作。
图 5-2（右）
20 世纪 40 年代后期，徐悲鸿在国立北平艺术专科学校大会讲话。

　　1946 年徐悲鸿担任国立北平艺术专科学校校长，使得他能够邀请一批志趣相投的美术家共举复兴中国美术大业。名为接收，实则创新，使徐悲鸿得以实施自己现实主义的艺术主张。到达学校以后，徐悲鸿投入了巨大精力，师资、教学、校舍、师生生活等各方面的工作事无巨细都需要他操心。图 5-1 是徐悲鸿在北平艺术专科学校工作时的照片，他一身浅色长衫，正神情专注地视察教学楼。师资问题无疑是他最为优先考虑的，除了先后聘请吴作人、冯法祀、艾中信、李桦、叶浅予、宗其香、李瑞年、李可染等一批优秀的画家到艺专任教之外，是年 10 月徐悲鸿更是亲自登门，恭请年逾八旬的齐白石到学校授课，这也是徐悲鸿第二次聘请齐白石到自己任院长的学校任教。第一次是 1928 年底徐悲鸿初识齐白石不久，曾三顾齐宅，诚邀老人到他任院长的北平大学艺术学院教授中国画。

　　图 5-2 是 20 世纪 40 年代后期徐悲鸿在北平艺术专科学校大会上的一次讲话，身着一袭深色长衫，形象稳重而儒雅。从 1946 年 8 月起，徐悲鸿一直担任国立北平艺术专科学校校长，直至 1949 年新中国成立，国立北平艺术专科学校并入国立美术学院，1950 年 1 月国立美术学院改名为中央美术学院，徐悲鸿都任院长之职，成为中国画坛的领军人物，为新中国的美术教育事业做出了巨大贡献。

图 5-3
1946 年 10 月 16 日，北平美术作家协会成立大会代表合影，徐悲鸿位于前排左三。

　　图 5-3 是 1946 年 10 月 16 日，出席北平美术作家协会成立大会的代表们在北平洋溢胡同 14 号的合影照片。该会所谓之"美术作家"，在当时并非专指美术家和文学家的合称，实际上是更侧重于"美术创作者"之义，即与今天的"美术家"的释义大致相当，这是在民国文化语境中的用词，在当时的报刊文章中可常见到。

　　从这张珍贵的图像中可以看到，徐悲鸿和同仁们亲密无间。前排左起为宋步云、王临乙（人民英雄纪念碑浮雕作者之一）、徐悲鸿、齐白石、夏护士、戴泽；中排左起为王丙照、李可染、卢光照、叶麟趾、齐人；后排左起为叶正昌、王静远、黄养辉、佚名、高庄、吴作人、宗其香、孙宗慰、李宗津、刘铁华、冯法祀、董希文（油画《开国大典》作者）、艾中信。大家的脸上充满着笑意。年逾八旬、白须飘飘、右手挂着手杖的齐白石老人居于合影的正中间，其右边为徐悲鸿，二人中间还站立了一位三岁左右的小孩子，甚为天真。吴作人、董希文、李宗津、艾中信、王临乙、宋步云、刘铁华、李瑞年等协会的骨干会员则簇拥着齐白石和徐悲鸿，他们大多是徐悲鸿在国立北平艺术专科学校的同事和学生。北平美术作家协会的成立无疑是当时北平美术界的一件大事。

　　北平美术作家协会经多次筹备会议之后，最终于 1946 年 10 月 16 日在北平内一区靠近东单牌楼东侧的洋溢胡同 14 号召开成立会，20 余人参会。洋溢胡同 14 号是吴作人所住的院子，这里除了吴作人还住了两家人：宋步云一家、李宗津一家。当时的吴作人还没结婚，一个人住。在洋溢胡同 14 号里面有个画室，归宋步云管，由他安排请模特以及道具等，晚上供大家画画。当时参加会议的戴泽是其中最年轻的一位，据他回忆说，那时资格最老的是齐白石先生。那天拍照之前，我记得协会成立时吃了一顿饭。那顿饭安排在吴作人的房间里，摆了一大桌。当时，徐悲鸿对来宾逐一介绍，介绍到我，徐悲鸿就跟齐白石说，他是我们这里最年轻的。齐白石说："我要是他这个年纪啊，就跟你学素描。"这当然是一句玩笑话，把大家都逗乐了。

大会于下午 5 时开始，由吴作人主持，对成立协会的意义加以说明后即研讨协会章程，确定了协会的宗旨为联络美术界感情，促进美术创作，研究美术理论，沟通中西美术思潮，推进北平美术运动，致力于美术教育工作。协会的任务有 5 项：1. 美术工作之促进；2. 美术运动之推进；3. 每年作春秋两次展览，日期为 4 月 15 日和 10 月 10 日；4. 会刊及报纸单页之出版；5. 美术界之联络与辅助，会员入会除由两位以上会员介绍外，并须缴纳作品及入会费及常年会费各一万元（名誉会员不在此例）。

接下来推举徐悲鸿为荣誉会长，聘请朱光潜、邓以蛰、溥心畬、齐白石等为名誉会员。随后票选理事、监事，刘铁华、孙宗慰、李宗津、宋步云、王临乙、吴作人等 7 人当选理事，李桦、黄养辉、艾中信当选候补理事。庞薰琹、王静远、杨化光、李苦禅、李瑞年当选监事，李可染、董希文当选候补监事。考虑到即日展开工作，理监事会选出吴作人为理事长，庞薰琹为监事长。大会于 7:30 散会。由这些名单可见，协会最大限度地汇集了北平老中青三代的美术家。可以说协会的相关举措非常具体，还特别规定美术作品的展览一年分春秋两次按期举办，并要求及时出版协会会刊和报纸单页。

徐悲鸿初到北平时，北平美术界做出了欢迎姿态，中华全国美术会北平分会（成立于 1946 年 3 月 25 日）曾召开热烈的欢迎会。这个由国民党中央文化运动委员会领导的组织想通过此举拉拢徐悲鸿，但是没有奏效。当时由北平进步美术家筹备起来的北平美术作家协会具有与中华全国美术会北平分会分庭抗

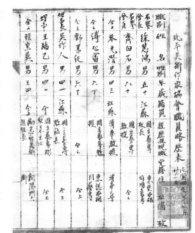

图 5-4 （上左）
1946 年 10 月 17 日，报道北平美术作家协会成立消息的北平报纸。

图 5-5 （上右）
1946 年 7 月 21 日，北平美术作家协会职员略历表，北京市档案馆藏。

图 5-6 （下）
徐悲鸿在北京时的居所——东受禄街 16 号，1947 年入住。

礼的用意，徐悲鸿毅然加入了北平美术作家协会，并担任了该会的荣誉会长。北平美术作家协会涵盖了国画、油画、雕塑等方面的美术家，他们在各自的专业领域里都取得了杰出成绩。该会通过徐悲鸿把大家凝聚在一起，齐心协力，互相提携。年逾五旬的国立北平艺术专科学校校长徐悲鸿是北平美术界公认的领袖人物，正是他团结和带领了北平的美术工作者共同推动了当时北平乃至全国美术事业的发展。

1946 年 10 月 17 日，北平报纸报道了北平美术作家协会成立的消息（图 5-4）。

图 5-5 是一张登记于 1947 年 7 月 21 日的北平美术作家协会职员略历表，此份珍贵的史料现存于北京市档案馆。

这张北平美术作家协会职员略历表较为详细地记录了会员的自然状况，包括姓名、性别、年龄、籍贯、经历、现职及住址等。从该表可以清楚地看到除了排在第一位的徐悲鸿，还有当时北平美术界的著名人物，如

图 5-7
徐悲鸿、廖静文夫妇在家门前送客。

齐白石、溥心畬、朱光潜、邓书纯（即邓以蛰）以及国立北平艺术专科学校的
吴作人、王临乙等人。其中不仅有著名画家，还有朱光潜、邓以蛰这样的美学
大家。

图 5-6 为徐悲鸿在北京时的故居——东受禄街 16 号。

1945 年 8 月，中国人民经过 14 年艰苦卓绝的浴血奋战，终于取得了抗日
战争的伟大胜利。抗战胜利后，全国政治、经济、文化等各界纷纷组织人员到
原日据地展开接收工作。1946 年的暮春时节，应国民政府教育部聘请，徐悲鸿
决定前往北平，负责接收国立北平艺术专科学校。同年 7 月底，徐悲鸿几经辗
转终于抵达北平，8 月初他正式出任国立北平艺术专科学校校长。徐悲鸿、廖
静文夫妇初到北平时，租住在东裱褙胡同 22 号的东西厢房。房主人住在北屋，
由于他们有时邀人打麻将到深夜，吵得徐悲鸿夫妇不能安睡。那时的廖静文正
怀着第一个孩子，为另寻一个安静的住处，她不得不每天在外奔走寻找合适的
房子。但是直到 1946 年底，他们才租到小椿树胡同 9 号一所陈旧的四合院，
在这里住了将近一年。直到有一天院墙忽然倒坍，只好再觅住处，才搬到东受

图 5-8
1950 年 7 月 30 日，徐悲鸿夫妇（后排中）、徐伯阳（后排右二）、徐庆平（中立儿童）、骆觉民（前右二）、骆拓（前右三）摄于北京东受禄街 16 号居所。

禄街 16 号。东受禄街位于北京东城区市中心地段，这套房屋是徐悲鸿用卖画的钱买来的，院门不显眼，门口放着两个小石狮。它的房屋并不十分宽大，外表看上去很朴素，但是走进院落却是一片生机盎然。廖静文后来在《徐悲鸿一生》中这样回忆起在东受禄街 16 号居住的时光："刚搬进这里时，院子里一片杂草。我们一起除了草，种上了很多果树，在院子里的空地上我们还种上了许多蔬菜。……徐悲鸿在工作之余，经常和我一起在院里劳作，我们一同给那些果树蔬菜浇水施肥，一同分享着那份收获的喜悦。"图 5-7 为徐悲鸿、廖静文夫妇在东受禄街 16 号的家门前送客的情景。

图 5-8 为 1950 年 7 月 30 日，徐悲鸿、廖静文夫妇（后排中）、徐伯阳（后排右二）、徐庆平（中立儿童）、骆觉民（前右二）、骆拓（前右三）摄于北京东受禄街 16 号徐宅门口。徐伯阳是徐悲鸿与蒋碧微所生的儿子，徐庆平是徐悲鸿与廖静文所生的儿子。骆拓、骆觉民是徐悲鸿在马来西亚的好友骆清泉的长子与次子。徐悲鸿、廖静文夫妇与他们的孩子以及友人的孩子其乐融融的合影，显示了新中国成立之后的新气象。

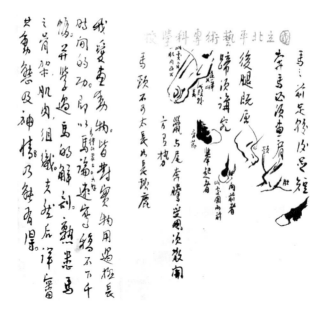

图 5-9
1947 年，徐悲鸿给刘勃舒
写的回信。

1953 年徐悲鸿去世后，廖静文把东受禄街 16 号这座院子捐赠给了国家，并在这里成立了徐悲鸿纪念馆。1966 年，由于北京开始修建地铁，这里被列入了拆迁范围。1973 年，周总理知道这件事之后，特批经费在北京新街口大街 53 号新建了一座两层小楼，作为新的徐悲鸿纪念馆。1982 年 12 月，建筑面积为 3250 平方米的徐悲鸿纪念馆新馆在原址落成。2010 年 9 月，徐悲鸿纪念馆闭馆在原址扩建。2019 年 9 月 17 日，总建筑面积为 10885 平方米的徐悲鸿纪念馆新馆落成并对外开放。

图 5-9 源自一封十分令人感慨与回味的信件，其内容是 1947 年徐悲鸿给当时只有 12 岁的小学生刘勃舒写的回信。在现今社会，重读这封信的内容，仍然给我们以感动，并引发我们无尽的思考。

刘勃舒，生于 1935 年，江西永新人。1955 年从中央美术学院研究生班毕业，是当代著名画家，历任中央美术学院副院长、中国美术家协会副主席、中国画研究院院长。但 1947 年的刘勃舒却还是江西南昌一个家境贫寒的小学生。因从小喜欢画画，听小学的美术老师讲，中国有个大画家叫徐悲鸿，可贵的天真和与生俱来的胆气促使他提笔给时任国立北平艺术专科学校校长的徐悲鸿写了封信，并让语文老师稍作修改就寄给了徐悲鸿，请求指点。未曾想到，徐悲鸿很快回了一封较为详细的信，在信中指导他如何学画，以造化为师，以及"立志一定要成为世界第一流美术家"。

即使到了今天，家长们一再强调孩子的个性发展，但是如当年刘勃舒的做法也是需要巨大勇气的。我们不禁要问，终日困在课堂上被灌输着海量知识的孩子们是不是已经失去了天真和胆气？徐悲鸿收到刘勃舒的来信之后，并没有一看了之，在繁忙的工作之余，他认真地给刘勃舒写了回信。信中谈了自己对学画的看法，对刘勃舒的殷切希望，还附上了画马的一些技法说明文字与示意图。

时光荏苒，今天的人们读到这封信之后，在加深了对徐悲鸿平易近人、奖掖后学的人格的了解之余，也许要问，在今天的社会里还有多少像徐悲鸿这样的艺术家？答案如果不是悲观的，也绝不会是乐观的。然而对于我们的国家、社会和孩子来说，多一个像徐悲鸿这样的艺术家既是孩子之幸，也是社会之幸，更是国家之幸！

图 5-10 是徐悲鸿于 1948 年 1 月 1 日写给苏立文的一封法文亲笔信。这件法文信本身只有一页，是名副其实的短信，初看起来毫不显眼。然而，当我们了解到其中的内容以及此信诞生的背景之后，就会发现其重要的史料价值。此信翻译成中文，其内容如下：

尊敬的苏立文先生：

收到您的来信，甚喜。没能与您在中国见面，对此我深表遗憾。两个月前，应上海某出版商之请，我开始独自撰写一部有关中国现代艺术史的书。怎奈才疏学浅，只能对中国当代艺术大致的演变管窥一二。成书难点在于照片。此书将在春季出版，或许对您能有所用处，故届时我定将奉上拙作。诚挚邀请您再临北京，期待与您重逢。

请您接受我最美好的祝愿，顺祝新春快乐。

徐悲鸿

这封不到 200 字的信件告诉我们三个重要信息：

一、苏立文虽然是西方研究中国现代艺术史的先驱，藏有一系列中国现代

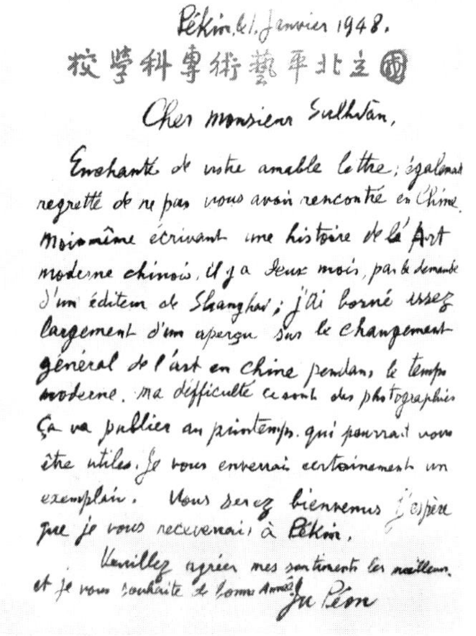
Pékin, le 1. Janvier 1948.
國立北平藝術專科學校
Cher monsieur Sullivan,
Enchanté de votre aimable lettre; également regretté de ne pas vous avoir rencontré en Chine. Moi-même écrivant une histoire de l'Art moderne chinois, il y a deux mois, par la demande d'un éditeur de Shanghai; j'ai borné assez largement d'un aperçu sur le changement général de l'art en Chine pendant le temps moderne. Ma difficulté ce sont des photographies. Ça va publier au printemps. qui pourrait vous être utiles. Je vous enverrai certainement un exemplaire. Vous serez bienvenus j'espère que je vous recevrai à Pékin.
Veuillez agréer mes sentiments les meilleurs et je vous souhaite la bonne Année.
Ju Péon

图 5-10
1948 年 1 月 1 日，徐悲鸿写给苏立文的法文回信。

重要艺术家的作品，但是他与徐悲鸿一直无缘见面，也未藏有徐悲鸿的作品。值得注意的是，徐悲鸿的重要弟子吕斯百在 1940 年曾将一幅日军轰炸后重庆雨巷的速写赠送给苏立文的中国妻子吴环，而成为苏立文夫妇的第一幅藏品。笔者猜测，也许是当苏立文、吴环在重庆、成都结交众多艺术家的期间，徐悲鸿正身居南洋、印度。1942 年 2 月，徐悲鸿方从新加坡回到云南，返重庆国立中央大学任教，居沙坪坝，筹建中国美术学院。

二、这是一封回信，苏立文曾经给徐悲鸿写过一封信，其内容有可能提及苏立文有志于撰写中国现代艺术史之事，假如徐悲鸿所写的《中国现代艺术史》出版，肯定对苏立文的写作大有帮助，所以徐悲鸿在信中才说“故届时我定将奉上拙作”。

三、在 1947 年 11 月，徐悲鸿是受到上海某出版商的邀请，开始独自撰写一部有关中国现代艺术史的书。这在中国艺术史学史上，无疑是一件大事！

徐悲鸿后来并没有完成此事，但是此信显示了徐悲鸿作为一代艺术家，深知治史的重要性，在当时他虽然已经功成名就，但是依然具有历史使命感与社会责任感，因此立有独立撰写《中国现代艺术史》的雄心。当然，撰写这一类的艺术史，不但需要搜集大量资料，而且需要静下心来花费大量时间来精心撰写。当时身居要职的徐悲鸿是随口一说，还是酝酿已久？这是值得探讨的，因此，我们从以下三个方面进行剖析。

一、徐悲鸿具备研究中国现代艺术史的理论基础

徐悲鸿虽然是大书画家，但是秉承了中国传统文人的优点，胸怀大志，洞晓文以载道的重要性，并善于言论，精于文字，笔锋犀利，擅长诗歌，重视传播，并形成了系统而兼具发展性的艺术思想，是具有撰写《中国现代艺术史》的理论基础的。

在世人眼中，徐悲鸿先生既是中国现代画坛的一代宗师、巨匠，又是最为重要的美术教育家、艺术活动家。在一些研究徐悲鸿的学者看来，他也是一位著述等身的艺术学者与评论家。在艺术上辛勤实践的同时，他也十分重视思想、理论的价值与作用，而且身体力行，笔耕不辍。虽然他在《徐悲鸿君学术研究之谈话》中说："正如中国多能文之士，后生小子，终不敢与文章一道，妄作解人"，但是他深知文以载道的重要性，艺术事业也不例外。因此，早在1918年，23岁的徐悲鸿就发表了《中国画改良之方法》等重要文章，阐发其关于中国画的改良途径与发展前景的见解，影响深远。

徐悲鸿幼年便在其父达章公的指导下学习中国传统文化和绘画艺术，奠定了较为扎实的民族文化艺术的基础。之后经过学校教育和自学取得了更大进展，经过数年的卖画和兼课生涯，绘事日益精熟。又通过在上海、日本、北京的磨砺和发展，他对中国绘画的过去、当时和将来已形成了较为整体的见解。

早在1918年，23岁的徐悲鸿在担任北京大学画法研究会导师时，在其《中国画改良论》中提出了著名的"古法之佳者守之，垂绝者继之，不佳者改之，未足者增之，西方画之可采入者融之"的构想并进行了系统阐释。虽然在如何"守""继""改""增""融"方面他倾向于现实主义而长期为人非议，但客观而论现实主义绘画可谓中外绘画史中的重要篇章。而且，当时中国画坛最为需要的也是现实主义绘画，何况在现实主义这一广阔领域中，徐悲鸿的审美视角是较为开放的。徐悲鸿的这一构想虽说受惠于康有为、蔡元培诸先生，但是他经过自己的归纳与总结并以一种完整的方式提出，乃杰出论断。在笔者看来，这种说法揭示了当时中国艺术发展应该遵循的规律，在那时，鲜有美术理论家、美学家、画家和学者能把这一问题阐述得如此清晰、简洁。后来，他

又在欧洲研习西画多年，从技法到理论都进行了刻苦学习和系统研究。归国后，他既作油画，又作国画。面对那时美术界的混乱，他觉得重担在肩，决心以现实主义来改造中国画，特别是中国人物画。当时的人物画处于中国人物画发展史上的低谷期，许多画家笔下的人物形象千篇一律，并与生活脱节。由于徐悲鸿的努力，沉闷的画坛开始焕发了青春，出现了吴作人、蒋兆和与李斛等画家，他们对于振兴后来新中国的人物画产生了不可替代的作用。

正因为中国现代艺术的现状与问题一直是徐悲鸿关注的重点，为此他笔耕不辍，譬如：

1930 年，徐悲鸿致信舒新城（1930 年 4 月 2 日中华书局收到），与舒讨论徐氏美术史新作的内容，并初步定名为《空青》，其意为"即世可无瞽目"。空青是一味中药，有明目作用，徐悲鸿以此象征此书能打开国人界。是年 4 月 10 日，再致舒新城书信，询问舒对于前书的回复意见。这些表明徐悲鸿在早年即有撰写美术史的计划。在目前能搜集到的徐悲鸿致友人书信中，关于《空青》的计划讨论与催促出版多达 12 封之多，由此可见，徐悲鸿对于出版这部美术史的用心程度。这些表明徐悲鸿在早年即有撰写美术史的计划。

1935 年，发表《一九三五年中国艺术之回顾》。

1936 年，发表《中国今日之名画家》，受陈之佛之邀对当时中国画坛的著名画家汪亚尘、经子渊、陈树人、齐白石、高剑父、张大千、张书旂、潘天寿、方药雨等做了评述，并认为"中国今日虽云文化式微，艺事衰落，但精极一艺之作家尚不少"。

1937 年，发表《对中国近代艺术的意见》。

1943 年，发表《新艺术运动回顾与前瞻》，高屋建瓴地预言："总而言之，写实主义足以治疗空洞浮泛之病，今已渐渐稳定，此风格再延长二十年，则新艺术基础乃固，尔时将有各派挺起，大放灿烂之花。"

1944 年，发表《中国艺术的贡献及其趋向》《中国新艺术之展望》。

1947 年，发表《世界艺术之没落与中国艺术之复兴》，提及了齐白石、张大千、溥心畬、溥雪斋诸先生的作品，并"希望此后从事艺术工作的人，第一要立大志，要成为世界上第一等人，作出世界上第一等作品。他的不朽的程度，与中国孔子、司马迁、陶渊明、李白、杜甫，外国的柏拉图、亚里士多德、但丁、莎士比亚、牛顿这一类人等量齐观的"。同年，他还撰写了《新国画建立之步骤》《当前中国之艺术问题》等关注当代中国艺术状况的文章。这些说明了一代大师徐悲鸿在艺术上辛勤实践的同时，也将思想、理论的价值与作用看得很重，而且身体力行，笔耕不辍。显而易见，这些为徐悲鸿撰写中国现代艺术史奠定了较为坚实的理论基础。

另外，徐悲鸿对于他国的优秀美术也十分关注并曾计划撰写成书。譬如，1940 年 9 月 2 日，他在致舒新城书信中说："本月十五，弟将偕友人往朝佛迹，及游览诸著名古美术洞府。他日拟写《印度美术》一册，其派虽非弟所喜，但固有他了不得的地方，不可忽视，有人且以为世界第一。"

徐悲鸿还对国际展览十分关注并撰文阐述，如对于日本文展、法国每年的美术博览会、柏林美术展览会等均有较为详细的文字呈现。在海外，他每到一地均留意其文化与艺术、风土与人情，勤于思考，勤于动笔，显示了他善于发现问题、总结材料并进行理论推演的过人素养。

二、徐悲鸿具备研究中国现代艺术史的个案基础

从 1928 年开始，徐悲鸿为陈子奋、齐白石、王悦之、张聿光、王祺、汪亚尘、潘玉良、高剑父、高奇峰、张书旂、张大千、司徒乔、马万里、杨善深、李青萍、李曼峰、杨仲子、常书鸿、傅抱石、赵少昂、李可染、陈树人、尹瘦石、刘艺斯、邵芳、秦宣夫、吴作人、余钟志、孙宗慰、吴麟若、沈叔羊、王少陵、文金扬、叶浅予、李桦、黄养辉、关山月、罗铭、郭士奇等同时代美术家的艺术作品、著述撰写了专门评论。对于舒新城（美术照相习作）、杨仲子（篆刻）、都冰如（综合艺术）、高月秋（摄影）、沈福文（敦煌图案漆器）、陈志农（剪纸）等擅长其他形式的美术家也撰文推扬。对于长期不受重视的民间工艺，他也见解高远，如对天津"泥人张"、南昌范振华等优秀民间艺人均给予热情颂扬。今天看来，他们中的大部分艺术家就是中国现代艺术史研究中不可或缺的重要对象！对于乔托、普吕东、安格尔、薄特理、薄奈、贝纳尔、

左恩、达仰等外国美术名家也皆有专文甚至专书进行论述与推广。例如，徐悲鸿不但为《普吕东画集》作序，称颂普吕东的品质"盈盈在天际，皎皎若白雪，卓然耿介，遗世独立"，赞美其绘画"雄奇、幽深、坚劲、秀曼"，而且为他撰写了近七千字的单篇评论。这是徐悲鸿为国内外艺术家所写文章中最长的一篇，涉及普吕东杰出的艺术创造、非凡的文化影响、坎坷的人生道路以及不幸的情感历程，认为他是"法艺人之代表"。今天看来，这位法国大画家十分特殊的际遇与甚为高洁的艺境当使徐悲鸿产生了强烈的思想共鸣，因此其字里行间饱含思绪，读之令人扼腕不已。在当时，就是专门的美术理论家也未必像徐悲鸿这样能对这么多的重要艺术家有着系统深入的了解与研究。

由此可见，徐悲鸿长期关注中国现代的艺术与艺术家，他与苏立文的对话并非是突发奇想，一时心血来潮，而是有着客观依据与现实思考的。虽然，徐悲鸿在写给苏立文的信中自谦地说："怎奈才疏学浅，只能对中国当代艺术大致的演变管窥一二。"但是，在当时能有徐悲鸿这样的文笔、见识、胸襟、人脉以及对艺术的精辟见解的艺术家是不多的。

读者也可从笔者主编的《徐悲鸿全集（著述）》（中国青年出版社，2020年12月版）中的70万文字中见之。笔者带领团队经过广泛查找、艰苦爬梳、悉心核查，在徐悲鸿研究权威专家王震先生主编的《徐悲鸿文集》基础上又新发现《美术演讲》《艺术上的写实主义》《法名画家之新作品》等50篇徐悲鸿的文章，全部重新加以校勘、梳理、归类，按内容分为中国艺术、外国艺术、艺术纵横、艺术家评论、展演评论、时事评论、自传、游记、小说、诗词十大类。徐悲鸿在文字表述、撰写上具有很高建树，数量惊人，尽管笔者带领团队搜山检海式地加以发掘，但这些也仅是徐悲鸿勤于动笔而留下文字的一部分而已，因为他饱受战乱和颠沛流离之苦，其著述散失很多。尚有不少徐悲鸿的文章仍有待于有识之士的发现与整理。

三、徐悲鸿革新中国美术事业的理论与舆论之需

徐悲鸿怀有撰写中国现代艺术史的情结还应与他就任国立北平艺术专科学校校长以来的北平艺坛氛围有关。

1946 年 8 月，徐悲鸿就任北平艺术专科学校校长。他在美术教育中主张深入生活，"以造化为师"，并在中国画教学中安排写生课和素描课，试图借鉴西画的写实造型表现手法来解决中国画存在的不足，这种具有创新性的教学方法遭到了一些人士的攻击。

1947 年 10 月，北平艺术专科学校秋季开学不久。南京"国民党中央文化运动委员会"派专人策动了一场"倒徐运动"，由他们控制的"北平美术协会"散发了铅印的"宣言"，攻击、诬蔑徐悲鸿是美术界的罪人。而且，北平艺术专科学校国画系三位兼任教师也站出来宣布"罢教"，北平的一些报纸纷纷刊登攻击徐悲鸿摧残国画的文章，为三位罢教者摇旗呐喊。"北平美术协会"还在中山公园"来今雨轩"举行记者招待会，说明他们是"为个人的美术，为美术的美术和为古人而战"，并认为"中国画应当是超现实的，同时谴责北平美术作家协会是分裂美术界的罪魁祸首"。三位宣布罢教者在会上公开宣称"徐悲鸿摧残国画，毁灭中国艺术"。

这场声势浩大的"倒徐运动"在徐悲鸿看来并不新鲜，因为早在 1928 年，他担任国立北平大学艺术学院院长时，倡导中国美术的革新事业，但是北平的艺术保守势力强大，不久就爆发了第一次"倒徐"事件，当时他孤掌难鸣，只有离开北京。19 年后的徐悲鸿绝非昔日可比，他当机立断，决定在思想观念与社会舆论上给敌人致命一击，进而全面公开自己对于中国新艺术的看法，于是在 1947 年 10 月 15 日举行了中外记者招待会。在会上他宣读了一篇文章，客观冷静地驳斥了保守派的谬论，阐述了自己的艺术主张，他指出："新国画至少人物必具神情，山水须辨地域，建立新中国画既非改良，亦非中西合璧，仅直接师法造化而已。但所谓师法造化者，非一言既能兑现，而诬蔑重素描便会像郎世宁或日本画者，乃是一套模仿古人之成见。试看新兴作家，如鄙人及蒋兆和、宗其香、叶浅予诸人之作，便可证此中成见之谬误，并感觉新国画可开辟之途径甚多，有待于豪杰之士发扬光大。"这篇名为《新国画建立之步骤》的文章于次日发表于北平《世界日报》。

尽管第二次"倒徐"事件规模盛大，但是徐悲鸿顶着来自官方和美术界的强大阻力，以理论开道，用实践证明，最后获得了成功。当时国民党的政治统治腐败，作为一个有着良知并对人民的水深火热痛心疾首的画家、美术教育家，徐悲鸿以行动表明了自己的立场与态度。他对能够反映广大人民现状和呼声的作品与行为大加赞赏，积极扶持，并且以自己的画、文、诗融入了这股洪流，形成了自身高尚的情操和气节。他以"独持偏见，一意孤行"这样激烈的文字表露自己的坚定立场和以现实主义改造中国美术的决心。毋庸置疑，在当时那种条件下，在众多的美术思想中，他的这种思想无疑是有效的，后来中国美术界发生的巨大变化也证实了这一点。

故而，徐悲鸿向苏立文透露准备撰写中国现代艺术史的计划大约发生在他为了抗击保守派而举行中外记者招待会的半个月之后。符合逻辑的理解是，他打算借助这本书在思想理论上进一步树立自己鲜明的艺术旗帜，这是符合其一贯性格的。

综上所述，徐悲鸿写给苏立文的信件中所反映的事件是具有现实依据的，而且，就这封信件中的"此书将在春季出版"来看，当时徐悲鸿可能已经写下了不少文字，并且计划于数月后交稿。然而，就今天留下的徐悲鸿相关资料来看，并没有发现当时的手稿或资料，更未见艺术界关于此事的讨论与研究，这是十分耐人寻味的，因此值得今天的学者抽丝剥茧，深入探究。

笔者认为，若无随后一系列重大事件的接连发生以及新中国美术事业的全面转型，徐悲鸿很有可能会留给后人一部与众不同的《中国现代艺术史》。诚然，历史是不能假设的，但是徐悲鸿在这封信中体现出对中国现代艺术史的情结，为后人真实了解当时徐悲鸿的艺术使命感与社会责任感提供了重要史料。

1948年5月1日至10日，北平美术作家协会在北平中央公园的中山堂举行美术作品展览会，这是当时出席画展的画家们的合影照片（图5-11）。该图正中双手交握者为徐悲鸿，时任国立北平艺术专科学校校长、北平美术作家协会荣誉会长。前排右起为戴泽、李宗津、宋步云、齐振杞、李桦、刘铁华、杨化光；后排右起为艾中信、孙宗慰、吴作人、萧淑芳、董希文、孙竦、杨光化、

图 5-11（上）

1948 年 5 月，出席北平美术作家协会美术作品展览会的画家合影。

图 5-12（下）

徐悲鸿致王学仲书信。

王合内、徐悲鸿、李苦禅、王临乙、高立芳、高庄、万庚育、卢光照、王静远、陈玲娟、李瑞年。

北平美术作家协会对协会美术作品的展出有着详细的计划，一年分春秋两次举办。徐悲鸿是这些展览的领导者、组织者，更是参与者，美术作品展览得到了齐白石、溥心畬等北平老一辈的画家以及协会的中青年骨干画家们的积极响应。大家纷纷拿出自己满意的作品，和北平广大的美术爱好者进行交流。美术作品展览的定期举办使美术爱好者有机会欣赏到久负盛名的艺术家们精湛的画技，给协会的青年画家提供了可贵的艺术实践与交流的机会，也为协会赢得了广泛的社会声誉。

1948年12月7日，因北平美术作家协会的内部成员有所分化，吴作人等又另外组织了"一二·七艺术学会"，推徐悲鸿为会长。北平美术作家协会遂渐解体。

图5-12为徐悲鸿致王学仲的书信。王学仲（1925—2013），山东滕州人。1946年他考取了国立北平艺术专科学校。他不但勤学绘画，而且苦练书法，受到徐悲鸿的夸赞，说他"诗也怪，画也怪，书也怪"。徐悲鸿进一步对王学仲说："'怪'字的含义有贬也有褒，'扬州八怪'不也是'怪'吗？你书画有一些文人画趣味，但还需要下深功夫，要有时代的足印，要有事物的特征，还要有艺术家个人的面貌。"

在同届学生之中，王学仲的书法最受徐悲鸿喜爱。1947年8月，徐悲鸿曾为王学仲的册页作《杨柳喜鹊图》，并复王学仲一封书信，指导其绘事。

在校期间，王学仲不幸得了肺病。这种病在当时也叫肺痨，几乎被视为不治之症。王学仲只得中途辍学回到山东老家休养。在家养病期间，王学仲的心里十分痛苦。不久，他收到徐悲鸿的一封信。徐悲鸿在信中说："夜泊（王学仲的笔名是呼延夜泊）仁弟：病症静养可愈，需具信心，多食葱蒜并节思虑，自易恢复。愈后仍须来院学习，以竟前功，所谓玉不琢不成器，鼓励勇气，以奏肤功。望弟自爱。徐悲鸿十一月二十二日。"王学仲将此信读了一遍又一遍，

图 5-13

1948 年 6 月 4 日，徐悲鸿（前排左起第九位）、胡适（前排左起第八位）与出席
"中印绘画联合展"的来宾在北京大学子民堂合影，廖静文在第二排左起第九位。
与会者还有冯友兰（第二排左起第八位）、朱光潜（前排左起第三位）、季羡林
（前排左起第一位）等。

感动得泪水夺眶而出。恩师的深情厚谊比任何药物都有疗效，于是王学仲恢复
了信心，在休养之中继续自学。另外，徐悲鸿还让管理学校事务的好友黄警顽
每月固定寄十元给王学仲，作为其医治肺病的费用。在这样的帮助之下，王学
仲很快恢复了健康，得以返校继续完成学业。

1953 年，王学仲从中央美术学院毕业，分配到天津大学。师生即将分别，
自是不舍。离校那天晚上，徐悲鸿特意画了一幅《奔马图》赠给王学仲，叮嘱
他在艺术上要不断进取。自此，王学仲在天津大学任美术教师，承担起发扬传
统艺术与文化的重任，成长为一代书画大家以及中国文化向海外的传播者。

1953 年 9 月 25 日，王学仲来北京拟拜见徐悲鸿，但是得知他重病住院。
等到次日，却得到恩师逝世的噩耗。王学仲与其他师生轮流为徐悲鸿守灵。这
期间，他赋诗两首，一为《呈徐悲鸿先生》，曰："有画不趋时，有诗寡相知。
识人以巨眼，当世感徐师。"二为《自笑》，曰："博得徐公三怪名，微山湖畔
一王生。津沽燕市传诗句，自愧才疏倚马缨。"这是学生对恩师感激之情的由
衷写照。

1948 年 6 月 4 日，"中印绘画联合展"在北平开幕，图 5-13 为出席开幕式
的北平文化艺术界的人士和印度来宾在北京大学子民堂前的合影。出席画展开

图 5-14
1949 年 1 月 31 日，人民解放军接管北平。

幕式的有徐悲鸿（前排左起第九位，廖静文站在其身后）、胡适（前排左起第八位）、冯友兰、朱光潜与季羡林等许多文化名人。

此次"中印绘画联合展"在中国的展出得益于徐悲鸿与印度一段不同寻常的缘分。正值中国人民抗日战争期间的 1939 年底，徐悲鸿结束了在新加坡为祖国抗战募捐的活动之后经缅甸前往印度，他是受印度美术界的邀请前往访问的。在印度逗留的近一年的时间里，徐悲鸿广泛考察了印度古代和当代美术，结识了许多印度著名的文化界和美术界人士。尤其是与印度哲人泰戈尔的相识相知，堪称中印文化交流史上光辉灿烂的一页。泰戈尔不仅是著名的诗人、文学家、哲学家，鲜为人知的是，他还是一位画家。在徐悲鸿即将离开印度之际，泰戈尔盛情邀请徐悲鸿为自己将要出版的画集选画，这是泰戈尔对徐悲鸿莫大信任的表现。

印度秀美壮丽的风光和颇具民族特色的古老的文化艺术深深吸引和感染了来自同为文明古国的徐悲鸿。寄寓大吉岭期间，他创作了巨幅国画《愚公移山》，画里的人物形象融合了印度人的模样特征，因为他认为愚公移山的精神是超越民族与国度的。因此可以说，印度是一个与徐悲鸿的生命有着血脉关联的国家。

图 5-14 是一张广为流传的历史照片，记录的是 1949 年 1 月 31 日人民解放军从国民党傅作义将军手中接管北平，北平宣告和平解放的历史影像。然而大家也许并不熟悉作为画家的徐悲鸿在北平和平解放中发挥的重要作用。

1948 年秋，结束了辽沈战役的东北解放军进入山海关与华北解放军完成对北平、天津等大城市的包围。国民党华北军政长官傅作义在天津失守后仍在是战是和的问题上举棋不定，犹豫不决。在毛泽东与蒋介石中间，傅作义要做出一个两全的决定无疑是非常困难的。1948 年 12 月中旬，傅作义在进退维谷之

际，决定邀请北平的知名学者和社会名流在中南海召开座谈会，共商时局。徐
悲鸿与马衡、朱光潜等 20 余人到会。当傅作义开门见山地抛出是战是和，问
计于大家之后，全场一片寂静。因为当时国民党在北平仍有大批的情报特务人
员，轻易表态无疑存在极大的风险，所以徐悲鸿前往参加傅作义的座谈会，廖
静文及美术界的同仁和朋友们无不为他捏了一把汗。然而徐悲鸿不但毅然与会，
并且在座谈会开始短暂的寂静之后第一个站起来，向傅作义和与会的学者、社
会名流立场鲜明地表达了自己的观点和主张。他说："北平二百余万市民的生
命与财产，全系于将军一人。希望将军顾全大局，顺从民意，使北平免于炮火
摧残。眼下战则败，和则安，这是常识问题。"徐悲鸿此言一出，其他人纷纷
表达应该和平解决北平问题的愿望。最终，傅作义采纳了和谈的意见，促成了
北平和平解放的实现。因此，徐悲鸿对保留北平这座文化历史名城和使黎民百
姓免遭兵燹之灾的重大贡献应该被永远地铭记于历史！

1949 年 3 月，周恩来亲自邀请徐悲鸿参加中国代表团前往巴黎，出席当年
4 月 20 日至 25 日在那里举行的保卫世界和平大会。同行的还有田汉、洪深、
许广平、马寅初、郑振铎、程砚秋、古元、曹靖华、翦伯赞、邓初民、戴爱莲
等 44 位著名人士，代表团涵盖了中国文化艺术界的重要人物。如果巴黎之行
能够实现，那将是 1933 年 5 月徐悲鸿在法国国立外国当代美术博物馆举办中
国美术展览会 16 年之后的故地重游，想必当时的徐悲鸿对此是十分期待的。
但是当中国代表团到达莫斯科时，却得到法国政府拒绝代表团入境的消息。原
因是此时新中国虽已在积极筹建之中，但毕竟尚未正式宣告成立，自然与法国
也没有正式的外交关系。保卫世界和平大会临时做出决定，会议在巴黎和捷克
斯洛伐克首都布拉格同时举行，即将成立的新中国代表团参加布拉格分会场的
会议。于是保卫世界和平大会在巴黎和布拉格两地同时举行，共有来自 72 个
国家的 2000 多名代表参加。

图 5-15 是 1949 年 4 月徐悲鸿在保卫世界和平大会中国代表团转道莫斯科，
前往捷克斯洛伐克参会的国际列车上为田汉现场写生的素描《田汉像》。他还

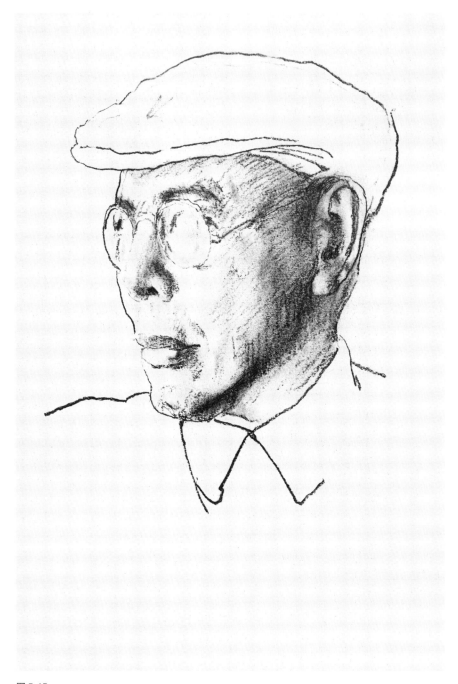

图 5-15
徐悲鸿绘《田汉像》，素描，纵 34.5 厘米，横 25 厘米，1949 年，徐悲鸿纪念馆藏。

图 5-16
徐悲鸿绘《马寅初像》（左）、《翦伯赞像》（右），素描，两像均为纵34.5厘米，横25厘米，1949年，徐悲鸿纪念馆藏。

为马寅初、翦伯赞等多位代表团的成员画像，除了和其他代表热情地交流，徐悲鸿不放过任何一次写生的机会，他的勤奋感染了代表团的每位成员。这幅素描《田汉像》画得十分简略，具有速写的性质。画中的田汉头戴鸭舌帽，戴着圆框眼镜，目视前方，表情坚韧。其帽子与肩颈部只以数根线条概括性地加以表现，言简意赅。

田汉（1898—1968）是与徐悲鸿志同道合、感情深厚的挚友。他们初识在1926年的上海，那时徐悲鸿刚刚独自一人从新加坡归国抵沪，两人相遇，从此开始了他们长达27年的交往。田汉是充满浪漫与激情的剧作家，徐悲鸿则是才华横溢的画家，两人的性格相近，志趣相投。田汉于1928年在上海创立南国艺术学院，便盛情邀请徐悲鸿来任教。徐悲鸿爽快地接受了田汉的邀请，他每个月的一半时间去南京国立中央大学任教，一半时间在上海执教南国艺术学院，两人度过了一段短暂却是美好的合作时光。1935年夏，田汉遭国民党当局逮捕，徐悲鸿积极奔走，最终与宗白华一起保田汉出狱，足见两人感情的真挚。

其后的岁月里两人始终保持着密切的往来，新中国成立以后直到徐悲鸿去世，田汉与徐悲鸿共同为新中国文化事业的发展做出了巨大贡献。1949 年 9 月，在中国人民政治协商会议确定新中国国歌的讨论中，作为文艺界代表委员的徐悲鸿率先提出以田汉作词、聂耳作曲的《义勇军进行曲》作为新中国的国歌，最后获得通过。

图 5-16 是徐悲鸿在国际列车上所绘的素描《马寅初像》和《翦伯赞像》。从迈出国门到抵达莫斯科的十几天旅程中，徐悲鸿利用这些时间为代表团成员画像，这些文化艺术界著名人物的风采被徐悲鸿用画笔捕捉下来，其勤奋程度可见一斑。

画中的马寅初主要刻画其头部，接近正面，平光，他方脸微胖，温和忠厚，一派学者风范；画中的翦伯赞为三分之二侧面，脸上的光线对比明显，微卷的头发向后梳着，带着圆框眼镜，嘴唇微张，表情恬淡，显示出智者的风度。马寅初、翦伯赞均是对中国的文化建设发挥了重要作用的著名专家。

马寅初（1882—1982），浙江绍兴嵊县（今嵊州市人），中国当代经济学家、人口学家、教育家。1906 年留学美国，获耶鲁大学经济学硕士学位和哥伦比亚大学经济学博士学位。民国时期，长期担任大学教授并从事财政经济方面的研究工作。1951 年任北京大学校长。20 世纪 50 年代末因发表《新人口论》而被错误地划为右派，受到批判，中国共产党十一届三中全会之后得以平反。他一生著作颇丰，对中国的经济、教育、人口学方面的研究做出了杰出的贡献，有"中国当代人口学第一人"之誉。

翦伯赞（1898—1968），湖南常德桃源县人。杰出的教育家、社会活动家、历史学家，中国马克思主义历史学科的奠基人之一。20 世纪 20 年代，翦伯赞已经开始用马克思主义的观点潜心研究中国社会和历史问题，先后发表了《中国农村社会之本质及其历史的发展阶段之划分》《前封建时期之中国农村社会》等论文。与吕振羽合著《最近之世界资本主义经济》一书，揭露日本作为帝国主义国家的本质。翦伯赞长期从事统一战线、理论宣传和史学研究工作，为我国马克思主义历史科学的建立做出了重要贡献。他撰写的《历史哲学教程》宣

图 5-17
1949 年，徐悲鸿赴布拉格出席保卫世界和平大会途中。

传历史唯物主义，阐明了当时中国社会的半殖民地半封建性质。另一部重要著作《中国史纲要》则用马克思主义观点剖析了商、西周、春秋时期的社会性质，以及我国自战国至秦汉社会性质的转变，影响深远。

由于政治的原因，中国代表团没有能够前往巴黎，这一变故虽令人遗憾，但却使包括徐悲鸿在内的中国代表团的成员们能够在 1949 年的春夏之交有较多的时间游览苏联和东欧社会主义国家美丽的自然风光，亲身体会这些国家社会主义建设所取得的一系列成就。包括徐悲鸿在内的代表团成员们走进当地的城市、乡村，参观工厂、矿山和学校，近距离地接触工人、农民、市民，了解他们的工作和生活。

图 5-17 是 1949 年 4 月徐悲鸿在赴布拉格出席保卫世界和平大会期间在轮船上的留影，图 5-18 是保卫世界和平大会中国代表团在捷克布拉格车站留影。大家为苏联和东欧国家那些极富民族特色的文化和艺术激动不已，创作了不少优秀的文艺作品。他们通过这次难得的文化艺术之旅，迸发了发展新中国文化艺术事业的强烈愿望和崇高使命感。此次出席保卫世界和平大会也增强了即将成立的新中国和苏联、东欧等社会主义国家在文化艺术上的沟通和交流，是新中国对外文化艺术交流的重要前奏。1949 年 4 月 24 日，保卫世界和平大会中国代表团接受鲜花后在捷克布拉格会场门口留影（图 5-19），大家手捧鲜花，

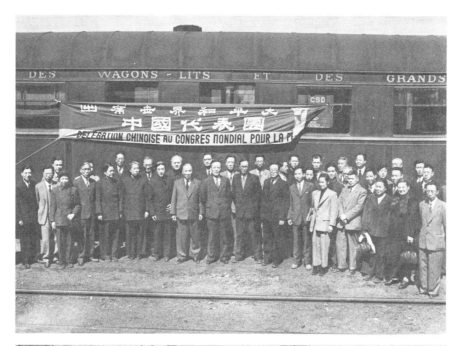

图 5-18（上）
保卫世界和平大会中国代表团在捷克布拉格车站留影，徐悲鸿在前排左七。

图 5-19（下）
1949 年 4 月，保卫世界和平大会中国代表团接受鲜花后在捷克布拉格会场门口留
影，徐悲鸿在后排左五。

徐悲鸿绘《在保卫世界和平大会上听到南京解放》，中国画，纵352厘米，横71厘米，1949年，徐悲鸿纪念馆藏。

图5-20

欢心雀跃的神态已充分洋溢在脸上。

这一天，中国代表团收到了中国人民解放军已于4月23日渡过长江、占领国民党首都南京的重大消息。当大会执行主席当众宣布这个消息时，会场顿时欢腾起来，爆发了长达15分钟的起立、鼓掌与欢呼的场面。中国代表团的44位成员欢欣鼓舞，高声歌唱，各国代表团成员也争先恐后地与中国代表团成员热情地握手、拥抱，并挽着他们的手臂游行起来。大会高唱《自由中国万岁》歌，中国代表团团长郭沫若宣称："中国人民的胜利是整个和平阵营的胜利！"徐悲鸿作为代表团成员中的一员，那时想必也在高声歌唱，振臂欢呼。

徐悲鸿深深地被这个场景所感染，以至于会议结束回国到了北平后，其心情仍久久不能平静下来。他饱含热情地投入了《在保卫世界和平大会听到南京解放》的中国画创作。图5-20是徐悲鸿一生罕见的直接与时政相关的巨幅作品，纵352厘米，横71厘米，这样一个十分夸张的纵横比是徐悲鸿特意为之，为的是还原会场共计三层楼的盛大场景以及突出由二楼垂挂下来的中国代表团的巨大条幅，上面书写着"全世界和平力量团结起来，粉碎战争挑拨者的阴谋"。

徐悲鸿在作品中共计画了100余人，他尽力把当时会场上人物的真实神态细腻地记录其中，徐悲鸿自己、郭沫若、田汉、马寅初、翦伯赞、丁玲、邓初民等均可被中国读者很快识别出来，可谓呼之欲出。中外代表的互动被描绘得最具特点，画中的外国代表们也为中国的喜事激动不已，甚至有几位外国友人将一位中国代表举托起来，欢呼雀跃。从这幅不同寻常的作品中，我们还

图 5-21（上）

1949 年 7 月 6 日，徐悲鸿被选为全国文联代表出席中国人民政治协商会议第一届
全体会议，与全体 16 名文联代表合影。

图 5-22（下）

1949 年 7 月 23 日，中华全国美术工作者协会成立，徐悲鸿当选为主席。

可以阅读到徐悲鸿虽然已是当时全国美术界公认的领袖，但是他依然不重复自我，力图开拓创新，显示出努力跟上伟大时代步伐的决心。

南京解放后，徐悲鸿的得意弟子吴作人也以南京解放为题材创作了一幅油画《捷报》，想必是也得到了老师的启发与指导。1949 年 7 月，徐悲鸿《在保卫世界和平大会听到南京解放的消息》、吴作人《捷报》参加了中国共产党主办的"中华全国文学艺术工作者代表大会美术展览会"（即第一届全国美展）。从展览会的名字可见，展览目的是为了配合中华全国文学艺术工作者代表大会（即第一次文代会）。大会于 1949 年 7 月 2 日召开，7 月 19 日闭幕。

1949 年 7 月 2 日—19 日，中华全国文学艺术工作者代表大会在北平召开，共有 648 名作家、艺术家参加了此次大会，全体代表济济一堂，为即将成立的新中国而欢欣鼓舞，会议气氛热烈而隆重。7 月 6 日，中国共产党的领导人毛泽东、周恩来到会，毛泽东发表了重要讲话。大会根据毛泽东重要讲话的精神，明确了即将成立的新中国文艺工作的发展方向，特别强调了文艺要为广大工农兵服务的宗旨，号召广大文艺工作者积极投入新中国的文艺事业。周恩来还做了大会动员讲话。会议的另一项重要工作是选举了全国文联委员会，选举郭沫若为主席，茅盾和周扬为副主席，徐悲鸿等 87 人为委员。7 月 6 日，还选举出徐悲鸿等 16 名代表出席即将在 9 月召开的中国人民政治协商会议第一届全体会议。图 5-21 为全体 16 名文联代表合影，前排左起第一人为徐悲鸿。他能出席中国人民政治协商会议，无疑是其巨大的政治荣誉。徐悲鸿从一个出身贫寒的农家子弟发展到中国的著名画家、美术界的领袖，可谓幸运儿。然而只有在新中国，他才有了国家主人公的自豪感，中国人有一种"士为知己者死"的传统思想，徐悲鸿也不例外，这时的他以满腔热情投入那场伟大的社会变革。

1949 年 7 月 23 日，中华全国美术工作者协会成立，徐悲鸿当选为主席，江丰、叶浅予当选为副主席，蔡若虹、刘开渠、吴作人、李桦、古元、王朝闻、倪贻德、力群、朱丹、野夫为常委。图 5-22 是当时的合影。1953 年 10 月 4 日，该协会改称中国美术家协会。如今已发展成为集中全国各地有成就、有影

246

图 5-23

1949 年 9 月，即将出席中国人民政治协商会议的部分文化艺术界代表
合影。前排左起：艾青、巴金、史东山、马思聪；后排左起：曹靖华、
胡风、徐悲鸿、郑振铎、田汉、茅盾。蔡楚生摄。

响的美术专家、学者，综合美术各门类的、具有广泛影响力的唯一国家级美术
组织。

图 5-23 是 1949 年 9 月，即将出席中国人民政治协商会议第一次全体会议
的部分文化艺术界代表的合影，后排第三人为徐悲鸿。其他的文艺界代表还有：
前排左起艾青（诗人）、巴金（作家）、史东山（电影编剧）、马思聪（音乐
家），后排左起曹靖华（作家）、胡风（文艺理论家）、郑振铎（作家）、田汉
（剧作家）、茅盾（作家）。这张珍贵照片为蔡楚生（电影编剧、导演）所摄。

图 5-24 是 1949 年徐悲鸿、廖静文夫妇与儿子徐庆平、女儿徐芳芳在北平
家中院子里的合影。徐悲鸿、廖静文相互依靠坐在台阶上沐浴着阳光，廖静文
将女儿徐芳芳抱在怀中，儿子徐庆平紧挨着母亲，一家四口，其乐融融，温馨
幸福。图 5-25 为 20 世纪 50 年代初，徐悲鸿与儿子徐庆平、女儿徐芳芳在家
门口石阶上的合影。徐庆平、徐芳芳这两个孩子均生于北平。徐悲鸿对他们甚
为疼爱，1949 年 1 月 21 日，他写信给远在美国的好友王少陵，除了请他代购

图 5-24（上）
1949 年，徐悲鸿、廖静文夫妇与儿子徐庆平（右一）、女儿徐芳芳（右二）在家中合影。

图 5-25（下）
20 世纪 50 年代初，徐悲鸿与儿子徐庆平（中）、女儿徐芳芳（右）在家门前合影。

10 瓶芦丁（又称芸香苷、维生素 P，是一种天然黄酮苷，具有抗炎、抗氧化、抗过敏等功效，徐悲鸿认为此药治血压高颇有效），还请他代购多含插图的美国儿童读物、益智玩具，想必是为这两个孩子准备的。

1946 年元月 14 日，由郭沫若先生做证婚人，51 岁的徐悲鸿与 23 岁的廖静文在重庆结为夫妻，婚后仍居住在重庆磐溪。是年春夏之交，随徐悲鸿告别了战时的陪都重庆北上接收国立北平艺术专科学校时，廖静文已身怀六甲。抵达北平后的 9 月 28 日，他们的第一个孩子悄然出生，取名"庆平"，一是因为母亲怀孕在重庆、儿子出生在北平；二是含有期盼他一生平安之意。翌年 11 月，徐悲鸿和廖静文的第二个孩子出生，因是女儿，取名芳芳，寄托了徐悲鸿夫妇心中美好的愿望。

图 5-26
1949 年中秋，徐悲鸿（前左二）、齐白石（前左三）、李苦禅（后左七）、李可染（后左三）、田世光（后左一）、骆拓（后左四）摄于国立北平艺术专科学校。

长期饱受婚姻纷扰和时事艰难的徐悲鸿自抗战胜利与廖静文结婚，并且有了他们的一双儿女之后，在北平度过了一段难得的美好时光。相比于抗战时期的艰难，北平的生活显得安稳而平静。徐悲鸿出任国立北平艺术专科学校校长，使经济条件有了很大改善。徐悲鸿还兼任北平美术作家协会荣誉会长，领导着北平的美术工作。尽管工作繁重又忙碌，但是家庭生活的和谐安宁给了他莫大的慰藉，这段时光在他几十年起伏跌宕、辗转漂泊的人生中是难能可贵的。由于得到了多方面的支持，徐悲鸿在国立北平艺术专科学校的工作也开展得较为顺利。图 5-26 为 1949 年中秋，徐悲鸿、齐白石、李苦禅、李可染、田世光、骆拓等师生在国立北平艺术专科学校团圆并合影留念。那时国立北平艺术专科学校的校舍分为两部分，教学部分是在东总布胡同 10 号，教员宿舍与学生宿舍在贡园西大街，此处原来是个日本两层洋行，经过改造之后，楼上住教员，楼下住学生。

前述中华全国文学艺术工作者代表大会明确了即将成立的新中国的文艺为最广大工农兵服务的宗旨与方向，号召广大文艺工作者行动起来投入这场轰轰烈烈的文学艺术实践。作为全国美术界领军人物的徐悲鸿自然也不例外，参加完政治协商会议以及见证了新中国成立以后，他为成立中央美术学院和中国美术工作者协会繁忙地工作着。转眼到了 1950 年的春天，徐悲鸿又亲自带领美术界的同仁们深入祖国的工厂、矿山和部队，用他们手中的画笔描绘热火朝天

图 5-27
1950 年，徐悲鸿为解放军海军战士画像。张爱萍将军摄。

的生产场景、美丽如画的乡村、面貌一新的城市以及不断涌现出来的各行各业的英雄模范人物。图 5-27 是 1950 年徐悲鸿为中国人民解放军海军战士画像时的照片，照片右边执笔作画者为徐悲鸿。从照片中可看到海军战士坐在靠背椅上，徐悲鸿则坐在低低的台阶上全神贯注地写生，旁边其他的画家也在画像。当时的海军是中国人民解放军新建立的军种，徐悲鸿也被年轻而充满活力的士兵所感染，他带领画家不辞辛劳地记录部队火热的生活，成为推动艺术与社会生活结合的楷模。这张珍贵的照片由中国人民解放军第一位海军司令员张爱萍将军所抓拍，他将这张照片珍藏了 35 年。1985 年，时任国防部部长的张爱萍将军向徐悲鸿纪念馆捐赠了这幅具有历史意义的珍贵照片。

1949 年 11 月 2 日，国立北平艺术专科学校与华北大学三部美术系（主要由来自解放区的美术工作者组成）合并，成立国立美术学院，毛泽东应徐悲鸿之请书写了校名。1950 年 2 月，经中央人民政府正式批准，国立美术学院更名为中央美术学院，政务院总理周恩来颁布委任状，徐悲鸿实至名归，出任第一任院长（图 5-28、图 5-29）。他既有留学背景，又有办学经验，其艺术上也达到了挥洒自如、游刃有余的境界，因此由他担当这一重任，是众望所归。1950 年 4 月 1 日，徐悲鸿亲笔书写《中央美术学院成立献辞》（图 5-30），内容如下：

图 5-28（左）
1950 年初，徐悲鸿任中央美术学院院长时的留影。

图 5-29（右）
徐悲鸿在中央美术学院主持大会。

我国数千年受专制封建长期统治，人民自无幸福可言，但在文化部门、造型美术上是有成绩的，当然这是劳动者的成绩。诚如周扬同志所说，皇宫虽是皇帝要盖的，但她是由劳动人民的手造成的。我以为对于我国文化大半可以用如此看法。现在人民做了主人，一切为人民服务，毛主席指示我们首先应为工农兵服务，因为世界是他们创造的。我们又有共同纲领，启发人民的政治觉悟，鼓励人民的劳动热情，方向明确。我们再来整理批判承继我们祖先遗产，以及吸取世界遗产，以创造出大众的科学的民族的新中国美术，这是我们必须肩负的责任。以往我们为专制的统治者服务，且有如此业绩，我们现为人民服务，应当有更进步的收获、更辉煌的成就，以迎接新中国的胜利和文化建设高潮的到来。我以无限兴奋和愉快的心情庆贺中央美术学院成立，并预祝其中工作同志及全体同学有光辉灿烂的前途。

在这篇献辞中，徐悲鸿旗帜鲜明地表达了自己对中国美术乃至中国文化的看法，提出了人民是伟大历史和伟大艺术的创造者，阐述了美术为工农兵服务是美术工作者的历史责任，彰显了他努力地跟上新时代步伐的强烈愿望。在这一天的成立典礼上，徐悲鸿满怀深情地说："这是我一生中感到最光荣、最愉快的一天，我决心在党的领导下，为进一步发展美术教育事业竭尽全力。"笔者相信这是他历经苦难，上下求索，不懈奋斗，登上人生巅峰时的肺腑之言。

这幅长篇献辞不仅是徐悲鸿一篇热情激昂的文章，同时在书法上笔走龙蛇，潇洒畅达，堪称徐悲鸿书法精品。在对待中国传统艺术方面，他兼收并蓄。

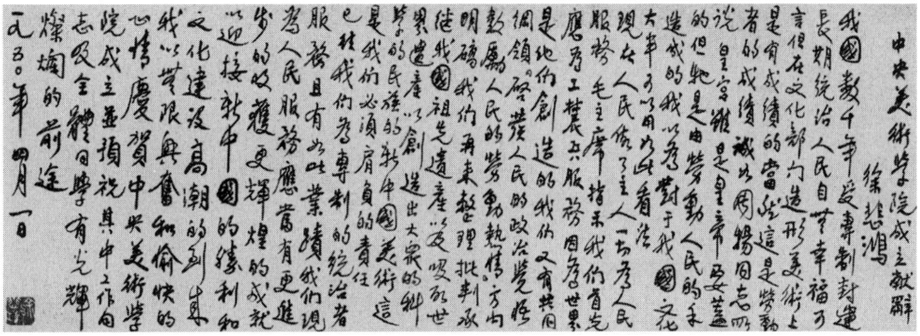

图 5-30

1950 年 4 月 1 日，徐悲鸿为中央美术学院成立所写献辞。

他始终酷爱中国传统艺术的另一瑰宝——书法，平时勤加练习（图 5-31）并取得了杰出成就。在此点上，当今美术界一直未见争议。这种现象是值得深入研究的。

徐悲鸿年轻时就在书法上用功不辍，22 岁时受业于一代书法大家康有为，故深受碑学思想影响，并勤练《散氏盘》《爨宝子碑》《石门铭》《张猛龙》《郑文公碑》等碑不已，对《魏灵藏造像》等天真朴实的造像书法情有独钟，用力甚多。流居国外时仍苦临魏碑。徐悲鸿一生嗜古不已，甚至在其病危时，床头还展放自己平时喜爱临习的《散氏盘》的放大影印本，时时揣摩。徐悲鸿还曾在自己的客室里悬挂一幅摩崖隶书《汉杨淮表记》整张拓片，结体天成，气势磅礴。他曾特别邮寄《齐侯罍》铭文拓片给陈子奋，希望他能在这一在当时尚未为人重视的金文中有所受益。徐悲鸿也曾赠给叶喆民两纸《虢季子白盘铭》用于习字。

对于唐宋元明清等历代书法，徐悲鸿也加以系统研究。由于他在书法上的刻苦钻研与独到见解，形成了他独特的书风。徐悲鸿的书法，飘逸自如、平淡精深，具有不凡的魄力，可以说是取精用宏，厚积薄发。说徐悲鸿是一代书法大家，并不为过，同辈书法家能与之相比者亦寥寥无几。只是徐悲鸿的书名被其画名所掩。众所周知，自古以来中国书法对绘画的影响就是潜移默化的，徐悲鸿在书法上的过人造诣为他在绘画上的借鉴、创作与品评同样产生了不可小视的影响，其刚健浑穆的用笔以及马的整体形态受益于其书法中苍茫高古的拙朴之风，体现出放逸超脱的中国美学境界。我们有理由相信，随着岁月的洗礼，徐悲鸿书法艺术所蕴含的价值将会越发彰显。

图 5-32 为 20 世纪 50 年代徐悲鸿与齐白石的合影。徐
悲鸿和齐白石作为中国现代画坛上的两位巨匠，他们之间
的交往及友谊是中国美术史上光辉的篇章。在中国现代画
坛，徐悲鸿与齐白石的一段金兰之交与忘年友谊被一直传
颂至今。

齐白石（1864—1957）比徐悲鸿年长 31 岁，徐悲鸿
出生的时候，齐白石是在湖南老家为人描画刻花的乡间木
匠。他 57 岁时寄寓北京，卖画为生，成为一名职业画家。

在中国现代美术史上，若要人们列举中国画坛的重要
伯乐，也许位于排行榜前列的就是陈师曾、徐悲鸿，因为
陈师曾发现、帮助了齐白石、王梦白，徐悲鸿发现、帮助
了齐白石、傅抱石、陈子奋、李可染、张书旂、滑田友等
一大批艺术家。陈师曾、徐悲鸿的共同之处则在于均由衷
大力推崇齐白石，并成为齐白石的知己与至交。虽然陈师
曾比徐悲鸿年长 19 岁，二人的出身环境与学术背景相差极
大，但是均十分青睐、推崇齐白石。究其深层原因，笔者
认为源自金石、篆刻的共同癖好才是持续沟通陈师曾、徐
悲鸿、齐白石三人密切关系的主线。对其进行深入研究，
对于我们今天如何在文化的深度与厚度上发展中国书画篆
刻艺术也具有积极的启发价值。徐悲鸿酷爱金石印章，认
为自己对此具有"沉湎之嗜"。1917 年，徐悲鸿结识康有
为之后，从其学习国文、书法和金石，并通观其收藏的书
画、碑帖。这些为徐悲鸿学习古文字小学及秦汉印学奠定
了基础，并使徐悲鸿爱上碑帖与印谱收藏。1926 年春，徐
悲鸿从新加坡回到上海，利用在南洋所得润资购得大批金
石、书画。当时活跃在印坛的名家多与悲鸿是好友，他还
喜爱将这些印家为自己所治印章拓成印谱赠予好友。

图 5-31（上）
20 世纪 50 年代，书写中的徐悲鸿。
图 5-32（下）
徐悲鸿与齐白石。

总的来说，陈师曾、徐悲鸿的艺术受到清代中期以来碑学复兴风气的影响，追求朴茂沉雄的艺术境地。而且，在陈师曾、徐悲鸿书法的临摹与创作上存在着较为相近的艺术取向与风格特色。就书画艺术而言，陈师曾、徐悲鸿的作品均具有饱满内敛、朴厚雄强、坚实沉着、纯任自然的特色，这些也自然地反映到他们所喜爱的关于金石、篆刻的品评、创作、收藏与交友上。因此二人自从结交了篆刻高手齐白石之后，均与齐白石结为平生挚友，并大力推扬齐白石艺术。

对于齐白石的赏识，陈师曾在前，徐悲鸿居后。

就画坛领袖与齐白石的关系而言，有学者认为是林风眠最早（1927 年春）聘请齐白石进入自己执掌的北平艺专任教，但是若论对于齐白石艺术推广的持久性以及发自肺腑的钟爱性，在当时的艺术家中，徐悲鸿是无可争议的第一人。1927 年之后，林风眠与齐白石不再有密切交往。

留学欧洲 8 年、在全国最高学府担任教授、精通中西画法、倡导现实主义的徐悲鸿之所以青睐来自民间、被时人称为"野狐禅"的齐白石，笔者认为主要有三个原因：

1. 气质接近。徐悲鸿的诗书画皆精湛，并酷嗜篆刻，譬如对陈子奋、傅抱石的赏识与推荐均源自他们卓越的篆刻艺术，这与擅长诗书画印的齐白石容易产生艺术上的共振。

2. 乡土共鸣。在流行摹古的北京画坛，齐白石具有乡土气息的画风与反对摹古、强调师法自然的徐悲鸿产生共鸣是很自然的。

3. 情感融洽。齐白石出身于农民，做过木匠，艺术源自乡间。而徐悲鸿的出身也很贫苦，对于农村的事物也具有真挚情感。自幼成长于江南宜兴农村的徐悲鸿曾自刻"江南贫侠"之印，结识齐白石之后，请他为自己刻过"江南布衣"之印，这些足见徐悲鸿的家乡情结。

徐悲鸿和齐白石的交往是从徐悲鸿任北平大学艺术学院院长后开始的。1928 年，北京大学改名为北平大学。这一时期执掌北平大学的是李石曾，他曾与蔡元培、吴稚晖发起赴法勤工俭学的运动。李石曾推举徐悲鸿任该校艺术学院院长。

来到北平后，徐悲鸿大力把自己的现实主义艺术主张推介给师生，号召大家把写实思想融入中国绘画，从而创造出造型准确、形象生动的中国画。徐悲鸿在这里还进行了大胆的人才聘用，举贤任能，不拘一格。齐白石的画风和深厚的笔墨功夫备受徐悲鸿推崇。于是徐悲鸿亲自拜访齐白石，力邀他到艺术学院教授中国画。当33岁的徐悲鸿来到齐白石家，受到了热诚的接待，两人谈画论字，读诗品艺，一见如故，相见恨晚。徐悲鸿提出了想请齐白石来校任职的意愿，但被他婉言拒绝了。过了几天，徐悲鸿又来到了齐白石家，还是被拒绝了。徐悲鸿数日后再一次去了齐家。也许是徐悲鸿的真情打动了齐白石，此刻，齐先生才说出了不想去任职的原因，他说："我不是不领您的情面，我从未上过洋学堂，怎敢贸然去大学上课呢！要是遇到个学生不服或者起哄什么的，我可如何是好啊？"为消除齐白石的担心，徐悲鸿对他做出了承诺，说："齐先生到我那里去任职，不需要登台多费言语，只要一次给学生做一张示范画即可。您去上课，我一同陪您，给您做助教。我还派专车接您来校，冬天给您生好火炉子，夏天给您准备电风扇。"有感于徐悲鸿"三顾茅庐"的真诚，齐白石同意了徐悲鸿的邀请。

安排好齐白石的教学计划后，徐悲鸿亲自来到齐家，接他前去上课。走进教室，徐悲鸿向学生介绍了齐白石，齐先生便开始做起示范。他运笔肯定，速度缓慢。看似点点画画，实则精雕细琢；看似大气落笔，实则成竹在胸。学生们看得目不转睛，被其高超的技艺所折服。画后，齐白石和学生们谈起自己的心得，他告诉学生说，不要死学我，画要自然。画梅花时，花似开而未开时色泽最浓，开后而淡。花瓣不可全画圆圈，圆圈多了看上去匠气。下课后，徐悲鸿又亲自把齐先生送回家中。在路上，齐白石对徐悲鸿说："徐先生，您没有骗我，以后我可以在您的学校任教了。"此后二人结成了忘年的莫逆之交。

就这样，徐悲鸿一方面打消了齐白石的顾虑，促成这位来自民间的大师登上大学课堂，为艺术学院带来了清新之风；另一方面又不得不承受当时北平美术界陈旧保守势力的责难，徐悲鸿所推介的现实主义遭到了一些顽固画家的攻击，一时之间徐悲鸿和齐白石成为了众矢之的，流言蜚语，明枪暗箭，齐发过来。徐悲鸿只得离开北平大学艺术学院而功败垂成。

齐白石一首答谢徐悲鸿的诗可以视为二人友谊在当时的真实写照："少年为写山水照，自娱岂欲世人称？我法何辞万口骂，江南倾胆独徐君。谓我心手出怪异，鬼神使之非人能。最怜一口反万众，使我衰眼满汗淋。"1928年两人在北平短暂的交往，不仅让徐悲鸿与齐白石结下了真诚的忘年友谊，也为18年之后徐悲鸿再请齐白石出山做了有力铺垫。

回到南京后，徐悲鸿和齐白石一直保持着书信来往，齐白石每有佳作寄给他，徐悲鸿便按齐白石的润格寄送画酬。那时正是齐白石创作的成熟期，精品很多，徐悲鸿后来收集的齐白石的精品多出自这一段时期。

徐悲鸿多次向中华书局编辑所负责人舒新城推荐出版齐白石的作品。1931年前后，在徐悲鸿致舒新城的信中，有十余封是为齐白石画集之事而写的。终于使齐白石的第一本画册于1932年7月正式出版发行。徐悲鸿交游广泛，还向许多好友大力推荐齐白石的艺术，如邀请李可染观看自己收藏的齐白石作品，并将李可染推荐给齐白石为入室弟子，其古道热肠与对齐白石艺术的推扬可见一斑。

抗日战争结束后，1946年徐悲鸿又一次来到北平，任国立北平艺术专科学校校长。赴任之后徐悲鸿开始聘请教授，徐悲鸿首先邀请的就是齐白石，自此，齐白石成为该校终身教授。

徐悲鸿请齐白石先后为自己刻印十多方，其中入选《百扇斋主手拓悲鸿用印》的印章有九方。分别为朱文"江南布衣""中道而行""荒谬绝伦"，白文"徐悲鸿""吞吐大荒""受命于天""有巢氏""中立不倚"，还有一方为"江南布衣"之缩仿印，大小约为原作四分之一。徐悲鸿在其印旁注：Pathenon残石，仿齐白石。表明这是以他拾回的世界名迹雅典巴特农神庙的碎石刻成。此印是徐悲鸿的常用印，可见悲鸿对它的酷爱。在《百扇斋主手拓悲鸿用印》中，为徐悲鸿刻印最多者为齐白石、杨仲子与陈子奋。究其原因，一是在于三家勇于创造的精神与悲鸿息息相通；二是在于彼此相交甚深。

图 5-33（上）
20 世纪 50 年代初，徐悲鸿、齐白石与中央美术学院学生合影。

图 5-34（中）
1951 年冬，徐悲鸿、廖静文与齐白石等合影于北京西城跨车胡同十五号铁栅画室门前。王森然摄。

图 5-35（下）
1953 年，齐白石、徐悲鸿与新凤霞（前排右一）、胡絜青（二排左三）、廖静文（二排左四）等人的合影。

徐悲鸿还请齐白石为自己的好友刻过许多印，例如，1949年冬，徐悲鸿苦于手头没有美术精品送给马来西亚槟城的好友骆清泉，遂请齐白石刻制"老悔读书迟"闲章（用的是约寸许的"猫儿眼"宝石）、"骆清泉"名章（用的是寿山田矿石）及"骆"（用的是鸡血石），这三方印刻好后寄给了骆清泉。1950年，骆清泉在南洋槟城创办槟城艺术协会并任主席。徐悲鸿为其书写艺术协会会匾，并亲选佳石，再次请齐白石为骆清泉刻了一方名章以作祝贺。

继陈师曾之后，徐悲鸿在宣传齐白石书画艺术上做出了决定性的贡献，他为齐白石出画集、办展览，收藏、收购了齐白石大量的精品力作，并在生活上给予了真切地关心和帮助。齐白石曾经发自肺腑地说："生我者父母，知我者徐君也。"

1949年北平和平解放前期，齐白石担心自己留在北平将不能继续职业画家的生涯，一度想南下，徐悲鸿极力劝说齐白石留下，并担保老人可以继续卖画，齐白石这才放心地留在北平。解放以后，两人在中国美术工作者协会和中央美术学院共事直至1953年秋徐悲鸿逝世。图5-33为20世纪50年代初期徐悲鸿、齐白石与中央美术学院学生的合影。

图5-34为1951年冬，徐悲鸿、廖静文与齐白石等合影于铁栅画室门前。齐白石曾在85岁生日写下绝句："铁栅三间屋，笔如农具忙。砚田牛未歇，落日照东厢。"此处的"铁栅三间屋"即位于北京西城跨车胡同15号的铁栅画室，这是齐白石在北京居住时间最长的地方，得名于白石老人给自己的卧室走廊外安上了一道铁栅栏。图5-35为1953年齐白石、徐悲鸿与新凤霞（前排右一）、胡絜青（二排左三）、廖静文（二排左四）等人的合影，评剧表演艺术家新凤霞、老舍夫人胡絜青均是齐白石老人的弟子。

徐悲鸿去世之后，大家因齐白石年纪太大而不敢告诉他。后来老人觉得徐悲鸿许久没来看自己了，感到十分奇怪。于是坐着马车到了徐宅，这才发现徐悲鸿已去世一段时间了。他十分悲伤，问廖静文徐悲鸿的灵位在哪里，然后他站在徐悲鸿的遗像前待了很久，独自悲伤地流泪。可以说，徐悲鸿和齐白石是一对惺惺相惜的忘年交、真诚与共的艺术知己。

258

图 5-36
徐悲鸿与齐白石、吴作人、李桦。

图 5-36 为徐悲鸿与齐白石、吴作人（后排右）、李桦（后排左）的合影。早在 1928 年，徐悲鸿在上海南国艺术学院任教时，就发现了吴作人的绘画才华，常叫他来自己家中，以便于随时指导。徐悲鸿还画过一幅吴作人的素描头像赠送给他。

1930 年吴作人来到国立中央大学教育学院艺术专修科当了一名旁听生，后因参加进步活动被取消了旁听资格。爱才若渴的徐悲鸿安排吴作人出国。在他的联系之下，吴作人考上了徐悲鸿曾经留学的巴黎国立高等美术学院，吴作人去巴黎的水手票是徐悲鸿帮买的。到了法国之后，吴作人在经济上实在困难，只得向恩师徐悲鸿求援。徐悲鸿又托人为吴作人在比利时布鲁塞尔皇家美术学院获得奖学金。吴作人不负师望，勤奋学习，在其入学的第二年，即在全院暑期油画大会考中获金奖和桂冠生荣誉。

吴作人掌握了熟练的专业技能，创作了大量的油画作品，表现出非凡的艺术才能。白思天院长称赞他"既不是弗拉曼画派，又不是中国传统，乃是充满个性的作者"。1935 年吴作人学成回国，受徐悲鸿邀请在国立中央大学任教。1936 年 2 月 23 日，徐悲鸿写信给好友、中华书局编辑所所长舒新城，推荐吴作人的新作《北极阁下》刊入中华书局所主办的《新中华》，并在信中称"吴作人君为吾国洋画界杰出之人物"。抗战期间，吴作人随校西迁重庆。1943 年至 1944 年，赴陕甘青地区写生，临摹敦煌壁画。1944 年至 1945 年初赴康藏高原，深入少数民族地区，大量写生，举行多次展览。

1946 年当徐悲鸿即将执掌国立北平艺术专科学校之时，首先想到请吴作人担任十分重要的教务主任之职。他写信给吴作人道：

作人吾弟：

　　吾已应教育部之聘，即将前往北平接办（日伪的）北平艺专。余决意将该校办成一所左的学校，并已约叶浅予、庞薰琹、李桦诸先生来校任教。至于教务主任一职，非弟莫属。务希见就，千祈勿却，至盼！

1947 年，吴作人在北平与徐悲鸿的弟子萧淑芳结婚，萧淑芳毕业于国立中央大学，吴作人 1929 年在南京国立中央大学徐悲鸿工作室旁听时与萧淑芳相识。徐悲鸿画了一幅《双马图》送给这对新人，并在画上题跋："百年好合休嫌晚，茂实英声相接攀。譬如行程千万里，得看世界最高山。"徐悲鸿在画中画了一匹黑马与一匹红马，一起奋蹄向前奔行，以此象征吴作人与萧淑芳百年好合，一同发展。1950 年吴作人任中央美术学院教授兼教务长，1955 年任副院长，1958 年任院长，1985 年当选为中国美术家协会主席。吴作人是继徐悲鸿之后中国美术界的另一位领航者。

1949 年 10 月新中国成立后，徐悲鸿担任中央美术学院第一任院长，同时还任中国美术工作者协会主席，是新中国美术教育和美术工作的领军人物。这一时期徐悲鸿繁忙而辛劳，各种社会活动不断，而且中央美术学院具体的教学方案，各科教师的遴选以及招考学生，他都亲力亲为。图 5-37 是徐悲鸿与中央美术学院的学生们在一起，图 5-38 是 1950 年徐悲鸿为中央美术学院参军的学生送行。

除了中央美术学院的工作，徐悲鸿更是率先垂范，努力践行文艺为广大工农兵服务的宗旨。他奋笔不辍，丝毫没有放松创作，用手中的如椽画笔描绘工

图 5-37（上）

20 世纪 50 年代初，徐悲鸿与中央美术学院的学生们。

图 5-38（下）

1950 年，徐悲鸿院长为参军的中央美术学院学生送行。

图 5-39（左）
1950 年，创作中的徐悲鸿。

图 5-40（右）
1950 年 2 月，徐悲鸿给董寿平的回信，山西太原晋祠博物馆董寿平美术馆藏。

农兵的生动形象和他们火热的生产生活。新中国成立之初，徐悲鸿的身体状况并不好，饱受高血压病的困扰，但勤奋而不畏艰苦似乎是他与生俱来的品格，并且伴随了他传奇的一生。图 5-39 是一张摄于 1950 年的照片，照片中的徐悲鸿右手拿笔，左手伏案，正在琢磨画面，就画案上的作品呈现而言，应是一幅立马图。

图 5-40 是 1950 年 2 月徐悲鸿给董寿平的一份回信。1939 年 3 月，36 岁的著名画家董寿平（1904—1997）迁往四川灌县（今都江堰市）西街玉垒关前居住，隔江为青城山，自此在这里作画长达 12 年，创作作品多达千余幅。后来董寿平分别在重庆、成都举办个人画展，与徐悲鸿、张大千、赵少昂、赵望云等交往甚密，并互有书画诗题赠与唱和。从立志学画起，董寿平最希望得到的职位是大学教授，这样既可教画，又可卖画，但是由于新中国成立前国家的内忧外患，终成泡影。1949 年，中国人民解放军势如破竹，节节胜利。1950 年 1 月 1 日，四川成都解放。之后，董寿平给徐悲鸿写信打听有关情况，并询问艺术改造，绘画与政治的关系，以及新年画问题。1950 年 2 月 9 日，徐悲鸿给董寿平复信。内容如下：

寿平先生惠鉴：

　　承手教询及艺术改造之事，弟不敏，自己亦在转变之中，简单言之，即今后一切均当服从政治。政治则由忘我思想之无产阶级领导，故为人民服务乃天经地义。其实中国自有文人画以来，绘画即丧失其独立性，昔日为文学诗词服务，今乃转向为人民服务。旧形式倘有可用处，尽量利用；如不可用者，则扬弃毋惜，以求革新。鄙见如此，未知有当否？

新年画各地区出者有百余种，美协已寄一份与重庆，令往成都等地展览，先生当能见及。

敬祝

春祺

弟徐悲鸿顿首

二月九日

徐悲鸿这封信言简意赅，主要谈新中国成立之后画家的思想和艺术改造观念，特别提出："旧形式倘有可用处，尽量利用；如不可用者，则扬弃毋惜，以求革新。"这是徐悲鸿一以贯之的思想。此信写于 1951—1952 年，比中国共产党领导"知识分子思想改造运动"（以解放旧知识分子为主要对象）早一年，说明徐悲鸿对自己的处境早有先见之明，并做好了准备。这份徐悲鸿给董寿平的回信现藏于山西太原晋祠博物馆中的董寿平美术馆。

1950 年 2 月，董寿平接到徐悲鸿的回信之后，随即做好了北上的打算。此年 4 月，董寿平从四川成都移居西安。1951 年 2 月，已经 48 岁的董寿平从西安移居北京，住西单西铁匠胡同。1953 年元旦，董寿平被荣宝斋录用为编辑。在荣宝斋上班后，董寿平就想搞木版水印，认为这一业务具有前途，大有发展，将来还有可能赶上日本。但是当时上面有的人反对此事，幸运的是荣宝斋经理侯恺跟董寿平思想一致，董寿平出主意，侯恺顶着。人们说董寿平是侯恺的"活字典"，因此董寿平在荣宝斋的成绩与侯恺的支持大有关系。1953 年四五月中的一天，徐悲鸿拿来他的作品《奔马》，对经理侯恺说："一个英国朋友想要这匹马，但这匹马我也很喜欢，有点舍不得。不知你们可不可以用木版印一下？我再送给他。"侯经理表示可以试试，随即领他到刻印车间，看了勾、刻、印的全过程，使徐增强了信心。半个多月后，荣宝斋的首幅木版水印的徐悲鸿《奔马》印成了。徐悲鸿非常满意，还谢绝稿费，并在开始售卖时亲笔签名以表示支持。后来，徐悲鸿又拿来一幅《奔马》，对侯恺说："这幅奔马我觉得还不错，只是这条后腿长了点，有没有办法给修修，再印。"侯恺说："这容易，复制勾画时，把腿缩短些就成了。您看去掉多少合适？"徐悲鸿用手指甲在那条略显得长些的马腿中间上下画了两条印。在制版、印制的过程中，徐悲鸿不时来观看，当他看到试印出《奔马》的局部样张时，高兴地说："修改得简直天衣无缝，真是好手艺！中国画一笔下去就见效果，发生一些笔误在所难免。往往整幅画看上去很好，可是一旦发生笔误，去也去不掉，很影响作画情绪，丢弃又可惜。用这种方法，可加可减，可把笔误补正过来，这真是一门好技术。"

经过荣宝斋木版水印的《奔马》效果生动，很是成功，各大宾馆、饭店以及书画爱好者争相购买，荣宝斋从徐悲鸿的这幅奔马上赚得盆满钵溢，每幅能卖 15 万元（当时的货币），可谓畅销。其主要原因是徐悲鸿的《奔马》与新中国成立时人们奋发向上的时代风貌甚是吻合，荣宝斋的水印木刻复制技术又好。接着，荣宝斋又木版水印了徐悲鸿的山水画《漓江春雨》，也较为成功。

20 世纪 50 年代，荣宝斋还先后印制了徐悲鸿的《芋叶双鸡》《鱼鹰》《风雨鸡鸣》等共 18 幅画，大小不同规格版本 20 多种。

帮助徐悲鸿水印画作获得成功的荣宝斋经理侯恺（生于 1922 年）是山西左权县（当时为辽县）人，1938 年参加革命，先后在太行《新华日报》《胜利报》、中共太行区党委、129 师及野战军政治部从事宣传工作，并在前方鲁艺任教务干部。1948 年，侯恺在石家庄参与创办大众美术社，接收了华北大学的木刻工厂，基本业务是印年画、门神、灶王、农历等，业绩较好。新中国成立以后，大众美术社的出版物在北京展出，徐悲鸿看了以后评价很高，认为独到而有趣，于是向国家出版总署推荐，并将侯恺调到国家出版总署，还成立了木版印刷科，由侯恺担任科长，其班底基本上是石家庄大众美术社的员工。北京

264

图 5-41
20 世纪 50 年代初，徐悲鸿与李可染。

解放前后，著名的老字号画店荣宝斋遭遇了困境，负债累累。老板张幼林拍卖了部分家当，赔偿了债务，并遣散了大部分人员，只留十来个人维持营业。但仍是举步维艰，濒临倒闭。在万分困难中，荣宝斋通过时任国家文物局局长的郑振铎向国家出版总署求助。1950 年 5 月，国家投资 10 万斤小米（折合人民币 9000 万元，后又追加到 1 亿元），让出版总署木版印刷科与荣宝斋实行公私合营，原来的东家张幼林占一半股份，出版总署占一半股份，称为"荣宝斋新记"。公方派出版总署木版印刷科科长侯恺去当经理、党委书记，私方张幼林仍派原掌柜王仁山担任副经理。1952 年 11 月，因私方还是还不起旧债，出版总署就把张家的股份全部收购，于是荣宝斋成了国营企事业单位。总的看来，荣宝斋的起死回生、焕发新机，从一定意义而言，与徐悲鸿推荐的侯恺，以及董寿平在荣宝斋积极而有效的作为密不可分。

图 5-41 是 1950 年初，徐悲鸿与李可染在中央美术学院工作时的照片，伏案书写者是徐悲鸿，桌旁恭敬地站立者是时年 43 岁的李可染。

李可染（1907—1989），江苏徐州人，中国现代杰出的山水画家。李可染两度在徐悲鸿的领导下工作，第一次是 1946 年秋在国立北平艺术专科学校任教，另一次是 1950 年任中央美术学院中国画系副教授。1947 年春，正是在徐悲鸿的引荐之下，李可染得以拜齐白石为师，并且相随左右十年。同年稍晚时候，李可染又得黄宾虹先生指点传授，尽悟黄氏积墨妙法。在当代中国画坛，李可染与徐悲鸿两度共事，多有请益，又能得齐白石、黄宾虹两位人艺俱老的画坛大师指教，实属三生有幸。李可染在其后的写生过程中，深切领悟到风景画中前亮后暗的阴影处理方法，并以"用最大的勇气打进去，再用最大的勇气打出来"的苦学精神，最终形成了自己雄厚拙朴的艺术风格。

抗战时期，李可染在重庆结识了徐悲鸿的学生宗其香以及得到徐悲鸿提携的傅抱石。李可染很有可能是通过他们结识了徐悲鸿。1942 年，李可染在重庆参加当代画家联展，所作水墨写意人物《屈原》《王羲之》，山水画《风雨归牧》等得到郭沫若、沈钧儒、田汉等人的好评，并为之题诗。水墨写意画《牧童遥指杏花村》被徐悲鸿订购。

1944 年，李可染在重庆中苏友好协会举办中国画个展，其创作的人物画线条洗练，往往寥寥数笔，形神立现。徐悲鸿为他作序加以推荐，说："徐天池之放浪纵横于木石群卉间者，李君悉置诸人物之上，奇趣洋溢，不可一世，笔歌墨舞，遂罕先例。假以时日，其成就诚未可限量。"称赞李可染的人物画创作能够创造性地借鉴明代徐渭（天池山人）的花鸟画风。

徐悲鸿也欣赏李可染的刻苦并爱惜其才华，鼓励他学习石涛的同时也要大量写生，李可染从这一时期接受了徐悲鸿的教育思想，开始了注重山水写生的道路。那时，李可染的住处和徐悲鸿相距不远，每次李可染去见徐悲鸿，他都会有所收获。一次，徐悲鸿拿出珍藏的数十幅白石老人的精品让李可染欣赏。徐悲鸿说，白石老人艺术造诣深厚，在绘画上有独创精神。李可染被其笔墨深深打动了，说日后有机会一定要去拜望老人。徐悲鸿说他日若有可能，一定为李可染引见。

李可染还帮助徐悲鸿与林风眠这两位画坛大师进行过沟通。抗战时期的林风眠与徐悲鸿虽同住重庆，但无往来。有一次林风眠在李可染的陪同之下先去拜访了徐悲鸿，三天之后徐悲鸿则设宴回请了林风眠。李可染后来曾回忆说："从前的大艺术家是互相瞧不起的，你叫我先去看他，这怎么能行呢！这说明林风眠的心胸很开阔，很不容易！而徐悲鸿的胸襟也很开阔。所以这件事情，我认为应当在美术史上大书特书。"

抗战胜利后，1946 年徐悲鸿到国立北平艺术专科学校担任校长。为了建立完整的教学体系，徐悲鸿大力延揽人才，自然地想到了才华过人的李可染。此时李可染正面临两个选择：一是跟国立艺专一起回杭州任教；一是应徐悲鸿之邀去北平。凭着他对杭州的好感，还有妻子邹佩珠也是杭州人，他理应回杭州。然而，想起提携自己的徐悲鸿，想到北平还有自己仰慕已久的齐白石老人，他和妻子反复商量，最后决定北上。1946 年底，李可染携夫人以及爱子李小可到了北平，被安顿在贡院西大街的艺专宿舍。随后，他被聘为北平艺术专科学校中国画系副教授。当时受聘的国画专业教师仅有蒋兆和、宗其香、叶浅予、李可染四人，只有蒋兆和、宗其香是徐悲鸿的学生，因此聘请李可染时曾引起徐悲鸿一些弟子的不满，因为当时生活艰苦，众多艺术家没有工作，北平艺术专科学校的教职是十分令人羡慕的，由此可见徐悲鸿用人并无门户之见。

1947 年，李可染的第二次画展在北平展出，同时宗其香的第三次个人画展也在北平美国大使馆区举办，徐悲鸿为两次画展均写了序，并主持了画展开幕式。徐悲鸿收藏李可染的《拨阮图》《怀素书蕉》等人物画近 10 幅。

李可染在北平艺术专科学校除了教书、创作，闲暇时他常去东单的旧货市场寻宝，徐悲鸿也常把他喊上一起去。1948 年夏天，李可染在旧货市场购得一套《张猛龙碑》拓本，非常精美。徐悲鸿看了连说："好碑好碑！"拓本封面写的是《宋拓张猛龙碑》，为河北涞阳人端氏所藏。李可染和徐悲鸿经过认真研究，通过对字数和没有翻刊痕迹等进行论证，认为不是宋拓，而是明拓。徐悲鸿还在拓本空白处题道："此本以后段文字证之，尚是明拓。……可染道兄得之深以为贺。三十七年大暑徐悲鸿题。"二人默契的嗜好以及深厚的情谊由此可见。

图 5-42、图 5-43、图 5-44 是 1951 年徐悲鸿在创作大型油画《鲁迅与瞿秋白》时留下的一组珍贵照片。

这组照片真实地反映了 1951 年徐悲鸿创作油画《鲁迅与瞿秋白》的情景。

图 5-42
1951 年，徐悲鸿模拟《鲁迅与瞿秋白》中鲁迅姿势的照片。

图 5-43（上）
1951 年，徐悲鸿创作《鲁迅
与瞿秋白》的草图。

图 5-44（下）
1951 年，徐悲鸿创作《鲁迅
与瞿秋白》。

图 5-42 展现的是徐悲鸿坐在北京寓所庭院里的一把藤椅上，右腿放在左腿上，右手夹着烟卷，左手扶在藤椅的扶手上。这是为了反复体验与推敲《鲁迅与瞿秋白》的构图，因为徐悲鸿拿烟卷的坐姿同《鲁迅与瞿秋白》草图中鲁迅的姿势几乎一致，徐悲鸿创作的敬业精神可见一斑。

　　图 5-43 是徐悲鸿绘制的《鲁迅与瞿秋白》草稿。从草图左边的两行小字中可以看到，徐悲鸿为了创作这幅作品做了相当细致的准备工作。尽管早在 20 世纪 30 年代，徐悲鸿就与鲁迅和瞿秋白有过交往，但为了更好地完成这幅构思许久的作品，他还是专门向鲁迅夫人许广平、鲁迅的弟弟周建人及瞿秋白夫人杨之华认真请教，不放过任何一点对创作有用的细节，力争完整、准确地把握人物形象与性格特征。

　　图 5-44 是徐悲鸿创作《鲁迅与瞿秋白》时的工作照。他坐在椅子上，双手持笔，聚精会神地在竖起的画板上进行创作。徐悲鸿对创作《鲁迅与瞿秋白》投入了极大的热情和精力，这也是他在新中国成立后酝酿的为数不多的重要作品。徐悲鸿选择鲁迅和瞿秋白作为自己创作的对象，表明了他在人格魅力和文化成就上对鲁迅和瞿秋白的高度敬仰。

　　然而，这是一幅没有完成的作品，是遗憾的。另外，它躲过了"文革"而得以保存至今，无疑又是幸运的。其中的原委，经过了那个时代的人们是不难理解的。表现真实的鲁迅与瞿秋白，是徐悲鸿创作这幅作品的本来愿望。作为两个瘦弱而坚定的文化人，他们以一支笔、一根烟展示着作为文化人的本真面目。徐悲鸿这幅没有完成的画作，其令人回味之处并不少于其任何一幅完整作品，自然也引发后人更深的思考。

　　图 5-45 是徐悲鸿创作于 1951 年春的作品《九州无事乐耕耘》，是新中国成立后徐悲鸿为数不多的巨幅中国画。此画为设色纸本，镜心，纵 150 厘米，横 250 厘米，钤印："徐悲鸿之画""作新民""吞吐大荒"。在左上角题画名"九州无事乐耕耘"，画名左边的款识为："沫若先生为世界和平奔走，席不暇暖，兹届出席第三次和平大会归来，特写欧阳永叔诗意赠之，和固所愿，

图 5-45
徐悲鸿绘《九州无事乐耕耘》，纸本设色，纵 150 厘米，横 250 厘米，1951 年，国内私人藏。

但农夫农妇皆英勇战士也。1951（年）春，悲鸿。"

徐悲鸿赠予郭沫若的《九州无事乐耕耘》画风质朴，表现的是初春田间的景色。在一棵刚刚发芽的老柳树下，三位农民正在田地里辛勤地耕耘。左面近景画有一位身体健壮的中年农夫扶着老黄牛拖拉的铧犁在耕地。其身后的一位中年农妇正在锄地，农妇右面的远处有一位老农正在掘土。

老柳树占据画面的主导位置，沐浴着和煦的春风，在空中随风飘动着的垂枝吐出嫩芽，显示出勃勃生机。柳树的枝干以浓重的墨色描绘，笔墨粗壮强健。柳枝敷以淡绿与浅黄，轻盈柔韧。

人物、牲畜主要以线条表现，造型与结构准确，赋以淡色，土地、草木则用写意笔法进行描绘与渲染，两者虚实结合得恰到好处。

徐悲鸿为郭沫若创作此画，具有多方面的原因：徐悲鸿与郭沫若之间的友谊深厚，他们有共同的社会理想和政治主张，长期以来为国家和平与进步的事业共同奋斗。郭沫若和沈钧儒还是徐悲鸿与廖静文婚礼的证婚人。

1945 年，郭沫若曾受周恩来的嘱托，起草了一份当时文化界人士对于时局进言的文稿，邀请进步的文化人签名。其中特别有影响的一些大家，郭沫若亲自登门拜访，徐悲鸿是其中之一。当时徐悲鸿的身体不好，周恩来知道这一情况之后，就特别委托郭沫若带着延安的特产小米和红枣去看徐悲鸿。徐知道郭的来意之后，欣然签名，廖静文也签了名。1945 年 2 月 22 日的《新华日报》发表了由郭沫若起草的《陪都文化界对时局进言》，多达 312 位文化名人的签名对当时的社会产生了很大的震动与影响。

新中国成立之后，郭沫若与徐悲鸿都定居在北京。廖静文曾回忆说："郭沫若夫人于立群曾亲手给我的小女儿芳芳缝制了一条花色和式样都很美丽的连衣裙。"可见两家的往来非常密切。徐悲鸿曾是郭沫若率领的中国代表团团员，参加了 1949 年在捷克斯洛伐克首都布拉格举行的保卫世界和平大会。

虽然在徐悲鸿的题跋中写有郭沫若"出席第三次和平大会归来"，而实际上，1951 年 2 月，郭沫若出席的是在柏林召开的世界和平理事会，这一会议通过了《要求五大国（中、苏、英、美、法）缔结和平公约的宣言》，掀起了全世界范围内的和平签名运动。这次活动对裁减军备、争取国际安全、民族独立、禁止原子武器以及缓和国际紧张局势发挥了积极作用。徐悲鸿应该是在郭沫若从世界和平理事会回国后，即 1951 年 2—4 月之间完成《九州无事乐耕耘》的创作的。由于世界和平理事会从属于保卫世界和平大会的机构，徐悲鸿误认为郭沫若参加在柏林举行的世界和平理事会是第三次保卫世界和平大会，因此才有了画中的题跋。

从这幅作品可见徐悲鸿在新中国成立后跟上时代步伐的愿望和努力。这个时期徐悲鸿经常带领中央美术学院的师生和美术界同仁深入广大的工农兵中间，观察体验他们的生活，用手中的画笔反映他们的生活和新中国成立之初百废待兴又充满热情的时代风貌。

在当时的艺术家中，徐悲鸿与郭沫若是少有的惺惺相惜的知己。1953 年9 月 26 日凌晨，徐悲鸿去世，郭沫若是最早前往医院吊唁的北京文化界人士。徐悲鸿纪念馆建好后，郭沫若为其题写了馆名（图 5-46）。

《九州无事乐耕耘》创作的历史背景是新中国成立之后全国呈现出欣欣向荣的和平景象，和不久前突发的美国侵朝战争形成了鲜明的对比。徐悲鸿以赠画的方式赞扬郭沫若为保卫世界和平所做的卓越贡献，并以北宋政治家、文学

图 5-46
郭沫若题写的《徐悲鸿纪念馆》。

家欧阳永叔 [①] 的诗意歌颂新中国社会的安宁，对美国扩大战火到中国边界进行严正警告："和固所愿，但农夫农妇皆英勇战士也。"表明爱好和平的中国人民随时准备抗击来犯的侵略者。

此画原为郭沫若纪念馆收藏，在 1996 年中国嘉德第一次推出的"1949—1979 新中国美术作品专场"上出现，以创下徐悲鸿作品市场最高成交价走入民间。

2011 年 12 月，北京保利"中国近现代十二大名家书画夜场"引起媒体关注。徐悲鸿代表作《九州无事乐耕耘》以 2.668 亿元人民币成交，刷新其作品拍卖成交价世界纪录。

1951 年 4 月，华北大地春暖花开、万象更新之际，徐悲鸿自北京启程，前往山东导沭整沂水利工程工地写生。导沭整沂是新中国成立之后第一个大型水利工程，徐悲鸿暂时放下《鲁迅与瞿秋白》的创作，他想亲眼看看水利工作的现场，因为他也在构思大幅画作《新愚公移山》。在水利工程工地现场，徐悲鸿认真了解水利工程情况（图 5-47），为画作的整体布局和背景做宏观上的准备。他经常头戴白色遮阳帽，手拿素描本，不停地为工地上的人们画像（图 5-48），也为画作中的人物创作积累素材。徐悲鸿是和自己的学生一起坐硬卧从北京到山东水利工程工地的，到达工地之后他和工人师傅同吃同住，常常不知疲倦地辗转奔走于各个工地之间进行写生，并没有大艺术家的架子，徐悲鸿

---

① 欧阳永叔，即欧阳修（1007—1072），吉州庐陵（今江西吉安）人。北宋著名的政治家、文学家。其《寄秦州田元珍》诗云："近来边将用儒臣，坐以威名抚汉军。万马不嘶听号令，诸蕃无事乐耕耘。梦回玉帐闻羌笛，诗就高楼对陇云。莫忘镇阳遗爱在，北潭桃李正氤氲。"徐悲鸿画中题跋的"特写欧阳永叔诗意"正是取自《寄秦州田元珍》中的第二句"诸蕃无事乐耕耘"，只是用作画名时改"诸蕃"为"九州"。

图 5-47（上）
1951 年 4 月，徐悲鸿在山东水利工程工地。

图 5-48（中）
1951 年 4 月，徐悲鸿在山东水利工程工地
给工人画像。

图 5-49（下）
1951 年，徐悲鸿为战斗英雄画像。

274

的平易近人感动了所有和他接触过的人。

从山东水利工程工地回到北京之后，徐悲鸿在繁忙的教学和社会活动之余，抓紧构思反映这一宏大水利工程的油画。另外，还为战斗英雄画像（图 5-49），在时间上见缝插针，积极利用自己的一技之长服务于人民大众。

1950 年 6 月，朝鲜战争爆发，为了保家卫国，中国人民组织了志愿军赴朝参战。图 5-50 中的这幅作品系 1951 年徐悲鸿与何香凝、廖承志为"抗美援朝书画劳军义卖展览会"所画。在全国掀起的筹资慰劳志愿军的热潮中，1951 年 5 月 18 日，全国文艺界发起组织的"抗美援朝书画劳军义卖展览会"在北京中山公园开幕。何香凝、徐悲鸿、廖承志合作完成了中国画《倚松读书图》，叶恭绰在此作的款题中品评合作者："香凝老人画松，苍劲轩翥，固不待论。承志人物，极有新罗韵味，能者固不可测也。悲鸿画马，时木适在侧，山限于地，颇虑其难于设计。"诚然，何香凝所写苍松章法奇崛、笔墨老练，其子廖承志所写读书人物，线条简洁、造型果断。徐悲鸿所画低头吃草的骏马形神兼备，虽然所余画面局促，但作者因地制宜地加以处理，适得其所，可谓言简意赅、笔精墨妙。这幅合作佳画上面还钤有"一九五一年抗美援朝书画劳军纪念"（书法家徐柏涛刻）的印章，可谓一段史实见证。何香凝还有感而作《寄赠

图 5-50
何香凝、廖承志、徐悲鸿《倚松读书图》，中国画，纵131.5 厘米，横 64 厘米，1951 年，何香凝美术馆藏。

抗美援朝将士》诗，遥赠保家卫国的将士们。诗曰："前者牺牲后者师，人民慰问送寒衣。感君勇敢驱残美，留得忠名万古垂。"

笔墨丹青是何香凝革命生涯和高尚人格的生动写照。她 1878 年生于香港，原籍广东省南海县，1903 年，她和丈夫廖仲恺东渡日本求学。先后就读于女子师范学校、东京目白女子大学和东京本乡美术学校，并向日本名画家田中赖璋学习绘画。1905 年加入中国同盟会，追随孙中山先生投身辛亥革命、讨伐军阀等斗争，后又致力于中国民主革命。1949 年后，她历任中国国民党革命委员会第二任主席、中国人民政治协商会议全国委员会副主席、全国人民代表大会常委会副委员长等职。在美术上，其画作气度恢宏、立意深邃，常通过描绘松、梅、狮、虎和山川以抒情明志。她在政界和艺术界交流广泛，积极举办和参与各种展览以及"义卖""捐赠""筹款"等慈善活动。

徐悲鸿与何香凝结缘很早，1936 年，何香凝与徐悲鸿、陈树人、王一亭、张聿光、黄宾虹、张书旂、汪亚尘、柳子谷、王少陵、陈晓南等 130 余位书画家在上海共同创建了中国书画团体"力社"，该团体中的许多成员是徐悲鸿的好友、同事、弟子。他们曾在上海南京路大新公司举办"力社书画展览"，吸引了来自英、法、美、苏等国的艺术家，轰动一时，并由上海求益书社出版了《力社画集》。

徐悲鸿与何香凝还均担任过中国美术家协会的主要领导。1949 年 7 月 23 日，徐悲鸿当选为中华全国美术工作者协会主席。1953 年 10 月 4 日，该协会改称中国美术家协会。1960 年 7 月 30 日，何香凝当选为中国美术家协会第二任主席，这是该协会迄今唯一的女主席。

1951 年 7 月，徐悲鸿终因劳累过度突发脑溢血，住进医院，开始了需要长期卧床的生活。自此疾病严重地困扰着他，直至他生命的最后一刻。

图 5-51 为 1952 年徐悲鸿全家福，照片中的徐悲鸿、廖静文夫妇面带微笑，搂着庆平和芳芳，徐悲鸿的头发已经花白，面色也苍老了许多，可见他的身体状况并不太好。

图 5-51

1952 年，徐悲鸿、廖静文、徐庆平、徐
芳芳全家福。

　　过了"知天命"年纪的徐悲鸿尽管身体不好，但是有妻子的照顾，儿女的
陪伴，享受着家庭生活给他带来的天伦之乐。

　　这一时期，徐悲鸿的工作繁忙而辛劳，孩子们尚年幼，但悉心照料徐悲鸿
和一双儿女的廖静文仍然感到这份幸福的难得和可贵，徐悲鸿则更多地流露出
对年轻的妻子和儿女的关爱之情以及对安定的家庭生活的满足。

　　徐悲鸿在他短短三年多的院长任期里倾注了几乎所有的心血，他常常废寝
忘食，以一种时不我待的精神投入中央美术学院的建设。

　　徐悲鸿积极招揽学院所需的各种人才充实到教师队伍中来，在美院创立之
初，吴作人、艾中信、冯法祀、陈晓南、萧淑芳、李可染等一大批优秀的人才
相继来到中央美术学院聚集在徐悲鸿身边，由此可见他的人格力量和凝聚力。
最为重要的徐悲鸿坚定而清晰地确定了中央美术学院教学的方向和宗旨，即大
力提倡现实主义，强调从自然、社会和生活实践中汲取和积累创作素材，反对
脱离实际一味地模拟古人和不加甄别地学习西方绘画，徐悲鸿的这一主张奠定
了中央美术学院乃至几乎所有中国美术院校一以贯之的教学基础。

　　徐悲鸿出生于贫寒人家，他的青少年时代由于颠沛流离、朝不保夕的生活
和勤勉不辍的用功，落下了肠胃病根，到了中年患了心脑血管疾病，这对徐悲
鸿的身体健康构成了直接威胁。

　　徐悲鸿是那种工作起来不顾疲倦甚至废寝忘食的人，经常连续十几个小时
地工作或创作。尤其是新中国成立以后，徐悲鸿担任中央美术学院院长和中华

图 5-52（上）
徐悲鸿题识的陈师曾花卉册，徐悲鸿纪念馆藏。

图 5-53（下）
陈师曾花卉册之《雁来红》，徐悲鸿纪念馆藏。

全国美术工作者协会的主席，平时学院的管理和教学以及事物性的社会活动非常多，而他几乎没有较长时间进行好好休息。心脑血管病最怕过度劳累，病魔始终折磨着本已十分虚弱的徐悲鸿。

在徐悲鸿与陈师曾的关系研究中，有一事特别值得关注，即徐悲鸿在晚年曾购买了陈师曾绘于戊午（1918 年）夏的一套花卉册页，并在封面题签"陈师曾花卉册"。此套册页纵 36.4 厘米，横 42.8 厘米，六开，在前五开陈师曾分别画有水仙、兰花、兰石、雁来红、兰竹，现藏于北京徐悲鸿纪念馆。册页中所绘虽然均是当时常见的文人画花卉题材，但是它们的形象简练利落，笔墨生动潇洒，呈现了陈师曾过人的艺术才情。

第六开为陈师曾好友陈年（陈半丁）的题识，曰："陈朽遗墨。甲子春日陈年题。"甲子为 1924 年，时隔陈师曾去世一年。徐悲鸿在这本册页的封面上题写"陈师曾花卉册"，并在第六开陈半丁的题识之后再题曰："芳菲菲兮袭余。癸巳新正悲鸿题。"（图 5-52）癸巳为 1953 年，新正指农历新年正月，可见这很可能是徐悲鸿在 1953 年新年购买到的。"芳菲菲兮袭余"出自屈原《楚辞·九歌》之《少司命》，意为芬芳美丽飘落在我身边，徐悲鸿以此表达虽然故友已仙逝 29 年，但是他在册页中所画的水仙、兰花、兰石、雁来红（图 5-53）、兰竹这些美丽的花卉依然为自己带来芬芳。再联系到前述徐悲鸿在编排《百扇斋主手拓悲鸿用印》时将陈师曾所刻"江南徐悲鸿"排在第一位，这些均寄托了徐悲鸿对于陈师曾的怀念，见证了徐悲鸿对于陈师曾的深厚情愫以及对陈师曾艺术的由衷推崇。

这两位忘年交惺惺相惜，互为知音，直到徐悲鸿 1919 年赴法留学。1927年徐悲鸿完成学业归国，陈师曾已去世 4 年。徐悲鸿与陈师曾之父陈散原，三弟陈寅恪、五弟陈登恪，二弟陈隆恪夫妇及其女陈小从，其长子陈封可，持续交往并结下深厚友谊。特别是徐悲鸿与陈散原，堪称忘年之交，情同父子。这些均可以视为徐悲鸿与陈师曾情谊的一种时空延续。《北京风俗画册》作为陈师曾的代表作之一，《巴之贫妇》作为徐悲鸿的代表作之一，二者存在一定联

图 5-54

1953 年暑期，油画教师进修班合影。前排左起：江丰、王式廓、徐悲鸿、戴泽；
后排左起：曹思明、庄子曼、冯法祀、倪贻德、李宗津。

系，由此可见陈师曾、徐悲鸿的人物画取材与审美视角甚至具有一定的相关性。
徐悲鸿编辑《百扇斋主手拓悲鸿用印》时将陈师曾所刻"江南徐悲鸿"排在第
一位，并在晚年购买陈师曾的花卉册页并进行题名、题识，这些均寄托了他对
于故友的怀念与欣赏。

　　"芳菲菲兮袭余"，简而言之，徐悲鸿与陈师曾家族的情愫与交游是中国
文化史上一道罕见的亮丽风景，值得我们不断回味。

　　图 5-54 是 1953 年暑假，徐悲鸿为中央美术学院本院和华东分院教师油画
进修班上课时与学员们的留影。正中的坐立者是徐悲鸿，围绕着徐悲鸿的有江
丰、王式廓、戴泽、曹思明、庄子曼、冯法祀、倪贻德、李宗津，这是徐悲鸿
一生中的最后一次教学活动。前排左一将右手扶于沙发上者为时任中央美术学
院党委书记的江丰。

　　自 1949 年新中国成立以后，徐悲鸿热爱倾注了几十年心血的美术教育工
作，他热爱那些追随着他一起为美术事业奋斗的同事和学生们，即使饱受疾病
困扰，依然时刻关心学校的教学和师生们在艺术上的成长。

　　1953 年的暑假，是徐悲鸿光辉生命的最后一个暑期。8 月，中央美术学院
举办了一个进修班，分素描和油画两个小组，参加的教师为美院北京本院和华
东分院的优秀画家。徐悲鸿应大家的请求，在两个小组都进行了相关辅导，进

修班虽然只有一个月的时间，但他依然认真备课，这是他一贯的严谨风格。在课堂上他和这些已经在中国美术界享有名望、才华横溢的画家在一起，教学相长，寻求着美术教学新的突破。徐悲鸿以其精湛的绘画技艺，勤奋的探索精神，高尚的师德与人格魅力，作品和教学中蕴含着的人文力量，深深地感染着身边的家人、朋友、同事、学生。

图 5-55
1953 年，徐悲鸿与创作《原子弹灾害图》的日本画家赤松俊子合影。

1953 年夏，和平主义战士、日本著名女画家赤松俊子携《原子弹灾害图》前三部来到北京举行观摩会，身着白色长衫的徐悲鸿参观了赤松俊子的画展并与她合影留念（图 5-55）。

1945 年 8 月上旬，在第二次世界大战太平洋战场，由于日本军国主义负隅顽抗，美国先后在日本的广岛和长崎两地投下了原子弹，给日本人民带来了巨大的伤害。日本作为世界上唯一遭受过原子武器侵害的国家，其国民对于和平有着更深层次的理解，用艺术的手段表现和反映这样的一种理解是有良知的日本艺术家的责任所在。作为曾经饱受战争创伤的千千万万中国人民的一员，徐悲鸿与同样经历过残酷战争的赤松俊子的内心一样，都能深深地体会到和平的可贵，希望以手中的画笔描绘战争给人类带来的巨大伤痛，珍惜当前安静美好的生活。从这点上看，艺术家的心灵是相通的。

1956 年，赤松俊子二度来华，与她的丈夫，同为日本著名画家的丸木位里，在北京举办"原子弹灾害图及旅华写生作品展"，得到中国美术界、文化界及

图 5-56（上）
1953 年初夏，徐悲鸿（右二）、廖静文（左二）与罗铭（左一）、骆觉民（右一）合影于北京北海公园。

图 5-57（下）
1953 年夏，徐悲鸿全家与外宾的合影。

广大美术爱好者的欢迎，遗憾的是此时距徐悲鸿逝世已 3 年。

    1953 年初夏，徐悲鸿、廖静文与罗铭、骆觉民来到北京北海公园散心，并合影纪念（图 5-56）。罗铭时任中央美术学院国画系讲师，骆觉民是徐悲鸿好友骆清泉的次子。自徐悲鸿患病之后，夫妇俩难得有此闲暇。徐悲鸿尽管面容憔悴，力不从心，左手挂着手杖，右手拿着遮阳帽，但是他仍然勉力在妻子以及友人的陪同之下来到公园走一走，廖静文也希望通过变换环境来缓解疾病给徐悲鸿带来的痛苦。谁知仅仅过了数月，徐悲鸿即在是年 9 月逝世，这是廖静文未曾预料到的。

    图 5-57 是徐悲鸿夫妇在家中接待国际友人的照片，这时的徐宅时有国际友人来造访。他们的两个孩子徐庆平、徐芳芳已渐渐长大，廖静文的脸上洋溢着笑容，然而此时徐悲鸿的人生已是日薄西山之际。

    1953 年 9 月 23 日，第二届全国文艺工作者代表大会隆重开幕。这一天从

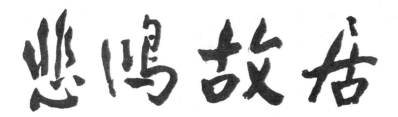

图 5-58
周恩来题写的"悲鸿故居"。

早到晚徐悲鸿都在不停地忙碌着，他担任大会执行主席，主持当天的会议，为全国的文艺工作者相聚在一起的热烈场面而激动不已，他发表了热情洋溢的讲话，又和来自全国各地的代表们交流参加会议的心得。由于过度辛劳，徐悲鸿猝然倒在了晚间欢迎波兰文化代表团的宴会上，旋即被送往北京医院抢救。但不幸的是就在 3 天以后，即 1953 年 9 月 26 日凌晨 3 时，徐悲鸿离别人世，时年 58 岁。

这一次徐悲鸿终于可以休息了，不再那么辛劳，当然他也永远离开了他为之奋斗一生的美术事业，离开了同事、学生和朋友们，离开了妻子和儿女！

北京市西城区新街口北大街 53 号的徐悲鸿纪念馆的"悲鸿故居"（图 5-58）匾额是周恩来亲笔题写的。略显遗憾的是，没有徐悲鸿和周恩来的合影流传于世，但两人长达近 30 年的友谊仍然是值得书写的一页。

1924 年，徐悲鸿和周恩来在巴黎初次相识。当时的徐悲鸿留学法国学习绘画，而周恩来以记者身份在巴黎组织领导中国共产党旅欧支部，是职业革命家。有一次周恩来到巴黎公社社员墙前凭吊死难烈士，恰巧遇到了正在这里写生的徐悲鸿。由于两人均是江苏人，因此相见之后感到格外亲切。两人对国家民族的前途有相似的看法，均多才多艺，于是两人一见如故，很快成为朋友。二人在巴黎的友谊，一直延续到新中国成立以后。

图 5-59

1953 年 12 月，周恩来参观徐悲鸿遗作展。

　　随后周恩来返回国内投身政治斗争，稍晚徐悲鸿也回到祖国从事美术教育工作。抗战期间，徐悲鸿热情地赞扬来自延安的画家们的艺术成就，周恩来也一直十分关心徐悲鸿，尤其是他的健康，曾多次托郭沫若等人捎去问候和延安的红枣、小米等特产。

　　1946 年，徐悲鸿就任国立北平艺术专科学校校长，途经上海，在郭沫若家与周恩来见面，两人愉快地回忆起在巴黎相识时的情景。周恩来支持徐悲鸿去北平工作，并希望北平艺术专科学校能为人民培养出有理想有能力的美术工作者。

　　北平和平解放后徐悲鸿与周恩来两人的交往更加密切，徐悲鸿在政治协商和美术界两个舞台上为新中国忘我地工作。1949 年 6 月 15 日，新政治协商会议筹备会在北平召开，商议拟定国旗、国徽、国歌的内容。毛泽东亲自召集讨论会，集思广益，徐悲鸿是与会代表。徐悲鸿第一个提出完整地保留由田汉作词、聂耳作曲的《义勇军进行曲》作为新中国的国歌，得到毛泽东、周恩来的肯定和赞扬。当时有人说，歌词中写的"中华民族到了最危险的时候"似乎不太妥当。周总理总结说徐悲鸿提议好，我们要居安思危，而且这个词不能改，要是一改的话，就没有当时革命历史的意味了。是年 9 月 21 日，中国人民政治协商会议第一次会议在怀仁堂召开。这次会议宣告中华人民共和国诞生，并正式通过《义勇军进行曲》为代国歌的提案。

徐悲鸿带头实践中国共产党提出的"艺术为工农兵服务"的宗旨，投身到新中国成立初期的国家经济和社会建设中去。而徐悲鸿领导的中华全国美术工作者协会（今中国美术家协会）和中央美术学院的工作也得到周恩来大力的帮助和支持。

1953 年 9 月，徐悲鸿突发脑溢血，周恩来第一时间安排卫生部展开救治。9 月 26 日，徐悲鸿不幸逝世，当天下午周恩来赶到北京医院向徐悲鸿遗体告别。他极其沉痛地说："徐悲鸿的死，是一个我们无法弥补的巨大损失。"周恩来高度评价徐悲鸿，他用鲁迅先生的诗"横眉冷对千夫指，俯首甘为孺子牛"来概括徐悲鸿的精神。国事繁忙的周恩来还深切地关怀着徐悲鸿夫人廖静文的学习和工作，指示做好徐悲鸿遗作的整理工作。廖静文捐出徐悲鸿生前住过的北京东受禄街 16 号院，作为徐悲鸿纪念馆的馆址，自己则带着孩子住进这个院子的厢房。1953 年 12 月，周恩来亲临徐悲鸿遗作展览参观（图 5-59），询问徐悲鸿纪念馆的筹建工作，并亲笔题写了匾额——悲鸿故居。

1966 年，"文革"爆发，徐悲鸿纪念馆也受到冲击。廖静文给周恩来总理写了一封信，呼吁保护岌岌可危的徐悲鸿纪念馆藏品。当时是徐悲鸿之子徐庆平将信送至中南海传达室。周总理收到信后，虽然自身的处境也不好，但他立即指示，将纪念馆所藏文物火速送到故宫博物院，严加保护。当时故宫博物院是关闭的，且有部队把守，造反派不能进去破坏。于是徐悲鸿纪念馆的藏品在故宫的南朝房放了十年。后来，毛主席批示恢复徐悲鸿纪念馆，廖静文与徐庆平才又见到了这批藏品。1973 年，周恩来又指示异地恢复建造"文革"之初遭拆除的原徐悲鸿纪念馆（即北京东城区东受禄街 16 号徐悲鸿故居）。

作为政治家的周恩来和艺术家的徐悲鸿的交往与友谊将永载于 20 世纪中国历史！

左
20 世纪 30 年代，徐悲鸿为友人作画。
右上
20 世纪 30 年代，徐悲鸿在创作。
右中
20 世纪 30 年代，徐悲鸿在画鹰。
右下
20 世纪 30 年代，徐悲鸿在画鹰。

上
20 世纪 40 年代，徐悲鸿在写生。
下左
1935 年，徐悲鸿在画室。
下右
20 世纪 40 年代，徐悲鸿在作画。

上左
20 世纪 40 年代，徐悲鸿在作画。
上右
20 世纪 40 年代后期，徐悲鸿在创作。
下
20 世纪 50 年代初，徐悲鸿在画马。

左上
1928 年，《世界日报》第 163 期刊登时任国立北平大学艺术学院院长的徐悲鸿照片。
左中
20 世纪 30 年代，在国立中央大学任教的徐悲鸿。
左下
20 世纪 30 年代，徐悲鸿赠予齐白石的照片。
右
20 世纪 30 年代，徐悲鸿在南京考察六朝石刻。

上左
1938 年夏，徐悲鸿赠予冯法祀的照片。
上右
1941 年，徐悲鸿在槟城赠予马骏的照片。

以下从左到右
1941 年，徐悲鸿在南洋举办赈筹画展时
的照片。
20 世纪 40 年代的徐悲鸿。
20 世纪 40 年代的徐悲鸿。
20 世纪 40 年代后期的徐悲鸿。

1942 年，徐悲鸿在重庆磐溪石家祠堂前。　20 世纪 40 年代后期的徐悲鸿。

20 世纪 40 年代后期的徐悲鸿。　20 世纪 40 年代后期的徐悲鸿。

上左
20 世纪 50 年代初的徐悲鸿。
上右
20 世纪 50 年代初的徐悲鸿。
下左
20 世纪 50 年代初的徐悲鸿。
下右
1951 年冬，病中的徐悲鸿。

徐悲鸿与廖静文

上
20 世纪 40 年代，徐悲鸿与廖静文。
中左
20 世纪 40 年代，徐悲鸿与廖静文。
中右
1946 年，徐悲鸿与廖静文。
下
1948 年初夏，徐悲鸿、廖静文在宗其香北平画展上。

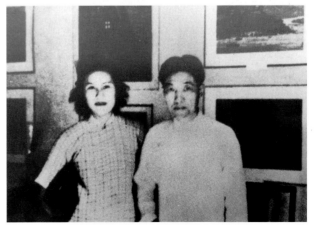

左上
1948 年，徐悲鸿、廖静文与徐庆平。
左中
1948 年，徐悲鸿、廖静文与徐庆平。
左下
20 世纪 40 年代晚期，徐悲鸿、廖静文与徐庆平。
右
1948 年，徐悲鸿与徐庆平，此照为徐悲鸿赠予韦江凡。

上
20 世纪 40 年代后期，徐悲鸿与廖静
文在北平。
下
20 世纪 50 年代初，徐悲鸿、廖静文
与徐庆平、徐芳芳。

上
20 世纪 50 年代初，徐悲鸿与廖静文。
下左
1952 年，徐悲鸿、廖静文与徐庆平、徐芳芳。
下右
1953 年初夏，徐悲鸿与廖静文。

徐悲鸿与朋友们

上
20世纪50年代初，徐悲鸿与
齐白石。
下
20世纪50年代初，徐悲鸿与
齐白石等。

20 世纪 50 年代初，徐悲鸿与齐白石等。

上

1933 年 1 月，国立中央大学教育学院艺术科师生在南京浣花川菜馆楼上屋顶花园欢送徐悲鸿赴欧洲举办中国美术展并合影。前排左二为张安治，左三为陈晓南，左六为陈之佛，左七为徐悲鸿，右一为张蒨英。

下左

1935 年 11 月 23 日，徐悲鸿与王少陵在香港。

下右

1936 年，徐悲鸿（左一）与王临乙（左二）、华林（中）、汪亚尘夫妇在上海。

上

1939 年，胡载坤医生（右一）在家中宴请徐悲鸿（左三），与刘抗（左一）、何光耀（左二）、张汝器（左四）、徐君濂（右二）、黄葆芳（右三）、黄曼士（右四）等合影。

下

1939 年，徐悲鸿（左二）受邀与新加坡华人美术研究会在芽茏路 167 号二楼聚会，左四是会长张汝器。

上
1939 年，徐悲鸿与林谋盛。
下
1939 年夏，徐悲鸿与新加坡友人合影于新加坡。左起：
1. 刘抗、2. 何光耀、3. 徐悲鸿、4. 张汝器、5. 胡载坤夫
人、11. 黄曼士、12. 黄葆芳、13. 徐君濂、14. 胡载坤。

上左

1941年，徐悲鸿与李曼峰、黄孟圭在新加坡敬庐学校前合影，其身后横匾上的"敬庐"二字为徐悲鸿手书。

上右

1941年，徐悲鸿与马骏（左一）、王再造（右一）、张瑞亭（后排右立者）在马来西亚槟城。

中

1944年，徐悲鸿（右二）、廖静文（右一）与黄苗子（后排右一）、郁风（左一）等友人在重庆磐溪中国美术学院。

下

20世纪40年代后期，徐悲鸿、廖静文与同事们在北京。

上

1944年，国立中央大学教育学院艺术系师生合影。前排左起：傅抱石、徐悲鸿、黄显之、陈之佛、许士骐、费成武。

下

1949年，韦江凡、时玉梅婚礼，徐悲鸿（右二）为主婚人，董希文（左一）为证婚人。

上左
20 世纪 50 年代初,徐悲鸿欢迎朝鲜美术家卓之吉。
上右
1950 年,徐悲鸿与胡一川。
下左
20 世纪 50 年代初,徐悲鸿与战斗英雄。
下右
20 世纪 50 年代,徐悲鸿答记者问。

上
 1952 年冬，徐悲鸿
和任敷孟合影于北
京寓所。
下
1953 年，徐悲鸿在
授课闲暇与冯法祀
交谈。

上
徐悲鸿之墓。
下
1953 年 12 月，徐悲鸿遗作展览在北京中山公园开幕。

上
徐悲鸿纪念馆新馆落成揭幕式。
下
徐悲鸿纪念馆内的徐悲鸿起居室。

上
徐悲鸿纪念馆外景。
下
徐悲鸿纪念馆内的徐悲鸿铜像，张德华作。

上

2005 年，江苏省徐悲鸿研究会范保文会长（左五）等主要负责人和廖静文先生（右六）于南京徐悲鸿纪念馆徐悲鸿塑像（吴为山塑）前合影。

下左

2010 年，徐悲鸿之子徐庆平（中）与江苏省徐悲鸿研究会会长毕宝祥、副会长兼秘书长邵晓峰合影于宜兴徐悲鸿故居。

下右

2021 年 5 月 4 日，邵晓峰在徐悲鸿纪念馆新馆。

中国人民大学艺术学院设立的徐悲鸿铜像，张德华作。

艺术者乃沟

通感情之效果

邵晓峰先生属

廖静文

徐悲鸿年表

1895 年

农历五月二十六日生于江苏省宜兴县屺亭桥镇，原名寿康。

1901 年（6 岁）

开始随父读书习字，酷爱习画。是年，祖父砚耕公去世。

1902 年（7 岁）

在家学习书法。

1903 年（8 岁）

读完《四书》《诗》《书》《礼》《易》《左传》，正式跟父亲学画。

1904 年（9 岁）

从父学画，能为父亲作品着色和为人书写春联。

1905 年（10 岁）

从父学画，已能描绘自然景物或摹写家人。

1906 年（11 岁）

继续从父学画，空闲时帮助家里干农活。

1907 年（12 岁）

在家半耕半读。

1908 年（13 岁）

由于宜兴遭受水灾，徐悲鸿与父亲赴外地谋生，画翎毛、花卉、山水、人像，刻图章，写春联，开始了流浪艺人的生涯，并养成了笔不离手的习惯。

1909 年（14 岁）

继续流落他乡。

1910 年（15 岁）

因父病返回家乡。

1911 年（16 岁）

由父母包办和家乡的一位姑娘结婚。

1912 年（17 岁）

任宜兴和桥彭城中学图画教员。徐悲鸿的白描戏剧画作品《时迁偷鸡》在由商务印书馆主办的《时事新报》绘画比赛征稿中获得二等奖。

1913 年（18 岁）

任彭城中学图画教员。秋，赴上海，入以乌始光为院长的图画美术院，因无所得不久即不告而别，返回宜兴。

1914 年（19 岁）

父亲去世。

1915 年（20 岁）

辞去家乡三个学校的教职，再赴上海，求职未果，得到黄警顽的帮助。以画插图和广告维持生活，并开始卖画。

11 月，绘《潭腿图说》体育挂图。结交高剑父、高奇峰兄弟，受到赏识。

1916 年（21 岁）

1 月，作品《马》得到高剑父赞赏，认为"虽古之韩干，无以过也"。该画由上海审美馆刊印发行。

2 月，考进震旦大学预科学习法文，与盛成同学。课余勤奋学习素描和油画。

3 月，哈同花园建立明智大学，征求仓颉画像。徐悲鸿以《仓颉像》中选。

4 月，进哈同花园，结交其总管姬觉弥，被聘为园中美术指导和仓圣明智大学美术教授。

7 月，住进哈同花园，继续绘其他姿态的《仓颉像》。

10 月 25 日，仓颉救世赈灾汴晋湘鲁大会广告刊行，所绘《仓颉像》被刊登于刊头。

是年参加"仓圣学会"，由此得识康有为等学者。

秋，被聘为康有为家"斋馆"图画教员，教授古装人物。

1917 年（22 岁）

继续在震旦大学学习法文。

春，原配夫人在家乡病逝。准备赴日本考察并研究美术。与蒋碧微相爱。

5 月上旬，康有为书赠题词曰："写生入神。"款署："悲鸿仁弟，于画天才也。书此送其行。"

5 月 14 日，得明智大学稿酬，偕蒋碧微东渡日本。饱览日本美术藏品，结识日本著名书画家、收藏家中村不折，得见中国流失的许多珍贵碑帖。

11 月，从日本返回上海。

12 月，持康有为的介绍信赴北京。

1918 年（23 岁）

1 月，拜访北洋政府教育部部长傅增湘，得到公费留学欧洲的承诺。

3 月初，由华林介绍结识北京大学校长蔡元培。

3 月 8 日，被聘为北京大学画法研究会导师，结识陈师曾、贺履之、沈尹默、李毅士等艺术家。

4 月 10 日，率领会员 30 余人赴苏联使馆参观苏联美术家油画展。

4 月 19 日，在北京大学画法研究会讲演《美与艺》。

5 月 5 日，与贺履之、冯汉叔率领北京大学画法研究会会员 20 余人，赴文华殿参观所藏书画，并撰长篇文章。

5 月 14 日，演讲《中国画改良之方法》，明确提出"古法之佳者守之，垂绝者继之，不佳者改之，未足者增之，西方画之可采入者融之"。

6 月 23 日，出席北京大学画法研究会春季休业式大会，并演讲学画之方法。

7 月 2 日，赴西山避暑，主持北京大学西山图画部，继续指导学生作画。

10 月 12 日，出席北京大学画法研究会秋季始业典礼并演讲，希望会员能"导中国美术入于正规"。

12 月上旬，被教育部批准以官费生资格赴法国留学。为我国美术专业公费留学生第一人。

是年底，徐悲鸿为程砚秋精心绘制《天女散花图》（梅兰芳演天女），作为程砚秋拜梅兰芳为师的拜师礼。

1919 年（24 岁）

1 月 1 日，北京大学画法研究会于理科第一教室举行欢送徐导师赴法国留学大会。

1 月 14 日，发表《徐悲鸿启事》，感谢北京大学和画法研究会同仁。离京返上海。

3 月 20 日，携夫人蒋碧微从上海出发，坐货轮先到日本，又从日本转到伦敦，从伦敦再到法国巴黎。

5月8日，船到英国伦敦。由陈伯通陪同参观大英博物馆，惊叹希腊巴特农神庙残刊的精美华妙。

10月5日，到达巴黎。先到各大美术馆研究西方艺术之长，然后入徐梁画院进修素描两月。

冬，应杨仲子之邀赴瑞士。

1920年（25岁）

1月，仍居瑞士。

4月，由瑞士返回巴黎，入巴黎国立高等美术学校，课余则到陈列古今艺术瑰宝的卢浮宫和卢森堡美术馆临画和比较各派异同。

6月，北京大学《绘画杂志》转载《中国画改良之方法》（改题目为《中国画改良论》）。

7月12日，宗白华来访，陪宗参观卢浮宫。

7月14日，送宗白华赴德国留学。

秋，入弗拉孟（Flameng）画室学画。

初冬，结识法国大画家达仰（Dagnan-Bouveret）。

1921年（26岁）

继续就读于巴黎国立高等美术学校，并以达仰为师学画。

春，始学油画，深受弗拉孟教授器重。

4月，整日参观法国国家美展，流连忘返。因饥寒交迫，常以面包和冷水充饥，得了严重的肠痉挛病。

7月，国内政局动荡，断绝学费。赴柏林，居康德路画室，结识徐志摩、陈寅恪、俞大维等中国留德学生。

秋，跟柏林美术学院院长康普（Kampf）学画。

1922 年（27 岁）

继续居柏林，每天作画十几小时。

深秋，游莱比锡和德累斯顿。

冬，借钱购买了一些康普真迹。

1923 年（28 岁）

继续居柏林学画。

春，由柏林返巴黎。继续在巴黎国立美术学校学习，并在达仰指导下精研素描，画了大量人体习作。对油画人体则作分部刻画，培养默写能力。

5 月，以 30 件作品参加法国画家春季沙龙，深得好评。以油画《老妇》第一次入选法国国家美展。

秋，临摹普吕东（Prud'hon）《公理追逐强暴》等作品。

作油画《持棍老人》《河边》，临摹《沉睡的维纳斯》。

1924 年（29 岁）

继续居巴黎，官费完全中断。

春，作《女人体》《人体素描》《老人》《丐》等。并题："时为来欧最穷困之节，至无可控告也。"

7 月，为感谢中国驻法公使赵颂南的资助，为赵夫人画像，并题："我抵欧洲五年以来，勤奋之功，克告小成。"

秋，以夫人蒋碧微为模特作油画《箫声》等作品。

以油画《远闻》《怅望》《琴课》等轰动巴黎。

1925 年（30 岁）

春，在巴黎自编《悲鸿绘集》《悲鸿描集》各一册，寄上海中华书局。

暮春，编《普吕东画集》，并撰《普吕东传》。

夏，识黄孟圭。

冬，赴新加坡为陈嘉庚等富商画像，陈以 2500 元叻币作为酬劳。

作油画《蜜月》等。

1926 年（31 岁）

1 月，继续在新加坡为人画像，共得叻币 8000 余元。

1 月下旬，由新加坡返国探亲。

2 月 6 日，抵达上海。为康有为、黄震之画像。

2 月 18 日，在上海大东旅社梅花会展出旅欧所作油画与素描 40 余幅，引起文化界极大关注。

2 月下旬，离上海返宜兴探亲。

3 月 4 日，自宜兴返上海。

3 月 7 日，应上海新闻学会之邀，演讲《美术之起源及其真谛》。

3 月 13 日，在上海开洛公司电台演讲《美之解剖》。

4 月 4 日，应邀在上海中华艺术大学讲演艺术问题。

4 月 17 日，应邀在大同大学讲演。

春，撰《悲鸿描集自序》。

暮春，回到巴黎。

秋，先赴比利时布鲁塞尔临摹约尔丹斯（Jordaens）《丰盛》，又赴安特卫普观鲁本斯（Rubens）杰作，敬佩其天才。

10 月，返回巴黎。《悲鸿绘集》《悲鸿描集》各一册由上海中华书局出版。

冬，生活又陷入绝境。题《画稿二十》曰："嗟乎！吾悲何极也。"

1927 年（32 岁）

1 月，继续居巴黎。

2 月，向中法庚子赔款委员会提交《艺院建设计划》，倡议在我国建立国家美术馆。

春，赴瑞士欣赏荷尔拜因（Holbein）和勃克林（Bocklin）之作，对荷尔拜因融会安格尔（Ingres）与丢勒之长赞叹不已。赴瑞士苏黎世，观看莱茵河左岸大师霍德勒（Hodler）之作。

春，赴意大利，揣摩文艺复兴诸杰大作。

4月，为筹备生活费用，再次赴南洋为人画像。

5月，选送的9幅作品全部入选法国国家美展，以精湛的技巧和独特的东方韵味享誉法国画坛。

5月下旬，抵新加坡。

9月初，由新加坡返上海。

9月13日，发表《美术联合展览会记略》。

11月中旬，应田汉之邀在上海艺术大学讲演。编辑《左恩杰作》，撰序文《左恩铜镌》及《左恩传略》等。

12月26日，儿子伯阳出生于上海。

冬，某星期日，南京国立第四中山大学（国立中央大学前身）艺术科学生代表叶秀英、吕斯百、徐风到上海拜访徐悲鸿，请求他来校任教。

1928年（33岁）

1月，与田汉、欧阳予倩筹办南国艺术学院。

2月24日，参加南国艺术学院开学典礼。

3月，应南京国立中央大学之聘，兼任该校教育学院艺术教育专修科教授。

4月下旬，因夫人蒋碧微反对和阻挠，被迫离开南国艺术学院。

初夏，至南京国立中央大学任教。

5月，偕夫人蒋碧微赴苏州美专访颜文樑。

7月7日，应福建教育厅厅长黄孟圭之邀赴福州，为该厅作巨幅油图《蔡公时被难图》。

夏，在南京第四师范学校举行个人画展。

8月，参加福建省美术展览会，结识集美中学教师张书旂和篆刻家陈子奋。

10月，被聘为北平大学艺术学院院长。

11月15日，就任北平大学艺术学院院长。

12月初，北平大学因学校经费和体制问题发生学潮。

是年，开始创作取材于《史记》的大幅油画《田横五百士》。

1929年（34岁）

年初，继续担任北平大学艺术学院院长，努力进行艺术教育革新，聘齐白石任该院教授，但遭受保守势力的重重阻挠。

1月上旬，被聘为全国美术展览会总务委员。

1月中旬，被聘为全国美术展览会总务委员会常务委员。因不能到会办事，委托朱应鹏代理。

1月16日，撰文《对南京拆城的感想》，以西湖雷峰塔倒掉为例，痛陈拆除南京明城墙是"续貂之举"，并接受中外记者采访。媒体纷纷报道，终于使政府于1929年3月下令停止拆除南京明城墙。

1月23日，北平大学学生为校长人选和要求恢复"北京大学"校名等事，再次发生学潮。

1月底，辞职返回南京。

2月23日，在上海中央研究院出席全国美术展览会第七次总务会议，被推选为组织参考部委员会委员。

2月，继任国立中央大学教育学院艺术科教授。

3月，《悲鸿描集》第一、第二集由中华书局出版。

4月10日，第一届全国美术展览会在上海开幕。因与主持人艺术主张不同，拒绝展出作品。

4月13日，在上海出席全国美术展览会第十四次总务委员会议。

4月23日，发表《惑》（致徐志摩的公开信）。

4月27日，函答徐志摩，进一步阐述美术主张。

4 月 29 日，再致函徐志摩，对徐志摩称他为"古道人"提出反驳。是月，自编《悲鸿描集》第三集由中华书局出版发行。

5 月 4 日，发表《惑之不解（一）》（致徐志摩的公开信）。

5 月中旬，发表《惑之不解（二）》。

秋，被聘为《国立中央大学半月刊》编委，编撰美术稿件。

11 月 20 日，女儿丽丽生于南京。

是年，应苏州美专校长颜文樑邀请，前往苏州讲学。帮助吴作人赴法国留学。创作中国画《六朝人诗意》《竹鸡》等。

1930 年（35 岁）

继续担任国立中央大学教育学院艺术科教授。

1 月 1 日，参加中央美术会绘画展览，《田横五百士》被称为中国"美术复兴的第一声"。

1 月，起草中央美术会宣言，提倡写实画风，痛斥"荒诞怪僻"之作品。

4 月，在《良友》杂志第 46 期发表《悲鸿自述》，以坎坷求艺经历鼓舞有志青年。

6 月 22 日，为舒新城《美术照相习作集》撰序。

6 月，帮助滑田友在《良友》杂志第 48 期发表其投寄的《木雕人像》，发表《法国之美术展览会种种》。

7 月初，赴庐山小游，为陈散原绘全身像。

是年，完成油画《田横五百士》。作油画《诗人陈散原像》《风尘三侠》，中国画《伏狮》《立马》等。

1931 年（36 岁）

继续担任国立中央大学教育学院艺术科教授。

1 月中旬，为舒新城代选摄影集《美的西湖》，并代为设计封面和撰序。

1 月，自编《悲鸿描集》第四集，由中华书局出版发行，收入作品 27 幅。

2月初，撰《述学之一》，详述学画动物的经过和方法，并反对形式主义的绘画。

5月初，同潘玉良带领国立中央大学艺术科毕业参观团由南京出发北上，先至曲阜参观孔庙、孔林。10日，带领参观团登泰山观日出，参观各种文物及购买拓片。之后，带领参观团赴天津，考察北洋画报社等机构。

5月15日，41件作品由友人谢寿康主持在比利时布鲁塞尔展出，轰动布鲁塞尔。

5月下旬至6月上旬，在北平参观故宫博物院，游览名胜古迹，访问杨仲子、齐白石。

夏，编辑《齐白石画册》并撰序，认为齐的画"致广大，尽精微"。

7月，赴南昌小游，参观八大山人曾居住的道院青云谱。识傅抱石。

是年，完成巨幅中国画《九方皋》，抒写发掘人才的渴望。

1932 年（37 岁）

继续担任国立中央大学教育学院艺术科教授。

1月28日，被十九路军抗战事迹所感动，创作中国画《雄鸡》，题"雄鸡一声天下白"。

2月12日，抵达北平，寓胡适家中，与友人共话国难。在北平创作《沉吟》《奔马》等。

4月1日，过天津，应邀赴南开大学讲演。在张伯苓陪同下，到严范孙家观看泥人张早期作品。

4月11日，在南京寓所撰《对泥人感言》，盛赞泥人张技艺高超，认为可与世界著名艺术大师相提并论。

5月，至苏州美专参观和演讲，并征集名画家精品，拟赴欧举办画展。

6月12日，携其精品10余幅至上海，请中华书局出版画册。

6月25日至27日，以60余件作品参加国立中央大学师生画展。

6月，与蔡元培、叶恭绰、陈树人、高奇峰、刘海粟等12人被聘为柏林中国现代绘画展览会筹备委员。

7月1日，发表《对泥人感言》。

7月初，与陈树人在南京国立中央大学举行联合画展。

9月，与颜文樑在南京举行联合画展。

9月23日，在上海新华艺专讲演《绘画上的派别及其精神》，全校师生近四百人听讲。

10月，《悲鸿画集》一、二册出版发行。

11月1日，发表《文艺复兴远祖乔托传》。

11月18日，呼吁在南京建造一座规模宏大的美术展览馆。

冬，编辑《画范》三集，以中外美术佳作供教学参考借鉴，其序题为《新七法》，曰：一、位置得宜；二、比例准确；三、黑白分明；四、动作或姿态天然；五、轻重和谐；六、性格毕现；七、传神阿堵。突出画法要点，体现其绘画教学体系的基本精神。

12月，由南京丹凤街迁入傅厚岗6号（现为傅厚岗4号），取名"危巢"。

1933年（38岁）

继续担任国立中央大学教育学院艺术科教授。为提高中国绘画在国际上的地位，作赴欧宣传中国艺术的筹备工作。

1月25日，携近现代中国画百余幅赴上海，请中华书局摄影。

1月28日，偕夫人及滑田友等由上海赴法国举行中国画展。

3月3日，抵达巴黎。赴比利时、英国伦敦及荷兰阿姆斯特丹参观和临摹名画。

4月下旬，重返巴黎，筹备画展。

5月初，撰《巴黎中国画展序》。

5月10日，在位于巴黎协和广场东侧的法国巴黎国立外国美术馆（Musée du Jeu de Paume）主持中国近代美术展览会开幕式，盛况空前。法国政府从画展中选购12幅，于巴黎国立外国美术馆成立中国绘画展室，成为中国绘画在欧洲影响最大之事。

5月15日，发表《中国今日急需提倡之美术》。

6月19日，发表《巴黎中国美展开幕前——致国内出品者》。

6月下旬，在比利时布鲁塞尔举行个人画展，受到该国评论家赞誉。并赴荷兰游海牙、阿姆斯特丹，访伦勃朗故居。

10月2日，在巴黎拜访法国大画家贝纳尔，并为其画像。

10月9日至18日，发表《记巴黎中国美术展览会》长文，详述主持展览实况。

11月1日，发表《巴黎中国美术展览会》。

11月16日，应邀在柏林美术会举行个人画展。德国政府代表及中国公使馆人员出席。50多家报纸杂志发表了赞誉文章。

11月28日，《柏林日报》刊载《九方皋》等5幅作品，并发表长篇评论《中国来的动物》，极赞徐悲鸿所绘动物画。

12月19日，在意大利米兰皇宫举行中国近代画展，皇太子任开幕式主持人，被称作自马可·波罗之后最为重要的意中文化交流事件。

1934年（39岁）

1月初，由米兰赴罗马筹备中国画展。

1月20日，在德国柏林国家美术院举办中国美术展览会。

2月19日，在德国法兰克福国立美术馆举行中国美术展览会，德国菲利伯亲王、法兰克福市长和法兰克福大学校长等为展览剪彩。

2月下旬，再赴罗马。各方邀请纷至沓来，商定先在苏联举行中国画展。

4月4日，在伦敦旧皇宫内举行中国现代绘画展览会，由中国驻英国公使郭泰祺行开幕礼。展品150余幅，其中徐氏作品40余幅。

4月上旬，由意大利罗马动身经瑞士赴苏联，途中瞻仰巴特农神庙遗迹，称为"平生第一快事"。

4月下旬，抵达莫斯科。

5月7日，主持中国近代绘画展览开幕典礼并致辞。

5月8日，出席中国使馆招待苏方的宴会，应邀当场作画。

5月11日，出席苏方举办的晚宴。

5月20日，应苏对外文化交流会之邀，公开演讲《中国美术之近况》。

6月19日，在列宁格勒地中隐居博物院举行中国近代绘画展览。

7月21日，由莫斯科乘火车东返。5月至7月在莫斯科和列宁格勒举办的中国近代绘画展览被称为"在苏联举办的最成功的外国展览"。

7月30日，乘苏联"皇后号"轮船，绕道日本返国。

8月17日，回到上海。

8月19日，出席上海文艺界六团体举办之公宴，并报告在欧各国展览经过。

8月20日，上海《申报》刊登了徐悲鸿《在上海六团体宴会上的讲话》，探讨1933年在欧洲举办的中国画展。是日，回到南京，受到各界欢迎。

8月23日，国立中央大学开会欢迎徐悲鸿载誉而归。次日，南京文艺界开欢迎会，徐悲鸿致答谢词。

10月22日，带领学生赴浙江天目山写生，作《天目山风景》《天目山老殿》等。

11月1日，发表《在全欧宣传中国美术之经过》。

12月，在南京华侨招待所出席中国美术会第二届年会，与李毅士、陈树人、陈之佛等11人被选为理事。

12月12日，发表《张聿光先生》。次日参观张聿光画展并购画多件。

1935年（40岁）

任国立中央大学教育学院艺术科主任与教授。

2月初，专程赴北平为前教育总长傅增湘画像。

2月8日下午，出席北平艺术界举办的欢迎茶会，并演讲艺术问题，指出中国艺术应打破印度作风。

3月21日，得舒新城来函，告知田汉已被解南京，并托保释。徐悲鸿积极设法相救。

4月12日，第二次中国美术会展览会在南京举行，与汪亚尘、许士骐等为筹备委员，徐悲鸿作品《村歌》《眺望》《狮》《骏马》《墨猪》等参展。

9月1日，在《中央日报》创办《艺术副刊》，亲题刊头。发表《〈艺术副刊〉发刊词》《巴特农序》《巴特农》等文。

10月24日，携精品20余幅乘轮船离上海南下赴广西。

10月27日，抵香港。

10月28日，游广州。

11月1日，于《艺风》第三卷十一期发表《张书旂画伯》。

11月2日，抵南宁，受到当地各界欢迎。

11月4日，在南宁乐群社举行小型个展，受到各界称赞。

11月5日，参观广西省立第一高中。出席"将军与画家"大型联欢会，结交李宗仁。

11月8日，离南宁赴柳州转桂林。

11月11日，抵桂林，是晚在广西省立高中演讲艺术。

11月13日，由桂林赴阳朔。是日，南宁《民国日报》"铜鼓"副刊发表《徐悲鸿先生画展专刊》，刊载多篇评介文字。

11月21日，由南宁乘飞机返广州。

11月22日，由广州乘火车抵香港，受到程门雪、许地山等人欢迎，当晚应邀赴李济深之宴。

11月25日，抵上海，受到舒新城、汪亚尘、欧阳予倩等人的接待。

12月8日，发表《中国舞台协会之成功》。

12月12日，促成在南京和上海的苏联版画展，为南京苏联版画展览作序。

12月29日，发表《民国二十四年中国艺术之回顾》。

冬，参与发起中苏文化协会，被选为理事。

是年，创作油画《湖畔》，中国画《墨竹》《春之歌》《白皮松》《山林远眺》等。

1936 年（41 岁）

继续担任国立中央大学教育学院艺术科主任与教授。

1 月 1 日，在南京中央饭店参加画家柳子谷结婚典礼，绘赠《双骏图》。

1 月 15 日，在南京出席苏联版画展览会开幕典礼。

1 月，与汪亚尘、颜文樑、陈抱一等组织画会默社。

2 月 16 日，在上海参观苏联版画展览，并参加座谈。

2 月 23 日，在上海参观张充仁画展。

2 月，为《赵望云旅行印象画选》题签。为《张大千画集》作序，盛赞张大千之画。

4 月 19 日，发表《中国今日之名画家》《张大千先生》。是日，在南京华侨招待所出席中国美术会第三届年会，当选为理事。

4 月，率学生去黄山写生，遇张大千。

5 月 16 日，发表《苏联美术史前序》。

5 月 21 日，携所藏书画 36 大箱由上海启程南下广西。

5 月 24 日，抵香港。

5 月，《悲鸿近作》（活页一套）由中华书局出版发行，内附《徐悲鸿先生小传》，称其素描为"东方第一"。

6 月 2 日。携作品由香港飞抵南宁，被聘为广西省府顾问。

6 月 3 日，以作品《奔马》《群鸡》《古松》参加于广州举办的艺风社第三届画展。

6 月 20 日，上海《大公报》发表《徐悲鸿组织默社》。

6 月，为南宁名画家马万里画展作序。

7月5日，在南宁主持广西省第一届美术展览会，以油画《田横五百士》等作品参展。

7月23日，创作中国画《逆风》。

7月，发表《广西第一届美术展览会，鄙人所征集的作品述要》。

秋，决定在广西创办广西省美术学院。

11月26日，《悲鸿画集》（第三册）由中华书局出版发行。

是年，创作具有时代激情的《逆风》《船夫》，向往恬静生活的《雪景》《古柏》《牧童与牛》《村歌》等。

是年，与何香凝、陈树人、王一亭、张聿光、黄宾虹、张书旂、汪亚尘、柳子谷、王少陵、陈晓南等130余位书画家在上海共同创建中国书画团体"力社"，该团体中的许多成员是徐悲鸿的好友、同事、弟子。

1937年（42岁）

继续担任国立中央大学教育学院艺术科主任与教授。

3月12日，发表《读高剑父画谱书后》。

3月，赴阳朔写生。

4月10日，全国第二届美展在南京举行，巨幅油画《眺望》（原名《广西三杰》）参展。

5月初，抵香港。

5月11日，应香港大学之邀，在冯平山图书馆举行个人画展。

5月12日，香港《工商日报》发表《徐悲鸿谈艺术》。

5月中旬，购回国宝《八十七神仙卷》。

5月22日至29日，应广东省教育厅之邀，在广州市省立民众教育馆举行个人画展。展览期间，徐悲鸿和弟子张安治等游览罗浮山等岭南胜迹。

6月中旬，在长沙举行个人画展。

9月27日，离南京赴桂林。

10月下旬，由桂林赴重庆，经贵州都匀时，试用都匀纸作书绘画。

11月，国立中央大学在重庆复课，到校上课。

是年，创作中国画《巴人汲水》《怀素学书》《漓江春雨》等。

1938年（43岁）

继续担任国立中央大学教育学院艺术科教授。

1月30日，农历除夕，作《贫妇》。

5月，回重庆国立中央大学上课。

6月，印度国际大学中国学院院长谭云山教授转达泰戈尔和中印文化协会邀徐悲鸿赴印度举办展览之请。

7月12日，再赴桂林，筹备赴南洋举办抗日画展。

暑假，主持广西全省中学美术教师讲习班。

8月中旬，应好友谭达仑之邀，赴黔桂交界之地八步写生15天，创作40余件作品。

9月18日，游柳州并作《双鹤》。

9月19日，返桂林。

10月初，与李济深、张大千同游漓江。

10月9日，携本人精品及所藏600余件作品，由广西沿西江而下计划出国举办画展。因广州沿海被日寇封锁，逗留西江30余日。

11月10日，抵香港，撰《西江漂流日记》长文。因未办出国护照，又停留香港。

11月下旬，在冯平山图书馆举办画展，《巴人汲水》最受称赞。

12月2日，在中华书局香港印刷厂拍摄所携作品。

12月8日，发表《西江漂流日记》，至20日载完。

居港期间，研究《八十七神仙卷》与《朝元仙仗》之异同，并作《〈朝元仙仗〉三卷述略》。又撰《李唐〈伯夷叔齐采薇图〉序》。

是年，创作中国画《负伤之狮》《八歌》等。

1939 年（44 岁）

1 月 4 日，由香港赴新加坡。

1 月 9 日，抵新加坡，居芽笼巷 35 号黄曼士家的"百扇斋"。

1 月下旬，将所藏多幅扇面赠予黄曼士。

2 月 11 日，出席华人美术研究会组织的欢迎茶话会，并演讲《中西美术之分野》。

2 月 13 日，应邀在中正中学演说，鼓励学生养成"大丈夫"精神。同日，列席徐悲鸿教授作品展览筹备委员会第一次会议，讨论、决定劝募办法。

2 月 19 日，作《观音大士像》赠予广洽法师。

3 月 2 日，郁达夫主编的《星洲日报》副刊《晨星》刊发专号评介徐悲鸿。

3 月 14 日，徐悲鸿画展在新加坡维多利亚纪念堂开幕。

3 月 16 日，宗生在《星洲日报》发表《徐悲鸿教授画展及其他》。是日，《南洋商报》晚刊整版刊发徐悲鸿画展消息。

3 月 18 日，徐悲鸿画展移至新加坡中华总商会举行。

3 月 29 日，应邀在静方女校演讲《我们的广西》。

3 月，《画范》由中华书局桂林分局出版发行。

4 月 17 日，陈振夏在《星洲日报》发表《徐悲鸿画展中〈田横五百士〉之我见》，指出该画美中不足之处。

4 月 20 日，在《星洲日报》副刊《晨星》发表《历史画之困难——答陈振夏先生》，回应陈文。

6 月，应林语堂、赛珍珠之邀，答应赴美国举办中国现代画展。应比利时驻新加坡副领事勃兰嘉之邀，为其华裔女友珍妮小姐画像。

7 月 6 日，应邀至比利时驻新加坡副领事勃兰嘉私邸出席珍妮女士油画完成典礼，陪同者有郁达夫等。

7 月 7 日，开始为汤姆斯总督绘全身油画像。

7 月 9 日，复邀汤姆斯至江夏堂写生。

8 月 31 日，在《星洲日报》发表《半年来之工作感想》。

9 月 14 日，在维多利亚纪念堂出席汤姆斯画像悬挂典礼。

9 月 15 日，《良友》杂志第 146 期发表《徐悲鸿与汤姆斯画像》一文及图片。

10 月 27 日，为王莹主演的抗战街头剧绘制完成大幅油画《放下你的鞭子》。

10 月，上海中华书局出版发行《悲鸿画集》第四集。

11 月 2 日，出席新加坡华人美术研究会为欢送徐悲鸿将赴印度而举行的茶话会。

11 月 18 日，离新加坡赴印度。

11 月 24 日，抵缅甸仰光。

11 月 29 日，抵印度加尔各答。

12 月 6 日，抵圣地尼克坦的国际大学，下榻中国学院。

12 月 14 日，出席泰戈尔举行的欢迎会，陪同者有谭云山等。

12 月 23 日，在国际大学美术学院举行个人画展，泰戈尔亲自为画展揭幕并致欢迎词。

1940 年（45 岁）

1 月初，同国际大学师生游印度恒河流域的拉合尔等地。

1 月 15 日，《良友》杂志第 150 期发表近作 2 幅及评介。

1 月中旬，返回圣地尼克坦。

1 月 21 日，为泰戈尔画像。

2 月 9 日，部分作品参加由新加坡星华筹赈会主办的筹赈书画联合展览会。

2 月 17 日，在圣地尼克坦拜见印度圣雄甘地，并为甘地绘速写像。

2 月中旬，在加尔各答的印度东方学社举行个人画展。泰戈尔作序，盛赞其作品意趣高超的形象及有韵律的线条和色彩，独具民族风格。

3 月初，返回国际大学，创作巨幅《愚公移山》画稿。

3 月 15 日，发表《我在印度》。

3 月 31 日，在《星洲日报》发表《与印度圣者的会见》。

4月1日，抵大吉岭，用油彩、水墨尽情描绘雄伟壮观的喜马拉雅山。是月，参加泰戈尔八十寿辰活动。

5月，继续游大吉岭。闻鄂北战场得胜，作《群马》以示庆贺。

6月，游喜马拉雅山，至锡金。创作风景油画《喜马拉雅山》等，又作水墨画《大吉岭一角》等。作《喜马拉雅山行杂诗》十余首。

7月，完成中国画《愚公移山》，在民族生死存亡之际，以愚公坚韧不拔的精神鼓舞人民。

8月9日、10日，在《星洲日报》发表长诗，以记登临喜马拉雅山之感受。

8月，重返国际大学，另绘油画《愚公移山》，至9月上旬完成。

9月下旬，赴克什米尔写生。

11月，返回国际大学。

11月下旬，为泰戈尔选画。

12月13日，回到新加坡，下榻于黄孟圭的"光风霁月之楼"。

12月19日，以4幅佳作参加新加坡华人美术研究会举办的第五届画展。

12月26日，应邀在青年励志社月会中演讲艺术问题。

1941年（46岁）

1月7日，赴马来亚准备举办筹赈画展。

1月30日，在《星洲日报》"繁星"版发表《印度杂诗之一》。

1月，为杨善深在新加坡举办的画展撰序并刊于《星洲日报》。

2月8日，在吉隆坡出席由雪华筹赈会主办的徐悲鸿先生画展助赈开幕式并发表演讲。

3月1日，在马来西亚怡保市出席由马来西亚霹雳州华人筹赈会主办的徐悲鸿先生画展助赈开幕式。

3月中旬，应美国援华联合会之邀，决定赴美国举办中国近代画展。

3月29日，在槟城惠安公会出席由槟华筹赈会举办的徐悲鸿先生画展开幕式。

4月4日，槟城画展结束，共筹叻币万余元，收入全部捐献祖国抗战赈灾。画展期间结识侨领骆清泉。

8月下旬，重返新加坡。

9月8日，在电台做广播演说，悼念泰戈尔，并在《星洲日报》发表《泰戈尔翁之绘画》。

9月30日，第二次长沙会战期间，身在槟城，忧心如焚，作《奔马图》。

10月，居"百扇斋"，筹备赴美。是月，作中国画《紫兰》，款书"悲鸿将之美洲"。

11月8日，出席敬庐学校开幕式并致辞。

11月，因日军进犯南洋，未能启程赴美。是月上旬，为《李曼峰画集》作序。

12月中旬，因英军在南洋败退，不断移居逃难。

12月下旬，拟返回祖国。

1942年（47岁）

1月6日，登上最后一艘开往印度的巨轮，船经缅甸仰光时，弃船经滇缅公路回国。

1月中下旬，抵达我国云南边境重镇保山，并举行筹赈画展。

2月中旬，由保山至大理。

3月下旬，抵达昆明，下榻云南大学。

5月，在昆明华山小学大礼堂举行抗日劳军画展，全部收入捐献劳军。

6月上旬，因躲空袭，所藏《八十七神仙卷》被盗。

6月下旬，回到重庆，居中国文艺社。

6月29日，出席国立中央大学师生举行的盛大欢迎会。

6月30日，出席国立中央大学柏溪分校举行的欢迎会。

7月5日晚，出席中华全国美术会等团体举行的欢迎晚会。

7月23日，应邀公开演讲《漫谈印度及泰戈尔先生之国际大学》，展出印度艺术参考资料。

9 月 4 日，应广西艺师班之邀，讲授《印度美术》。

9 月 9 日，参加广西艺术界联合画展。

9 月 18 日，参加联合国艺术展览会。

9 月 24 日，撰《常书鸿画展序》，完成《会师东京》。

9 月，参加在重庆举办的全国第三届美术展览。

深秋，游成都，并演讲《造型艺术之发展及其出路》。

10 月 15 日，发表《漫记印度之天堂》。

10 月 18 日，发表《全国木刻展》，盛赞解放区的木刻和共产党艺术家古元。

是月，在重庆磐溪筹办中国美术学院，任院长。

12 月，于贵阳举行个人画展。是月，赴桂林，为中国美术学院招考资料员，廖静文被录取。

是年，作油画《庭院》《灵鹫》《六骏图》，中国画《鸡足山》等。

1943 年（48 岁）

1 月 1 日，以作品参加嘉陵美术会画展。

1 月 9 日，为贵阳力行中学筹款，举办中国近代画展。

3 月 15 日，发表《新艺术运动之回顾与前瞻》。

3 月 21 日，在重庆中央图书馆举行个人画展。

5 月 29 日，应中国文艺社之邀，将所藏 50 余幅齐白石中国画在该社公开展览 3 天。是晚演讲齐白石的艺术创作。

6 月 16 日，为李印泉画像。

7 月 9 日，出席"中央大学二十八周年校庆纪念会"，以作品参加师生美术展览。

7 月下旬，带领中国美术学院筹备处研究人员赴灌县和青城山写生，并创作中国画《孔子讲学》《九歌·国殇》等。

是月，为《国立中央大学艺术系系讯》撰序。

1944 年（49 岁）

1 月 8 日，发表《故宫书画展巡礼》。

2 月 1 日，发表《中国艺术的贡献及其趋向》，指出中国艺术应走写实主义道路。

2 月 12 日，在贵阳与廖静文订婚。

2 月 17 日至 22 日，参加中国美术学院筹备处研究人员第一届美术作品展览。

2 月 19 日，发表《赵少昂画展》。

2 月中旬，中国美术学院筹备处第一次美术展览在中央图书馆举行，以多件作品参展。

2 月 22 日，发表《中国美术学院筹备志感》。

3 月 25 日，发表《中国新艺术之展望》。

4 月 7 日，出席中华全国美术会第六届理事会首次会议，被选为常务理事。

4 月 14 日，与吴稚晖在重庆中印学会主持吕斯百油画展览开幕式。

5 月 12 日，出席全国美展开幕典礼。

7 月 3 日，发表《画中无猪》，对不负责任的新闻记者给予讽刺和揭露。

7 月，患严重的高血压和慢性肾炎，住医院治疗半年。

9 月 1 日，发表《张大千与敦煌壁画》。

秋，得李济深帮助，拨款两万元将徐悲鸿放在桂林七星岩岩洞的藏画运至贵阳存放。

12 月 9 日，发表《李可染先生画展序》。

是年，作中国画《天寒翠袖薄》《日暮倚修竹》《月色》《飞鹰》等。

1945 年（50 岁）

年初，仍卧床养病。

2 月 5 日，郭沫若来探望，共同讨论《文化界对时局进言》草稿。

2月中旬，在《文化界对时局进言》签名。是月22日，该《进言》在重庆《新华日报》发表。

4月起，体力逐渐恢复，能到室外活动。

4月15日，发表《西洋美术对中国美术的影响》。

4月下旬，病体虽未痊愈，坚持到校教课。

7月19日，50寿辰，在家举行画展。傅抱石作《仰高山图》庆贺。

9月15日，发表《陈树人画展》。

10月20日，发表《尹瘦石之画》。

11月，为赵少昂居室书"梦萱堂"横额。

12月9日，发表《秦宣夫画展》，介绍其绘画成就。

12月11日，发表《吴作人画展》，认为"作人为今日中国画坛代表人之一，天才高妙，功力湛深"。

12月31日，与蒋碧微办理离婚仪式。

1946年（51岁）

1月9日，与沈尹默共同发表《齐白石画展启事》。

1月12日，发表《孙宗慰画展》，称赞其描写西北少数民族生活的作品。

1月14日，在重庆中苏文化协会与廖静文女士举行结婚典礼，郭沫若、沈钧儒证婚。

1月26日，中华全国作家协会在重庆成立，与熊佛西、余上沅、傅抱石等9人被选为监事。

2月14日，徐悲鸿、齐白石、傅抱石联合画展在南京举行。

2月21日，致函陈子奋，详述在南洋举办筹赈画展概况。

4月11日，发表《沈叔羊画展》。

4月16日，发表《坚苦卓绝之刘艺斯》。

4月18日，发表《唐光晋将军之作品与其龙骦书屋收藏之展览》。

4月19日，发表《梅社首次美展献辞》。

5 月 27 日，发表《民族艺术新型之剧宣四队》。

6 月，聘吴作人、叶浅予、李瑞年、黄养辉、艾中信等赴国立北平艺术专科学校任教。

7 月 31 日，抵北平，受到美术界欢迎。

8 月初，就任国立北平艺术专科学校校长。

9 月 28 日，儿子庆平生于北平。

10 月 16 日，出席在北平洋溢胡同 14 号举行的北平美术作家协会成立大会，被推选为荣誉会长，吴作人为理事长，庞薰琹为监事长。

12 月 12 日，南京举行徐悲鸿、陈之佛、吕斯百、傅抱石、秦宣夫联合画展。

1947 年（52 岁）

1 月 3 日，在天津《益世报》创办《艺术周刊》，题刊头并撰艺术周刊《献辞》，发表《推荐旅居南洋画家》。

1 月 9 日，发表《巴特农残刻序》。

1 月 16 日，发表《米开朗琪罗作品之回忆》《中国美术之精神——山水——断送中国绘画原子惰性之一种》。

3 月 2 日，复函常书鸿，对其女常沙娜准备报考国立北平艺术专科学校表示欢迎。

4 月 10 日，发表文章《国立北平艺专美展评议》，指出"大体能与人新颖之感"。

4 月 15 日，发表文章《西洋美术对中国美术之影响》。

5 月 20 日，参加北平高校进步师生"反饥饿、反内战"的活动。

6 月，称赞王学仲的作品为"诗书画三怪"。

7 月 21 日，复函南昌市实验小学四年级学生刘勃舒。

7 月 26 日，复函潘絜兹，共研艺事。

9 月 4 日至 6 日，发表《世界艺术之没落与中国艺术之复兴》，认为"海派造型美术绘画雕塑，遭到逆流"。

338

9 月 12 日，发表《李可染先生画展序》，认为其画"独标新韵"。

10 月 2 日，北平艺专美术系国画组秦仲文、李智超、陈缘督三教授认为校长徐悲鸿减少国画学生及授课时间是摧残国画，于是宣布罢教，并诉于国民党北平市党部支持的中华全国美术会北平分会（成立于 1946 年 3 月 25 日）。该协会支援罢教教授，并散发了《反对徐悲鸿摧残国画》的传单。

10 月 3 日，北平《新民报》发表徐悲鸿对罢教教授指责各点的澄清。

10 月 7 日，北平艺专主办的近代美术展览会在该校举行。

10 月 12 日，发表《陈树人画展》，赞其画"歌颂劳工，多写苦力，有《驴夫背子》，不特写实佳题"。

10 月，《悲鸿近作》（活页）由正中书局印行，收《愚公移山》《会师东京》等 13 幅，并附《徐悲鸿先生小传》。

11 月 28 日，发表《当前中国之艺术问题》，指出"研究科学以数学为基础，研究艺术以素描为基础"。

12 月 10 日，致函谭勇，附赠所绘猫图一幅。并叮嘱谭："每年至少须多画动物一种、花卉一种，以充实自己。"

12 月 23 日，为文金扬编著的《中学美术教材及教学法》一书题签并撰序。

1948 年（53 岁）

1 月 1 日，以法文复函苏立文，苏是西方研究中国现代艺术史的先驱。是日，与艺专教师谈北平国画界的情形及国画改造问题。

2 月 13 日，发表《叶浅予之国画》，称赞其艺术。

3 月中旬，代裱画工人刘金涛，请齐白石、于非闇、王青芳、李苦禅、李可染、叶浅予、田世光等名画家吃饭，希望各位捐助刘金涛。

3 月 25 日，出席北平美术作家协会会议，被推为名誉会长。

3 月，为《申报》七十五周年二万五千号题词："民之喉舌，国之文章。日升月恒，万寿无疆。"

4月27日，为李桦《天桥人物》组画题跋，表达喜悦之情以及改造中国画的决心。

4月29日，在北平艺专礼堂举行记者招待会，称艺术家和科学家一样，应该埋头努力，不应落在科学家的后头，应创造自己的艺术。

4月30日，发表《复兴中国艺术运动》，认为"第一以人为主体，尽量以人的活动为题材，以冀达到宋人水准"。

5月1日，组织北平美术作家协会、北平艺专、中国美术学院三单位在中山公园中山堂开联合画展，是革新画派向保守派的一次进攻。

5月7日，发表《介绍几位作家的作品》，一一介绍参加联合美展的画家。

7月9日，和北平艺专师生积极参加为声援东北请愿学生组织的"反迫害、反剿民"运动。

8月11日，发表《诗挽矢畔千代二》，对日本粉画家矢畔千代二逝于北平国立艺专任上深表哀悼。

秋，跋任伯年所作《肖像》曰："伯年高艺雄才，观察精妙绝伦，每作均有独特境界。"

10月，为黄养辉选画册四集，并为之撰序。

12月7日，联络北平艺术界进步人士，组织"一二·七艺术会"，迎接北平解放。

12月29日，发表《关山月画集序》，认为其"学艺天才卓越"。

1949年（54岁）

1月中旬，在傅作义将军召开的学术界人士会议上，第一个发言要求和平解放北平。

1月底，北平和平解放，继任北平艺专校长。

3月3日，在北平饭店出席华北人民政府文化艺术工作委员会和华北文艺界协会举行的茶话会，郭沫若、茅盾、田汉、洪深、许广平等70余人出席。

3月，在北平艺专参观老解放区美术作品展览，称赞王式廓的套色木刻《改造二流子》。

3月29日，作为我国出席保卫世界和平大会代表团代表离平。在旅途中为田汉、丁玲、郑振铎、翦伯赞、马寅初、戈宝权等著名学者和文学艺术家作素描肖像。

4月3日，在天津《进步日报》发表《介绍老解放区美术作品一斑》，指出"新中国的艺术，将以陕北解放区为起点"。

4月11日，抵达莫斯科。

4月20日，抵达捷克斯洛伐克首都布拉格。

4月21日，在布拉格国民议会会场出席保卫世界和平大会（总会场在巴黎）。

4月23日，听到南京解放消息后，即决定创作中国画《保卫世界和平大会》。

4月25日，发表《满洲里来简》，详述3月29日随代表团离北平至4月2日沿途受到的欢迎。

4月26日，在捷克斯洛伐克参观访问。

5月初，返回莫斯科。

5月上旬，在苏联参观访问，并演讲自己的艺术主张和中国美术界现状。

5月15日，随代表团抵达哈尔滨。

5月25日，回到北平。当晚赴周恩来举行的晚宴。

6月13日，发表《在苏联捷克参观美术的简略报告》。

7月2日至19日，在北平出席中华全国文学艺术界联合会第一次代表大会。

7月4日，被选为国旗、国徽图案评选委员会委员和国歌词谱评选委员会委员，提议以《义勇军进行曲》为国歌。

7月21日，被选为中华全国美术工作者协会委员。

7月23日，被选为中华全国美术工作者协会主席。

9月21日，作为全国文艺界代表出席中国人民政治协商会议，被选为委员。

10月1日，参加欢迎苏联文化、艺术、科学工作者代表团。

10月2日，被选为中国保卫世界和平大会全国委员会委员。

10 月 5 日，被选为中苏友好协会总会理事。

10 月 29 日，发表《值得永远珍视的友谊》，赞扬苏联艺术。

11 月，请毛泽东主席为国立美术学院题写校名。

11 月 29 日，得到毛泽东主席题写的校名和复信曰："悲鸿先生：来示敬悉。写了一张，未知可用否？顺颂敬祺。毛泽东。"

冬，开始创作油画《毛主席在人民中》。

12 月下旬，原国立北平艺术专科学校和华北联合大学文艺学院美术系合并为国立美术学院，被任命为院长兼研究部主任。

1950 年（55 岁）

1 月 31 日，发表《我生活在北京解放一年来的感想》。

2 月，发表《四十年来北京绘画略述》，认为北京"在美术上为最封建、最顽固之堡垒"。

2 月 12 日，发表《漫谈山水画》。

2 月，中央人民政府政务院正式批准将国立美术学院定名为中央美术学院，任院长。

4 月 1 日，主持中央美术学院正式成立大会，就任院长。

冬，为《任伯年画集》撰《任伯年评传》，认为"伯年于画人像、人物、山水、花鸟，工写、粗写，莫不高妙"。

12 月 31 日，在北京劳动人民文化宫出席"北京市抗美援朝、保家卫国美术展览会"开幕式，并有作品参展。

是年，抱病画《奔马》，寄往朝鲜战场。完成《鲁迅和瞿秋白》素描稿。

1951 年（56 岁）

1 月 7 日，复函王莹，劝其早日回国，并说："国中文化事业非常活跃，幸早归，为祖国服务。"

1 月 13 日，致函毛泽东主席，汇报对石永懋的安排情况。

1月14日，得毛泽东主席复函，同意对石永懋的意见。

春，开始作油画《鲁迅和瞿秋白》。作《骏马》，题曰："山河百战归民主，铲尽崎岖大道平。"

4月3日，在中央美术学院出席苏联宣传画和讽刺画展览会开幕式。

5月，赴山东导沭整沂水利工程工地体验生活，为劳动模范画像，收集素材，生活两个月。作《工程师张缙像》《农民任继东像》《劳动模范吕芳彬像》等。

5月18日，全国文艺界发起组织的"抗美援朝书画劳军义卖展览会"在北京中山公园开幕，何香凝、徐悲鸿、廖承志合作完成中国画《倚松读书图》，参加该义卖展览会。

5月31日，发表《我对于敦煌艺术之看法》，认为敦煌艺术"可考吾国各时代之风格与兴衰之迹"。

6月中旬，响应全国文联捐献"鲁迅号"飞机的号召，画马20幅义卖捐献。

6月，收到学生吴山于朝鲜战场的来函后，复函鼓励并绘《奔马图》相赠。

7月21日，因患脑出血住院。一周后始脱离危险期。

9月，身体略见好转。

11月30日，出院，在家养病。

冬，在病床上常给志愿军战士写慰问信和诗歌，并画宣传画，寄往朝鲜前线。

1952年（57岁）

1月，仍在家休养。

3月，已能起床，在人搀扶下可以走路。

初夏，病情好转，虽卧病在床，但一直关心国内外的艺术活动和中央美术学院的教学工作，并计划撰写一套《爱国主义教育挂图》。

夏，接到志愿军战士来信，请他画一幅八骏图。虽多次提笔作画，因体力不支未能完成。

9月14日，发表《从参观导沭整沂工程谈到保卫和平》。

9月以来，每天锻炼，减少卧床休息的时间。

10月，已能在院中自由活动，身体慢慢复原。

11月，陪家乡友人任敷孟等访齐白石。

1953年（58岁）

1月1日，发表《蓬勃发展着的新中国人民美术事业》，总结了新中国成立以来我国美术事业取得的成就。

5月，收到杨之光代表绘画系同学执笔写的慰问信，甚感欣慰。请夫人廖静文代写回信。

6月6日，为志愿军战士寄《奔马》一幅。

6月，抱病坚持为中央美术学院和中央美术学院华东分院的部分油画教师组成的进修小组上课。

9月中旬，全国文代会代表颜文樑来访，畅谈终日。

9月22日，访黄苗子，并赠《八十七神仙卷》印本。

9月23日，出席全国文艺工作者第二次代表大会，任执行主席。当晚，应国际贸易促进委员会之邀，出席招待波兰画家的宴会。入席不久，脑出血复发，被送进医院抢救。

9月26日2时52分，逝世于北京医院，享年58岁。

12月，中国美术家协会、中央美术学院在北京中山公园中山堂联合主办徐悲鸿遗作展览会。

后记一

目前在国内外已经形成"徐悲鸿热"，但是与之形成鲜明对比的则是关于徐悲鸿生前的图像资料并不多见，一些较为珍贵的图像多散见于其他著述与图册之中。一般读者能够看到的主要是北京徐悲鸿纪念馆公开发表的图像，而这些约占笔者搜集到的徐悲鸿图像资料的三分之一。

如何从学术的高度、可读性的角度对这些图像进行合理地描述、分析与诠释则是我们这一代艺术家应该关注的中国现代美术史的重要议题。因此，笔者不揣简陋，利用这些年从各方面搜集到的图像资料试做解读，抛砖引玉，以求学界对徐悲鸿图像继续进行更为系统深入的研究与阐释。这部著作中的一些图像由于拍摄年代较早，如今看来并不清晰，但它们已是笔者在各类资料中找到的相对而言最为清晰的了，故而也希望有识之士日后能在持续地关注与发现之中获得新的成果。

此书在撰写过程中，得到了徐悲鸿纪念馆馆长廖静文先生的帮助与指导，并为其题写书名。今年廖先生已驾鹤西去，享年92岁。1945年她与徐悲鸿结婚，1953年徐悲鸿去世后，她将徐悲鸿遗作1250余幅，徐悲鸿收藏的古代、近代名家书画作品1200余幅及珍贵图书、碑帖等万余件全部捐赠给国家。廖静文在之后的大半生里不遗余力地为弘扬徐悲鸿的艺术思想与精神而奔波努力！对于笔者所在的江苏省徐悲鸿研究会的事业也格外关心，不仅为江苏省徐悲鸿研究会题写会名，还数次出席江苏省徐悲鸿研究会举办的艺术活动，感人肺腑！

近年来，江苏省徐悲鸿研究会不仅与中国美术家协会合作，承办了"悲鸿精神"全国中国画作品展，还主办了两届全国性"徐悲鸿奖"学术研讨会，三届"徐悲鸿奖"中国画作品展、三届"徐悲鸿奖"中国画作品提名展，颁发了两届"徐悲鸿奖"助学金，这些举措使"徐悲鸿奖"这个文化品牌更具影响力。对于一个省级艺术团体而言，这是弘扬徐悲鸿精神、向徐悲鸿诞辰 120 周年献礼的实实在在的表现。

衷心感谢徐悲鸿之子徐庆平先生，他一向对江苏省徐悲鸿研究会的工作以及本人的艺术事业进行多方位的关心。陈海燕女士以及中国人民大学艺术学院美术学系系主任王文娟为笔者提供了重要的徐悲鸿资料，在此一并致谢。

笔者的研究生李汇龙、南京市青年美术家协会办公室主任戴勇以及好友赵澄为这部书的资料搜集与撰写、校对发挥了重要作用，特此鸣谢！

2015 年 12 月 28 日邵晓峰写于南京尚书堂

后记二

耕耘与收获总是相连。

一定是缘分注定，团结出版社近日诚邀笔者再版此书。该社是中国国民党革命委员会中央委员会主管主办的中央级出版单位，以出版传统文化、社会科学、民国历史和人物传记类图书为主要特色，《徐悲鸿图传》（最新修订版）正属于民国历史人物传记。

更为巧合的是，徐悲鸿与中国国民党革命委员会第一任主席李济深、第二任主席何香凝皆是好友，交往甚多：徐悲鸿与李济深是莫逆之交，李济深对于徐悲鸿来广西后提供了大量帮助；徐悲鸿与何香凝均是"力社"（1936年在上海创建的书画团体）成员，合作过书画作品，均担任过中国美术家协会主要领导（1949年徐悲鸿当选为中华全国美术工作者协会主席，1953年该协会改称中国美术家协会，1960年何香凝当选为中国美术家协会第二任主席）。

随着2021年新春到来，笔者踏上研究徐悲鸿之路已30载。自1991年报考南京师范大学美术系（前身是国立中央大学教育学院艺术科，徐悲鸿艺术思想在这里得到了积极传承），即带着全面学习徐悲鸿艺术的理想去的，自此矢志不渝。2001年，江苏省徐悲鸿研究会创建，恩师范保文先生任会长，笔者任副秘书长。保文先生仙逝后，毕宝祥先生任第二任会长，笔者任常务副会长兼秘书长至今。这期间，江苏省徐悲鸿研究会分别于2003年、2013年主办了两次全国徐悲鸿学术研讨会，规模盛大、影响深远。还举办了10余场全国"徐悲鸿奖"以及"悲鸿精神"中国画展，向南京大学、东南大学、南京林业大学等高校优等生颁发"徐悲鸿奖学金"。2017年2月，笔者从南京调至中国美术馆，负责研究与策划部。2017年6月，有幸受聘为中国人民大学徐悲鸿艺术研究院研究员。

接下来的 2018 年堪称艺术界的"徐悲鸿年"。

2018 年 1 月 25 日—3 月 4 日，由中国美术馆、徐悲鸿纪念馆主办，吴为山先生任策展人、笔者任执行策展人的"民族与时代——徐悲鸿主题创作大展"在中国美术馆最为重要的 1、8、9 厅举办。全方位展示徐悲鸿具有时代标志性的作品 108 件，由徐悲鸿纪念馆、中国美术馆的藏品组成，分为三大篇章：第一篇"民族精神"展出徐悲鸿《愚公移山》《田横五百士》《傒我后》《巴人汲水图》《保卫世界和平大会》《会师东京》等人们耳熟能详的巨作；第二篇章"图稿叙事"展出徐悲鸿为创作《愚公移山》等作品所绘画稿；第三篇章"家国忧思"展出徐悲鸿具有民族精神的象征意义的《马》《狮》《鹰》等作品以及为主题创作而绘制的画稿。

习近平总书记指出："只有民族的才是世界的，只有引领时代才能走向世界。"这一大展不但是国内外第一次围绕徐悲鸿大型美术主题创作进行的全方位策展，而且是 23 年以来国内外首次关于徐悲鸿美术精品的大规模集中展示，全面呈现了徐悲鸿作品中民族与时代的关系，为中国现代美术的研究、展示与传播注入新的内容与活力。展览期间人山人海，老老少少不同年龄层次的临摹者比比皆是，创造了中国人观展与美术馆再学习的新纪录，悲鸿艺术在当今的影响力可见一斑。1 月 25 日，由吴为山担任学术主持的"民族与时代——徐悲鸿主题创作大展"学术研讨会在中国美术馆报告厅举行。研讨会将徐悲鸿艺术思想与美术作品中呈现的民族与时代的关系，通过新方法、新资料、新观念予以解读与阐释，使"悲鸿精神"的当代彰显融入新的时代语境，增添新的时代意义，也为中国现代美术研究注入新的内容、带来新的活力。之后，中央美术学院、中国人民大学艺术学院、重庆大学艺术学院等单位与保利国际拍卖有限公司等机构相继举办了一系列关于徐悲鸿的展览、研讨活动，这几乎贯穿 2018 年始终。溯本求源，这些均源自徐悲鸿艺术与学养本身的感染力与深厚性。

为此，笔者尝试概括徐悲鸿艺术："悲鸿以中国美术复兴为己任，建构中国现代美术学科基础，桃李天下，艺动四方。以西融中，酷嗜金石，以灵逸朴纯之书，入饱含象征之画。悲天悯人，古道热肠。伯乐胸襟，心系天下。以艺救国，成不朽业。以文济世，开一代风。"（《时代新象——南京市青年美术家协会十周年精品展作品集》序，中国青年出版社 2018 年版）以上认识得益于笔者自 2018 年开始主编《徐悲鸿全集（著述）》（国家"十三五"重点出版项目、2017 年度国家出版基金资助项目，中国青年出版社 2020 年版），这是目前学术界首次全方位发掘、校勘徐悲鸿的著述。笔者带领团队，通过查阅大量文献，在笔者忘年好友、徐悲鸿研究领域的权威专家王震先生主编的《徐悲鸿文集》基础上，新增《美术演讲》《艺术上的写实主义》等文章 57 篇、诗词 34 首。总文字近 70 万字，全部进行校对、梳理、分类，按内容分为中国艺术、外国艺术、艺术纵横、艺术家评论、展演评论、时事评论、自传、游记、小说、诗词十大类。徐悲鸿在文字表述、撰写上具有很高建树，且数量惊人，尽管笔者团队搜山检海式地加以发掘，但这些也仅是徐悲鸿勤于动笔而留下的部分文字而已。简言之，此时再回看徐悲鸿图像传记，与 2016 年的已大不相同。

在第一版《徐悲鸿画传》基础上，笔者经 5 年修订、发掘与研究，改正了一些错误，替换了一些图像，使其尽可能清晰，新增徐悲鸿相关图像 70 幅、文字 4 万余字，书名调整为《徐悲鸿图传》。

徐悲鸿纪念馆馆长徐庆平先生为拙著撰写序言、中国美术馆馆长吴为山先生为拙著题写书名，添彩生辉。两位先生一直弘扬徐悲鸿的艺术与精神，对笔者也一向关爱扶助，在此深表感激之情！

出版在即，感慨万千，特作七律一首，以表心志：

　　今朝再续悲鸿传，五载耕耘未等闲。

　　美术强国兴伟业，文章济世有遗篇。

　　知人意绪融天下，善鉴情怀历永年。

　　广大精微生壮志，图文史迹作良田。

此书探索融新史料性、学术性与可读性、趣味性为一体的特色阅读模式，收录徐悲鸿各时期相关图像 260 幅与代表性作品 80 幅，分为英才长成、留学生涯、踌躇满志、任重道远、壮心不已五章，以描述、分析、诠释的图像学视角系统展现一代大师自强不息、爱国明志、珍惜人才、壮心不已的艺术人生。

作为呈现徐悲鸿艺术、思想与精神的阶段性成果，书中肯定还存在错讹，也希望广大读者多予批评、指正！

2021 年 2 月 20 日邵晓峰写于北京潜心堂